사랑은 어디에서 오는가

사랑은 어디에서 오는가
영성을 찾아가는 영혼의 순례기

이윤재 글

목차

추천의 말 + 008

1 영성순례의 길 + 022
이스라엘 초대교회에서부터 영국 근세교회까지 예수님과 여행하다

2 네트비야 교회 예배 + 030
대표적인 유대인 교회의 회당식 예배에 가다

3 이스라엘 예시바 학교에서 + 038
율법주의를 경계하려다 하나님 율법까지 버려선 안 된다

4 유다 광야에서 + 048
성경 속 사람들은 왜 고독한 광야로 갔을까

5 채리톤 수도원에서 + 058
초기 동굴 교회, 수도자의 삶이 녹아 있는 '영성의 샘'에 가다

6 아리마대 요셉의 무덤 + 068
예수님과 함께 죽고 함께 산 참 제자의 길을 보다

7 갈릴리의 예수님 + 076
'나를 따르라'던 그 말씀을 다시 듣다

8 로마 카타콤의 순교신앙 + 086
자신을 죽여 세상을 살린 힘과 마주하다

9 밀라노의 성 아우구스티누스 + 094
과거를 씻은 참회의 눈물로 신앙을 세상에 일깨우다

10 라벤나의 성화聖畵 + 102
초대교회의 신앙관이 담긴 '또 하나의 복음', 성화를 보다

11 몬테 카시노의 베네딕트 수도원 + 110
극단을 떠나 중용을 제시한 성 베네딕트를 만나다

12 마리아 그림 앞에서 + 120
　　하나님 안에서 모성을 느끼다

13 아시시의 성 프란치스코 + 128
　　예수님 닮은 거룩한 삶을 엿보다

14 라 베르나 산의 오상(五傷) 체험 + 136
　　프란치스코의 몸에 피가 흐른 까닭을 묻다

15 성녀 클라라 + 144
　　평생 가난 속에서 주님을 찬미한 인생을 들여다보다

16 피렌체의 사보나롤라 + 152
　　종교개혁의 새벽을 열고 피렌체 광장에 순교의 피를 쏟다

17 떼제 공동체 Ⅰ. 침묵 + 160
　　침묵은 단순히 '말 없음'이 아니라 '말씀 채움'이다

18 떼제 공동체 Ⅱ. 찬양 + 170
　　단순한 찬양, 그러나 생명력 넘치는 찬양을 보다

19 떼제 공동체 Ⅲ. 환대 + 178
　　세상의 모든 나그네와 이야기 나누다

20 떼제 공동체 Ⅳ. 일상의 영성 + 186
　　평범한 일상에서 비범한 하나님을 만나다

21 잔느 기용 Ⅰ. 자기 포기 + 196
　　모든 것을 빼앗긴 빈자리에 예수님을 채우다

22 잔느 기용 Ⅱ. 깊은 기도 + 204
　　아기가 엄마 품에서 젖을 빨듯 기도하다

23 잔느 기용 Ⅲ. 하나님과의 연합 + 214
　　강물이 바다에 합쳐지듯, 자아를 버리고 하나님께 예속되다

24 스토테른하임, 무서운 하나님 + 222
　무서운 하나님에게서 벗어나 은혜로운 하나님을 찾다

25 바르트부르크, 강하신 하나님 + 230
　영적 불안을 걷어내고 찬양을 노래하다

26 비텐베르크, 은혜의 하나님 + 238
　용감했던 개혁자이자 '은혜 받은 거지', 루터를 만나다

27 루터의 아내, 카타리나 폰 보라 + 246
　거룩한 가정을 꾸려 세상을 성스럽게 하다

28 스페너의 '경건한 소원' + 254
　꺼져가던 루터의 개혁에 경건주의의 불을 지피다

29 뷔르츠부르크의 〈에케 호모〉 + 262
　가시관 쓰신 예수님 그림이 청년의 영성에 불을 지피다

30 할레 대학과 귀츨라프 선교사 + 270
　영성의 물줄기가 한반도까지 흘러오다

31 에크하르트 I. 존재를 넘어선 하나님 + 278
　라인 강의 깊은 묵상… 초월해 계신 신비한 하나님과 만나다

32 에크하르트 II. 버리고 떠나 있음 + 286
　겸손해야 초월해 계신 하나님께 나아갈 수 있다

33 에크하르트 III. 하나님 아들의 탄생 + 294
　자기를 비우고 無가 될 때 영혼 안에서 하나님 아들이 태어난다

34 요한 타울러와 독일 신학 + 302
　독일신학, 인간 영혼의 소중함과 한계에서 출발하다

35 토마스 아 켐피스, '그리스도를 본받아' + 310
　예수님을 위해 모든 사람을 사랑하고, 당신 자신을 위해 예수님을 사랑하라

36 성 베르나르 I. 하나님을 향한 갈망 + 318
'신랑으로서의 하나님'을 갈망하다

37 성 베르나르 II. 사랑의 상승 + 326
은혜의 정점은 하나님과 입 맞추는 것이다

38 옥스퍼드와 토마스 크랜머 + 334
영국교회의 영성 기초 쌓고 화형장에서 장엄하게 순교하다

39 권력과 영국교회 + 342
교회는 권력이 되어선 안 되지만 권력에 종속되어서도 안 된다

40 노리치의 줄리안 + 350
열여섯 가지 '사랑의 계시' 받고 교회에 은둔한 기도의 삶을 만나다

41 무지無知의 구름 + 360
기도는 하늘을 담은 소망상자이다

42 리처드 백스터의 '개혁된 목자' + 368
설교자는 타인에 앞서 자신에게 먼저 설교해야 한다

43 존 버니언의 '천로역정'을 따라 + 376
네 가지 성城에 붙잡힌 우리가 탈출할 열쇠는 오직 '소망'이다

44 존 오웬의 '죄 죽이기' + 384
회심하고 영으로 죄를 죽일 때 우리가 산다

45 윌리엄 브래드포드의 발자취를 따라 + 392
신대륙에 미국 탄생의 씨앗 심은 브래드포드를 만나다

46 영성의 새 출발을 위하여 + 400
예수님과 함께 한 영성 여행의 끝에서 은혜의 선물을 받다

감사의 말 + 409

추천의 말

『사랑은 어디에서 오는가』는 영적 순례의 발자취를 보여주는 책이다. 이 책은 저자가 영성의 우물을 깊이 파내려가면서 쓴 글이기도 하다. 이삭이 아버지 아브라함이 팠던 우물을 다시 판 것처럼, 그동안 덮어놓았던 영성의 우물을 다시 판 것이다. "물을 구하지 말고 샘을 구하라."는 말이 있다. 이 책은 우리를 영성의 샘으로 인도해준다. 영성의 샘에서 흘러나오는 영성의 생수를 마시도록 도와주는 것이다.

이윤재 목사님이 언급한 것처럼 영성의 바다는 넓고도 깊다. 영성의 뿌리 역시 깊고 또 깊다. 저자는 영성의 뿌리를 찾기 위해 종교개혁의 전통만이 아니라 2000년 교회사와 성서 전통을 공부해야 한다고 강조한다. 그리고 영성의 뿌리 속으로 더욱 깊이 들어가기 위해서는 오직 하나님께 뿌리내려야 한다고 강조한다. 진정한 영성은 하나님을 향한 영성이요, 하나님께 뿌리내린 영성이다. 참된 영성은 지식을 넘어선 하나님을 경험하는 영성이요, 예수님의 생명을 풍성하게 누리는 영성이다.

이 책은 영성을 추구하는 사람이라면 누구나 가보고 싶어하는 곳, 영성가들이 살았던 땅을 저자와 함께 방문하도록 도와준다. 또한 영성가들의 삶과 사상을 접할 수 있도록 한다. 이 책에는 저자의 깊은 영성이 스며들어 있다. 저자가 일평생 동안 공부해온 영성학의 진수와 또한 그가 온몸으로 경험한 영성학의 보배와 영적 순례의 길에서 들은 하나님의 음성이 담겨 있다. 영성가들의 삶의 현장을 방문하면서 깨달은 영성의 지혜가 담겨 있다. 보석 같은 영성가들의 글도 만나볼 수 있다.

저자는 이 책에서 영성에의 입체적 접근을 시도했다. 영성가들의 삶, 소중하고도 고통스런 사건, 그들이 살았던 장소와 시대적 배경 그리고 하나님과의 깊은 사랑 속에서 그들이 경험한 깨달음을 함께 기록했다. 인물과 사건, 지리, 역사가 함께 만나는 영성 교과서라고 해도 과언이 아니다.

나는 이 책을 영성을 추구하는 평신도 지도자, 신학생 그리고 목회자들에게 추천하고 싶다. 예수님께 깊이 뿌리내린 복음적 영성을 추구하는 분들에게도 권한다.

— 강준민 (LA 새생명비전교회 담임목사)

— 생명 순례의 가이드

저자는 순례길에 나선다. 우리 교회가 종교적 형식은 최소화하면서 내적 생명력을 최대화할 방법에 대해 목회 현장에서 늘 목말라해온 그가 이런 물음의 정답을 찾고자 2000년 교회사의 현장을 찾았다. 이스라엘에서 영성의 뿌리를, 로마에서 초대교회의 영성을, 이태리에서 중세의 영성을, 독일과 스위스, 프랑스에서 종교개혁의 영성을, 그리고 영국에서 근세의 영성을 접한다.

저자는 과거를 거닐면서 오늘을 보고, 미래의 비전을 제시하고 있다. 그래서 그의 영성순례는 예수님과의 동행이며, 성령님의 인도하심에 순종하는 길이다.

저자가 교회사 현장 순례에서 보고 만나고 체험한 영성은 곧 예수님의 생명이었다. 저자는, 영성이란 예수님을 아는 것이 아니라 예수님을 내 안에 모시는 것이라고 고백한다. 영성은 십자가를 아는 것을 넘어 자신을 그리스도와 함께 십자가에 못 박음으로, 이제 사는 것은 자신이 아니라 그리스도라는 사도 바울의 고백을 증언하는 것이다.

예수님 생명이 영성의 핵심이라고 강조한 저자는 교회에서의 영성훈련에 대한 비전을 이렇게 제시한다. "예수님의 생명이 우리를 통해 세상으로 나아가 세상을 하나님 나라로 만들어 간다는 것이 우리 생애 최고의 비전이다."

이 책은 2000년 기독교 영성의 흐름을 통전적으로 체험케 하는 영성신학의 친절한 가이드로서 이론과 실제의 듀엣이다. 이 바른 영성의 지침서는 표피적이고 안일한 영성운동으로 혼란스러운 이 땅의 풍토에서 다시 한 번 우리를 일깨운다.

— 박종구 (목사, 월간목회 발행인)

이윤재 목사님의 『사랑은 어디에서 오는가』를 읽어내려가노라면 마치 시간과 공간과 전통을 뛰어넘는 순례 여정에 참여하는 느낌을 받는다. 고대로부터 근대에 이르기까지, 영성의 숨결이 살아 있는 이스라엘부터 유럽 구석구석에 이르기까지, 유대교로부터 로마 가톨릭과 다양한 개혁교회의 전통에 이르기까지 그의 필치는 이리저리 달리고 있다. 지난 2000년 동안 영혼의 목마름을 품고 광야로 산으로 외로운 들판으로 나아갔던 하나님 사람들의 체취가 물씬 풍기는 책이다.

우리는 반복되는 일상적인 삶의 수레바퀴로부터 벗어나 종종 목적 없이 어딘가로 훌쩍 떠나고 싶은 충동을 경험하곤 한다. 그것은 우리의 영혼이 지쳐서 쉼이 필요하다는 내적 울림이다. 그런 내면의 요청에 응답하여 이전에 달려왔던 방향과는 다른 곳을 향하여 정처 없이 떠났다면 그것을 영혼의 순례라 할 수 있다. 그러나 막상 지쳐 있는 현실을 벗어나고픈 욕심으로 서둘러 길을 나서면, 그 여정에서 영혼의 안식을 얻기보다는 또 다른 두려움과 불편함이 나타나 뒷덜미를 잡아당기는 경우가 있다. 『사랑은 어디에서 오는가』는 그런 사람들에게 순례 여정에 필요한 정보와 안내를 전한다. 순례를 떠날 형편과 여건이 되지 않는 사람들에게도 간접적인 순례를 경험하도록 해준다. 마음으로 이 책을 따라 읽어내려가다 보면 문득 광야에 이르기도 하고, 광야를 헤매며 목이 타들어가 이쯤 주저앉고 싶다는 생각도 들고, 저 높은 곳에 매달린 성인들의 기도 소리를 들으면서 지친 영혼이 소생하는 경험을 하기도 한다. 고즈넉한 동굴 안에서 하나님의 사람, 성인들과 단둘이 만나기도 한다. 또 헐떡이며 언덕과 산을 오르노라면, 벌써 우리를 기다리고 있었다는 듯 반갑게 맞이하는 베네딕트와 프란치스코의 숨결에 우리의 영혼을 사로잡히기도 한다. 마음으로 이 책을 읽는 독자들은 멀리 가지 않아도 한껏 영혼의 순례 여정을 즐길 수 있을 것이다.

— 유해룡 (장로회신학대학교 영성학과 교수)

포스트 모던의 시대는 다른 말로 영성의 시대이다. 파괴와 해체의 시대에 현대인들은 영성에 목말라하고 있다. 그들은 뉴에이지를 비롯한 세속 영성의 강으로 달려가고 있다. 그러나 생수의 근원되신 그리스도의 강을 떠나서는 이 목마름은 해갈될 수 없다.

　기독교 영성의 강은 역사를 통해 깊고 넓게 흘러왔다. 그러나 신학적 편견 때문에 이 강으로의 순례는 그동안 소수에게만 한정된 모험이었다. 이윤재 목사님은 이런 편견을 깨는 아름다운 순례를 다녀왔다.

　『사랑은 어디에서 오는가』는 기독교 영성순례의 입문서로도 훌륭하게 사용될 것이다. 또한 순례자들의 여행 독본으로도 아주 탁월하다. 그러나 여기서 우리는 정보 이상으로 영적인 개안의 축복을 경험하게 될 것이다. 이 목사님은 한국 교회 성도들에게 다투기를 그치고 카타콤으로 가자고, 위에 있는 도시에 연연하지 말고 아래에 있는 도시에서 다시 시작하자고 초대한다.

　저 아래 깊은 강, 그 거룩한 임재의 강에서 우리는 다시 태어나야 한다. 그 임재를 목말라하는 모든 순례자들에게 이 책을 간곡하게 권하고 싶다.

　　　　― 이동원 (지구촌 교회 원로목사, 지구촌 미니스트리 네트워크 대표)

　이윤재 목사님의 『사랑은 어디에서 오는가』 출간을 축하한다. 이 책은 본인이 안식월을 맞아 직접 발로 밟고 다니며 묵상한 것을 기초로 쓴 책이다. 누구나 여행을 하거나 어떤 주제에 관심을 둘 수는 있다. 그러나 2000년 교회사의 맥을 '영성'이라는 주제로 관통하여 여러 나라에 흩어진 수많은 영성의 보화들을 하나의 실로 꿰는 일은 쉬운 일이 아니다. 더구나 바쁜 목회자가, 그것도 쉬어야 할 안식월에 그렇게 했다는 것은 더욱 그렇다. 그러나 이윤재 목사님은 그 일을 해냈다. 그래서 우리가 '교회사'라고 부르는 방대하고 복잡한 역사를, 자신이 성서의 핵심이라 믿는 예수의 영성으로 집약하고 재해석했다. 쉽지 않은 일을 하신 이윤재 목사님께 찬사를 보내며, 영성의 눈으로, 특히 예수의 영성을 삶과 신앙의 생명으로 고백하고 2000년 교회사를 순례하고자 하는 분들에게 이 책을 최고의 가이드북으로 추천한다.

— 이어령 (중앙일보 고문)

영성은 기독교 신앙과 신학에 생명을 부여하는 힘이다. 영성이 없는 신학은 허공에 흩어지는 공허한 이론일 뿐이며, 영성이 사라진 신앙은 생명력을 상실하고 껍데기만 남은 형식적인 종교심에 불과하다. 우리 그리스도인들은 성령의 인도하심을 따라 진정한 기독교적 영성을 회복하여 생명력이 넘치는 신앙인이 됨으로써 예수 그리스도를 닮는 작은 예수가 되어야 한다. 그래야만 하나님께는 영광을 돌리고 세상에는 선한 영향력을 끼치는 삶을 살아나갈 수 있다. 이는 수많은 신앙의 선진들이 걸었던 순례자의 길을 뒤따르는 것이기도 하다.

이러한 기독교 영성의 뿌리는 성경뿐만 아니라 2000년 교회사를 통해서도 찾아볼 수 있다. 이윤재 목사님은 이스라엘에서 영성의 뿌리를, 로마에서 초대교회의 영성을, 이탈리아에서 중세의 영성을, 스위스와 독일, 프랑스에서 종교개혁의 영성을, 그리고 영국에서 근세 교회의 영성을 찾기 위해 오랫동안 기도하셨다. 많은 자료를 찾아 연구하고 현장을 직접 밟은 결과, 그 열매로 이 책이 탄생되었다. 특별히 담임하고 계신 한신교회의 창립자인 고 이중표 목사님의 '별세 신학', 즉 '내가 예수 안에서 죽어야 예수로 다시 산다'는 복음의 진수에 기초하여 기독교 영성을 지속적으로 연구하고 실천하며 목회 현장에 적용해오신 이 목사님의 저술이기에 더욱 신뢰가 간다. 기쁜 마음으로 이 책을 한국 교회와 성도님들께 적극 추천한다.

— 이영훈 (여의도 순복음교회 담임목사)

이윤재 목사님의 『사랑은 어디에서 오는가』는 메마른 우리의 심령에 영성의 깊은 샘을 터뜨려줄 책이다. 특별히 분주한 삶에 지쳐 있는 성도들, 주님과 더욱 친밀해지기 원하는 성도들에게 큰 도움이 될 것이다. 기독교 영성의 깊이를 경험하기에 여러 모로 도움을 주리라 믿는다.

첫째, 『사랑은 어디에서 오는가』는 성경의 영성에서부터 사막의 교부, 중세 신비주의와 수도원운동, 종교개혁과 현대에 이르기까지 예수 영성의 다양한 발자취를 소개한 책이다. 독자들은 책을 읽는 내내 저자와 함께 영성의 현장을 방문하는 것과 같은 유익을 얻게 될 것이다. 성서시대부터 현대에 이르기까지 영성의 역사를 책 한 권으로 따라가 볼 수 있다는 것이 큰 축복이 아닐 수 없다.

둘째, 이 책은 진정한 순례의 결과로 나온 책이기에 더욱 소중하다. 우리의 인생이, 여행이 아닌 천국을 목적으로 하는 순례인 것처럼, 주님을 사모하는 간절한 마음으로 성지를 순례한 목사님의 영성이 책 안에 그대로 녹아 있다. 책을 읽으면서 유적지들을 찾아다니는 기쁨만큼이나 이윤재 목사님을 따라가는 기쁨과 감격도 크다.

셋째, 저자인 이윤재 목사님은 영성신학으로 저명한 미국의 샌프란시스코 신학대학과 성서역사학으로 유명한 예루살렘 대학에서 수학한 영성의 전문가이다. 또한 오랫동안 목회와 삶을 통하여 기독교 영성을 녹여내셨기에 그의 곁에 있으면 그윽한 예수님의 향기를 느끼게 된다. 이 책을 통해서 많은 성도들이 생명력 있는 영성의 깊이와 풍성함을 경험하게 되리라 믿는다.

요즘 많은 성도들이 이스라엘뿐 아니라 유럽의 기독교 유적지를 방문하는 성지 순례에 관심이 많다. 이러한 때에 목사님의 『사랑은 어디에서 오는가』는 좋은 성지 순례 가이드가 될 뿐 아니라, 순례자들이 어떤 태도와 영성을 가져야 하는가에 대해서 좋은 모범이 될 것이다. 성지 순례를 꿈꾸는 모든 성도들과 깊이 있는 영성을 사모하는 모든 분들에게 일독을 권한다.

— 이재훈 (온누리교회 담임목사)

국민일보 독자들은 2012년 내내 '이윤재 목사의 〈영성의 발자취〉'를 읽는 재미에 푹 빠졌다. 신년호부터 시작되어 11월 말 46회로 끝난 시리즈는 독자들에게 많은 유익을 가져다줬다. 단연 그해 국민일보를 대표하는 시리즈였다. 이 목사의 글은 시간이 갈수록 깊어지고 넓어졌다. 순례길을 따라가면서 많은 것을 배울 수 있었다는 독자들의 감사 반응이 이어졌다. 필자도 그 감사의 대열에 섰던 사람 가운데 한 명이다. 저자가 밟은 로마 카타콤에서는 순교신앙을, 떼제 공동체에선 침묵과 환대를, 성 베르나르로부터는 하나님을 향한 갈망을, 루터에게선 불굴의 개혁 정신을 배울 수 있었다.

한국교회의 좌표가 흔들리는 이 시기에 2000년 영성의 역사 속에서 장구히 흘렀던 주 예수 그리스도의 영성 발자취를 더듬어보는 것 자체가 새로움을 향한 시작일 것이다. 이 목사는 호흡이 긴 시리즈 집필 작업을 바쁜 목회 가운데 성공적으로 마쳤다. 또한 그의 글은 매회 독자들을 실망시키지 않았다. 보다 정교하게 다듬어진 이 책 또한 수많은 독자들에게 배움의 기쁨을 제공할 것으로 믿어 의심치 않는다.

— 이태형 (국민일보 부국장, 『더 있다』, 『인생에서 가장 소중한 것』 등의 저자)

    신앙생활은 이 현실에서는 끝나지 않은 여정이다. 그런데 그 여정은 혼자 가는 것이 아니며, 주님과 함께 하는 여정이다.

    이 여정은 기독교 역사 2000여 년을 거슬러 올라가서 아브라함 때부터 시작되었다. 우리보다 앞서 이 여정을 시작한 믿음의 조상, 선배들이 어떻게 이 여정을 걸어갔는지 우리는 배워야 한다.

    이윤재 목사님의 『사랑은 어디에서 오는가』는 여정의 길을 가는 모두에게 매우 소중한 길잡이가 될 것이다. 믿음의 선배들이 어떻게 여정을 걸어갔는지 저자는 매우 자세하게 설명하면서도, 지루해지지 않고 계속 흥미롭게 읽어갈 수 있도록 인도해간다.

    영성에 관한 책이 많이 나와 있지만 이 책은 또 다른 각도에서 영성 생활의 좋은 지침서가 된다. 좋은 영성 안내서를 집필해주신 이 목사님께 감사드린다. 그리고 영성에 관심이 있는 분들은 꼭 한번 정독할 것을 권한다.

— 임영수 (목사, 모새골 대표)

― 빛나는 영성의 진주 목걸이를 받아 걸고

　글을 맛보는 내내 행복했다. 책에서 눈을 뗄 수가 없었다. 가지가지마다 주렁주렁 열려 있는 영성의 열매들을 하나씩 따먹는데 한결같이 그 맛이 독특했다. 한 나무에서 나온 것인데도 말이다. 열매 하나를 맛보는 데에는 커피 몇 모금 마시는 데 걸리는 시간이면 충분했다. 글은 군더더기가 없이 깔끔하다. 모든 문장이 깨달음과 회개와 기도의 언어가 알알이 보석처럼 박혀 있는 듯 빛이 났다. 순례자의 영혼은 이미 그가 사모하는 성인들의 마음과 하나 되어 아리마대 요셉이 되고, 아우구스티누스가 되고, 프란체스코가 되었다가 루터가 되어 있었다. 그러나 순례자에게는 한 분이면 족하다. 그 한 분, 예수님이 있어 그 많은 성인들이 이토록 아름답게 빛날 수 있었기 때문이다. 그러므로 그의 순례 여행은 예수님이 교회와 더불어 사셨던 흔적을 찾아보는 영적 예수의 삶 2000년 답사기라 부를 수 있을 것 같다.

　예루살렘으로부터 시작된 순례가 광야와 갈릴리를 거쳐 어느새 로마와 이탈리아를 돌아 프랑스를 통과하고 독일, 영국, 미국에까지 이른다. 순례자가 만난 사람들은 하나의 거대한 영성의 동맥을 이루고 있었다. 그 동맥은 예수의 심장에서부터 시작되어 고대와 중세와 근현대를 거쳐 이제 우리의 온몸 구석구석까지 뜨겁게 퍼지기 시작했다. 그들은 그리스도로 말미암아 죽었으나 그리스도 안에서 지금도 영으로 살아있는 하나님의 사람들이었다. 우리 순례자에 의해 그들은 지금 다시 우리의 심장을 뛰게 한다. 요즘은 복제본이 진본보다 더 진짜 같은 영적 갈증의 시대이다. 이러한 때에 예수 그리스도의 생명을 품고 하나님의 선하심을 체험하면서, 페이지에서마다 열매 따 먹듯 하나님의 사람들을 만난다는 것은 하나의 은총이다.

우리는 믿음의 선진들을 통해 분열된 우리의 모습을 반성하며 영성의 넓은 바다로 나아갈 수 있다. 진보와 보수의 대립, 신앙의 배타성과 독선은 모두 한낱 물거품과 같다는 것을 깨닫게 된다. 이제 신학은 영성에서, 영성은 삶에서, 삶은 사랑의 실천에서 새롭게 시작되어야 한다. 순례자와 함께한 이들이 얻게 되는 영적 각성이다. 순례자의 말처럼, '올바른 영성은 기도와 믿음, 실천의 종합체'이기 때문이다.

우리의 성실하고 사랑스러운 순례자는 깊은 바다로 내려가서 오색찬란한 영성의 진주들을 캐내어 눈부신 진주 목걸이를 만들어 사랑하는 한국교회 목회자들과 성도들에게 건네고 있다. 떨림으로 기대하라! 그대가 이 목걸이를 받아 목에 거는 순간, 당신은 그리스도 예수를 영원히 사랑하지 않을 수 없게 될 것이다. 이윤재 목사의 이 글은 내가 맛본 영성 이야기들 가운데 가장 오랫동안 함께하고 싶은 값진 책이 될 것 같다. 처음에는 깊은 글맛 때문에 행복했는데, 지금은 우리 곁에 탁월한 영성 순례길의 동행자가 있어 행복하다!

— 최인식 교수 (서울신학대)

한국교회는 안팎에서 들려오는 교회갱신과 개혁의 요구 앞에 직면해 있다. 목사의 의식과 목회의 변화를 촉구하는 대내적인 요구와, 교회 성장주의의 팽배가 빚어낸 갖가지 바람직하지 못한 현상들에 대한 비판의 소리가 여기저기서 끊이질 않는다. 이때에 좌나 우로 치우치지 않고 기독교 영성의 본질을 깨닫게 하며 깊은 영성의 물줄기를 이어주는 영적지도 안내서『사랑은 어디에서 오는가』가 발간되어 참으로 기쁨이 넘친다.

한국교회가 겪는 정체성의 혼란과 위기를 교회갱신과 치유, 새로운 기회로 전환시켜줄 너무도 귀한 책이다. 짧은 역사 속에서 급격한 성장 속도에 발맞추지 못해 빚어진 오늘의 미숙한 모습을 성숙으로 이끌어주며, 한국교회가 걸어갈 영성의 길과 마땅히 해야 할 일을 제시하는 귀한 영적 도서가 될 것이다.

이 책 『사랑은 어디에서 오는가』를 읽고 나면 이런 다짐과 결단이 저절로 일어날 것이다. "우리는 자랑스런 종교개혁가들의 후예로서 500여 년 전 오직 말씀으로! 오직 은혜로!를 역설한 그 개혁정신으로, 들음에서 행함으로, 값싼 싸구려 은혜를 입술로 말하는 대신에 깊은 영성 생활로, 온몸으로 복음을 실천하며 살아야 하리라."

— 최일도 (목사, 시인, 다일공동체 대표)

영국
근세의 영성을 찾아서

이밍햄
게인즈버러
보스턴
노리치
키더민스터
베드퍼드셔
옥스퍼드

프랑스
때제

사랑은 어디에서 오는가
영성을 찾아가는 영혼의 순례기

종교개혁의 영성을 찾아서
독일

● 비텐베르크
● 할레
● 스토테른하임
● 아이제나흐

● 프랑크푸르트
● 뷔르츠베르크

이스라엘
영성의 뿌리를 찾아서

● 갈릴리
● 예루살렘

초대교회의 영성을 찾아서

● 밀라노
● 라벤나
● 라 베르나
● 피렌체

● 아시시

● 로마
● 카시노

중세의 영성을 찾아서
이탈리아

영성순례의 길

이스라엘 초대교회에서부터 영국 근세교회까지 예수님과 여행하다

순례는 피조물의 본성

　성경이 가르치는, 인생에 대한 좋은 은유가 있다. 인생은 순례와 같다는 것이다. 순례는 어떤 목적지를 향하여 길을 가는 것을 뜻한다. 성경에서 가장 먼저 순례의 길을 떠난 사람은 아마도 아브라함일 것이다. 아브라함 이후 하나님의 사람들은 모두 순례의 길을 떠났다. 성경의 순례는 그래서 단순한 여행이 아니라 신앙의 본질이다. 까를로 마짜가 그의 『순례영성』에서 말했듯이, 순례는 하나님 앞에 선 인간의 피조물적 본성이요 신앙의 핵심이다. "어느 곳이나 인간이 지닌 근원적인 열망과 향수를 잠재워줄 영원한 고국은 없다. 이런 의미에서 인간은 본질적으로 여행자Homo Viator이다." 그에 의하면 순례는 본질적으로 거룩한 장소로의 회귀이며 존재의 원천인 하나님에게로의 복귀이다. 그리고 교회는 순례자의 공동체다.

　나는 오랫동안 영적 순례를 꿈꾸었다. 본래 여행을 좋아하기도 했지만 2000년 교회사의 현장을 발로 밟아보는 것은 영광스러운 일이기 때문이다. 그러나 그것은 많은 시간과 수고를 필요로 하는 일이었다. 그러나 그것이 어느 날 은혜로 주어졌다. 한신교회 목회 6년을 마친 작년 7월, 안식년이 시작된 것이다. 안식년이 시작되자 교회를 오래 비워야 한다는 부담에도 불구하고 영성의 현장은 이미 나를 부르고 있었다. 나는 떠나기로 마음먹고 계획을 세웠다. 성경이 쓰인 이스라엘로부터 시작하여 교회사의 행로를 따라 움직이기로 했다. 먼저 이스라엘로 가서 영성의 진원지를 살피고 싶었다. 다음 로마에서 초대교회를, 그리고 이탈리아에서 중세교회를 보고 싶었다. 그리고 독일, 스위스, 프랑스에서 종교개혁 시대의 교회를, 그리고 영국에서 근세교회의 영성을 볼 계획이었다. 그중에서 반드시 가보고 싶었던 곳이 있었다. 떼제 공동체였다. 떼제와 함께 유럽의 중요한 수도원, 교회들을 방문하고 싶었다. 그 계획을 토대로 2~3개월가량의 일정표를 만들었고, 2개월 예상으로 영성순례를 출발했다. 짧은 기간 내가 겪은 영성의 경험이 독자들에게 얼마나 도움이 될지 잘 모르겠다. 다만 받은 은혜가 너무 커서 나누지 않을 수 없다는 것을 말하고 싶다. 다음은 나의 마음속에 있었던 순례의 마음이다.

하나님을 향하여

첫째, 목표는 하나님이다. 순례란 무릇 목적을 가져야 한다. 목적지가 없는 것은 순례가 아니라 방황이다. 그래서 순례의 영성은 목표지향적 영성이다. 순례의 영성을 대표하는 작품이 존 버니언의 『천로역정』이다. 주인공 '크리스천'은 무거운 죄의 짐을 지고 장망성을 떠나

장망성을 빠져나가는 크리스천

크리스천에게 길을 가르치는 전도자

천신만고 끝에 시온성에 도착한다. 그 과정에서 겪는 고난은 이루 말할 수 없지만 그는 결국 시온성에 도착한다. 시온성은 곧 하나님이 계시는 보좌요, 하나님 자신이다. 우리 순례의 목적지는 어디인가? 오늘에 만족하여 내일을 잊고 살면 순례는 불가능하다. 순례의 영성은 현재의 행복에 안주하지 않고 하나님을 향한 구도의 길로 가는 것이다.

둘째, 과정이 중요하다. 순례의 영성이 목표지향적이지만 그것은 수많은 과정을 통해 이루어진다. 『순례자』는 파울로 코엘료가 스페인 산티아고에 있는 성 야고보의 무덤을 순례하고 돌아와서 쓴 책이다. 이 책에서 그가 말한다. "순례할 때 너무 빠르게도 너무 느리게도 걷지 말 것이요, 언제나 길의 법칙과 요구를 존중하며 걸어갈 것이며, 그대를 인도하는 이에게 절대 복종하기를. 심지어 살인이나 신성모독을 명할지라도 그대로 복종해야 하리라." 과정의 중요성을 말한 것이다. 아름다움을 보려거든 속도를 줄여야 한다. 우리는 너무 목표지향적인 나머지 과정을 소홀히 하는 경향이 있다. 산에 올라도 정상을 정복하기 위해서만 오른다. 정상 정복이 유일한 목적이면 골짜기에 흐르는 물소리는 들리지 않는다. 길가에 피어 있는 패랭이꽃도 볼 수 없다. 공중의 새도 들에 핀 백합도 볼 수 없다. 어린아이의 천진난만한 웃음도 볼 수 없다.

예수님과 함께

셋째, 예수님과 동행해야 한다. 여행에서 실제로 중요한 것은 어디로 가느냐가 아니라 누구와 함께 가느냐이다. 이번 순례는 아내와 함께했다. 아내와 함께 가는 길은 언제나 오래된 구들장처럼 따뜻하다. 순례길에서 만난 많은 동역자들은 나를 행복하게 했다. 그러나 무엇보다도 순례는 예수님과 동행해야 한다. 예수님과 동행하는 순례길처럼 행복한 것은 없다. 예수님은 이 땅에 오셔서 33년을 백성들과 함께 사시고 마지막에 오른편 강도와 함께 하늘나라로 가셨다. 예수님 자신도 하나님과 동행했던 순례자였다. 어느 날 예수님과 함께하는 동행의 소중함을 깨닫고 일기를 쓰기 시작했다. 매일 저녁 하루의 일과를 정리하고 느끼고 배운 것을 깨알같이 적었다. 시간이 진행되면서 영성일기는 조금씩 깊어져갔다. 단순한 여행기록이 아니라 오늘 내가 예수님과 함께 걸었는가를 묻고 답한 기록이었다. 그렇게 몇 달 쓰는 사이에 예수님과 동행하는 삶이 점점 생활화됨을 느꼈다. 시리아의 성자 아이작이 말했다. "어머니를 붙잡아라. 그러면 자녀들도 얻게 될 것이다." 그렇다. 예수님과 함께하면 모든 것을 얻는다. 모든 영적 순례는 결국 예수님과의 동행이다.

성령님을 따라

넷째, 성령님이 인도하신다. 여행에서 좋은 안내자를 만나는 것만큼 좋은 일은 없다. 가이드는 길 안내자다. 그 길을 알고 그 길을 가고 그 길에 대해 말할 수 있는 사람이다. 따뜻하고 친절하기까지 하다면 금상첨화다. 이번에도 좋은 안내자들을 많이 만났다. 그들은 유럽의 역사와 미술, 음악, 교회 역사를 꿰뚫고 있었다. 거기다 웃기기까지 해서 시간가는 줄 몰랐다. 성경은 성령님이 우리의 인도자라고 말한다. 그는 우리를 진리의 길로 인도하신다. 레이 프리차드는 『하나님, 아직도 나를 인도하시나요?』에서 민수기 9장 18절에 나타난 말씀을 성령님의 인도라는 시각에서 해석했다. "이스라엘 자손이 여호와의 명령에 따라 행진하였고 여호와의 명령을 따라 진을 쳤으며 구름이 성막 위에 머무는 동안에는 그들이 진영에 머물렀고." 이 말씀에 세 가지 특징이 있다고 한다. 먼저 성령님은 우리를 한 번에 한 단계씩 인도하고, 성령의 인도는 우리의 온전한 순종을 요청하며, 누구도 성령의 감동보다 앞서서는 안 된다는 것이다. 순례의 영성은 곧 성령님의 인도를 받는 삶이다. 성령의 인도를 받는 모든 사람이 순례자다. 교회도 이 땅의 순례자요, 또한 순례자의 집이다. 교회는 영원하지 않다는 점에서 순례자요, 피곤한 인생 나그네들을 먹이고 쉬게 한다는 점에서 순례자의 집이다. 성도들은 순례의 길에서 잠시 쉬기 위해 찾아온 순례자들이요, 목회자는 그들을 두 팔 벌려 환대하는 여관집 주인인 것이다. 이 같은 마음으로 함께 순례를 떠났으면 좋겠다. 이 순례에 독자 여러분이 좋은 동행자가 되어줄 것을 믿는다.

2 네트비야 교회 예배

대표적인 유대인 교회의 회당식 예배에 가다

인류사의 막대기

　이스라엘의 역사는 인류로 하여금 끊임없이 하나님을 생각나게 하는 은혜의 역사였다. 유대교 철학자 아브라함 요수아 헤셀이 말한 바와 같다. "유대인은 인류사에 있어서 하나님의 막대기다." 막대기는 언제나 잘 보이는 곳에 있다. 그리고 무엇인가를 보여주기 위해 있다. 이스라엘은 우리에게 무엇을 보여주려고 오랜 세월 거기 있었는가? 아마도 하나님일 것이다. 그들의 삶과 역사는 우리에게 하나님의 존재와 역사를 생생하게 보여준다. 그 한 예가 예배이다.

　현재 이스라엘에는 약 1만5천 명의 크리스천이 있고 그들이 섬기는 교회도 120여 개가 있다. 우리는 그들을 예수를 메시아로 믿는 유대인들 곧 '메시아닉 주Messianic Jew'라고 부르지만 메시아닉 주들은 예수를 메시아로 믿는 신앙고백 외에 각기 다른 전통과 관점을 공유하고 있다. 예배의 형태도 그렇다. 온건한 장로교식 예배로부터 과격한 열린 예배, 그리고 전통적인 회당식 예배에 이르기까지 다양한 예배 형태가 있다.

네트비야 공동체 교회

내가 예루살렘에서 처음 방문한 곳은 유대인 교회였다. 여러 유대인 교회를 방문한 가운데 가장 인상적인 것이 요셉 슐람 목사가 시무하는 네트비야 교회(케힐랏 네트비야: 네트비야 공동체)였다. 요셉 슐람 목사는 정통파 유대인으로 태어나 예수님을 영접하고 전도자가 되었다. 몇 년 전에도 한국을 방문하여 강의했고 나도 개인적으로 만나 교제한 적이 있다. 그가 예루살렘에 세운 네트비야 크리스천 공동체는 유대인 교회 중에 대표적인 곳이었다. 이 교회가 준 가장 큰 은혜는 유대인의 전통적 예배를 계승한 회당식 예배였다. 나는 몇 번 예배에 참석하다 그 예배가 준 감동에 빠져들었다. 주일 오전 10시에 시작된 예배는 2시간 동안 계속되었다. 히브리어로 진행된 데다가 유대교 회당예배와 너무 비슷해 처음에는 잘 적응되지 않았지만 시간이 지나면서 나도 모르게 예배에 몰입하기 시작했다. 예배는 전체적으로 유대인의 전형적인 찬양 형식으로 진행되었다. 찬양으로 말씀을 읽고 기도 역시 찬양으로 이어졌다. 그들의 기도문(시두림)은 말씀에 곡을 붙인 것으로, 악보는 없으나 전통적인 운율에 맞추어서 부른다. 우리의 눈으로 볼 때 생소하지만 마음을 열고 참여하면 많은 은혜를 받을 수 있다. 랍비 이삭 레비가 『회당: 그 역사와 기능』에서 한 말과 같다. "유대인들은 항상 노래 속에서 기도한다."

유대인 크리스천 예배

찬양은 예배시간 내내 이어졌다. 찬양과 함께 긴 성경읽기가 시작

메시아닉 주(유대인 크리스천)들은 저마다 다른 형태의 예배를 드린다. 대표적인 유대인 크리스천 교회인 예루살렘 네트비야 교회의 회당식 예배에서 예배자들이 특이하게 하나님을 찬양하고 있다. 얼굴이 흐리게 처리된 오른쪽 이가 이 교회 설립자 요셉 슐람 목사이다. (이강근 목사 제공)

되었다. 회당식 예배를 드리는 네트비야에서는 유대인 회당의 전통에 따라서 먼저 모세오경 중 한 부분을 읽는다. 유대인들은 오경을 53개의 파르시욧(단락)으로 나누어서 매주 회당에서 하나씩 읽도록 되어 있다. 그리고 관련된 선지서의 말씀을 읽고, 유대인 기독교 공동체의 경우는 이 이외에 관련된 신약의 메시지도 같이 읽는다. 이 날 예배에서도 오경에서 하나(신 30~31장), 예언서에서 하나(렘 1장), 그리고 신약에서 하나(마 4장)를 읽었다. 성경읽기는 유대인 전통예배의 중심에 속한다. 예수님도 누가복음 4장 16절 이하에서 나사렛 회당에 들어가 이사야 61장 1~2절을 읽으셨다. 전통적 유대교 예배에서는 설교보다 성경읽기가 더 강조된다.

　탈무드에도 성경읽기의 중요성을 이렇게 강조했다. "말씀을 백 번 읽는 것과 백한 번 읽는 것은 하늘과 땅 차이다. 말씀을 공부하되 반복해서 읽지 않으면 씨 뿌리고 거두지 않는 농부와 같다." 그리고 예수님의 경우와 같이 예배는 설교로 이어졌다.(눅 4:20~21) 설교는 예배의 하이라이트였다. 모든 예배자가 1시간 이상 설교를 들었지만 누구하나 자세를 흐트러뜨리지 않았다. '아멘'은 예배의 중요한 응답 수단이었다. 성경을 읽고 설교를 듣는 동안 사람들은 쉴 새 없이 아멘을 반복했다. 한 유대인 랍비는 아멘의 중요성을 이렇게 말했다. "누구든지 힘을 다해 아멘 하고 말하면 천국문이 그에게 열릴 것이다."

　예배 전체를 이끄는 사람이 랍비가 아니라는 점도 특이했다. '하잔'이라고 불리는 이 사람은 성인 남자로 예배 앞자리에서 예배를 이끌지만 좀처럼 얼굴을 보이지 않았다. 모든 기도는 그가 시작했고 그가 마무리했다. 예배 도중 어린이를 위한 축복기도가 있었고 간단한 광고도 있었다. 복장은 대부분 머리에는 키파를 쓰고, 예배 시에 옷 위에 탈리트(기도 숄)를 걸쳐서 겉으로 보기에는 유대교 예배인지 크리스천 예배인지 모를 정도였으나 예배드리는 성도들의 표정은 진지했다. 그들의 신앙고백은 한국의 전통 장로교회의 신앙고백과 다르지 않았다. 그들은 유대인의 전통대로 몸을 흔들거나 손을 들고 기도하기도 하고 손뼉을 치며 찬양하기도 했다. 오늘날 유대인 크리스천 예배는 오랜 세월 그들 조상들이 해왔던 회당예배를 이어가고 있었다.

예배의 본질

회당식 예배를 통해서 배우는 예배의 본질은 무엇인가? 유대인 예배에 관한 몇 권의 안내서를 구했다. 하윔 할레비 도닌의 『유대인의 기도법』과 윌리엄 심프슨의 『유대인의 예배와 기도』였다. 이들이 말하는 유대인 예배의 특징은 한마디로 하나님 경외와 임재의 예배다. 예배의 인간적인 요소는 극히 제한되고 하나님께만 집중되는 예배인 것이다. 예배의 가장 중요한 점은 이들이 과거 성전에서 드렸던 예배를 재현한다는 것이다. 과거 성전예배는 이방인의 뜰에서 여인들의 뜰, 이스라엘의 뜰, 제사장의 뜰을 거쳐 하나님의 보좌인 지성소로 나아가는 예배였다. 유대인 예배는 이것을 형상화한다.

이방인의 뜰은 하나님 없는 불신 세상을 의미한다. 예배자는 여기서부터 출발하여 하나님께로 나아간다. 이방인의 뜰을 넘어 지성소로 우리를 부르신 분은 은혜로우신 하나님이시다. 이방인의 뜰을 열고 들어가면 여인들의 뜰이 있다. 여인들의 뜰은 여인들만 들어간다는 뜻이 아니라 여인들 또한 남자와 함께 들어갈 수 있다는 뜻이다.

이 뜰은 '행동하는 세상World of Action'을 의미한다. 아마 여기서부터 찬양이 시작되고 실질적인 의미의 예배가 시작될 것이다. 이때 고백하는 주제는 하나님 앞에 선 연약한 존재로서의 자기 자신이다. "하나님, 나는 흙입니다. 나는 연약한 피조물입니다."(창 2:7) 이어 예배자는 이스라엘 뜰로 들어간다. 이 뜰을 '형성의 세계World of Formation'라고 부른다. 이때 예배자는 흙으로 지음받은 자신이 오직 하나님의 은혜로 다시 지음받기를 원한다. 간절한 소원과 간구를 드린다. 말씀과 찬양 그리고 기도는 이 고백과 함께한다. 그리고 이스라엘의 뜰을 거쳐 제사장의 뜰로 가면 왕이신 하나님 앞에 바짝 다가가게 되는 것이다. 이것을 '창조의 세계World of Creation'라고 부른다. 성소에서 드리는 기도를 '아미다 기도'라 한다. '아미다'는 '일어섬Stand'이라는 뜻으로 왕이신 하나님 앞에 서서 예배하는 것을 의미한다.

예배의 한 중앙에 있는 '아미다'는 나로 하여금 하나님 앞에 서게 만들었다. 몸만 서는 것이 아니라 영혼 전체가 서는 느낌이었다. '아미다 기도'를 읽을 때 성경 말씀이 떠올랐다. "또한 그로 말미암아 우리가 믿음으로 서 있는 이 은혜에 들어감을 얻었으며 하나님의 영광을 바라고 즐거워하느니라."(롬 5:2) 우리는 감히 하나님의 은혜로 들어가는 은혜를 허락받았다. 그 은혜가 너무 크고 황송해서 우리는 앉아 있을 수 없다. 그래서 '아미다', 일어선다. 감히 얼굴을 들지 못하는 마음으로, 황송한 마음으로 그 앞에 '선다'. 그 앞에 '서는 은혜'는 얼마나 큰 은혜인가? '은혜를 얻기 위하여 은혜의 보좌에 담대히 나아가게 하는 은혜'(히 4:16)는 얼마나 큰 은혜인가? 우리는 감히 은혜의 보좌 앞에 앉아 있을 수 없다. 그래서 부끄럽지만 용감하게 그 앞에 선다. 그 앞에 서는 마음이 혹시 이런 마음일까?

어느 어부가 드린 기도가 있다. "저로 하여금 죽는 날까지 물고기를 잡을 수 있게 하시고 마지막 날이 찾아와 당신이 던진 그물에 제가 걸렸을 때, 바라건대 쓸모없는 물고기라 여겨 버려지지 않게 하소서." 이 기도는 십자가에 달린 오른편 강도의 기도를 생각나게 한다. 은혜의 보좌 앞에 떨리듯 서 있는 나 자신이 생각나서 한참 울었다. 그리고 찬양했다. "왕 되신 주 앞에 나 경배합니다. 주님만이 찬양받기에 합당하시니 큰 존귀와 영광 홀로 받으소서. 오 주 앞에 나아갑니다."(폴 발로쉬의 '왕 되신 주 앞에')

유대인 예배의 가장 마지막 단계는 성소의 예배다. 성소의 세계는 '아찔루트의 세계'이다. 이 말은 '방출하다, 빛을 뿜다'라는 뜻이다. 과거 성소에 들어가면 메노라, 떡상, 분향단에서 하나님이 빛을 뿜었다. 아가서 1장 4절의 말씀이 그 상황을 표현한다. "왕이 나를 그의 방으로 이끌어 들이시니 너는 나를 인도하라. 우리가 너를 따라 달려가리라. 우리가 너로 말미암아 기뻐하며 즐거워하니 네 사랑이 포도주보다 더 진함이라. 처녀들이 너를 사랑함이 마땅하니라." 예배는 왕이신 하나님 앞에서 빛을 받는 것이다. 그 앞에 자격 없이 선 술람미 아가씨는 졸지에 영광스러운 신부로 변한다. 빛은 어둠을 몰아내고 같은 빛으로 동화시킨다. 예배의 빛이 있는 세계로 들어가는 것이다. 그래서 영광에서 영광으로 변한다. 오늘 우리는 무엇을 어떻게 예배하는가? 혹시 자기 행복과 성공을 기원하는 자기도취적인 예배는 아닌가? 우리는 오늘도 그 앞에 떨리는 예배자로 서 있는가? 은혜의 보좌에서 나오는 빛을 오늘도 받고 있는가? 네트비야 교회를 나오면서 영광스러운 예배가 무엇인지 다시 한 번 생각했다.

이스라엘 예시바 학교에서
율법주의를 경계하려다 하나님 율법까지 버려선 안 된다

원작을 찾아서

　오래전 예루살렘에 살면서도 못 가본 곳이 있었다. 예시바 유대인 학교였다. 거의 동네마다 있다시피 한 이 학교를 못 가본 것은 내 안에 있었던 어떤 경계심 때문이 아닐까 생각한다. 그 경계심은 아마도 율법주의에 대한 경계심이었을 것이다. 이스라엘에서 까만 모자에 까만 양복을 입은 종교인('다띠'라고 부름)을 보면 마치 성경에 나오는 바리새인을 본 것 같아 한동안 옆으로 피하곤 했다. 예수님 때문에 이스라엘을 좋아하면서도 율법주의 때문에 유대인들을 경계하는 이 이중성은 어디서 온 것일까? 과연 유대인은 율법주의자인가? 그렇다면 율법주의는 왜 우리에게 불필요한가?

　유럽의 한 도시에 유명한 미술관이 있었다. 어느 날 미술관장이 보니 유명한 그림 하나의 칠이 벗겨지고 있었다. 관장은 화가를 불러 빠른 보수를 지시했다. 화가는 조심스럽게 다가가 작품을 살펴보기 시작했다. 그런데 웬일인가. 벗겨진 칠 안에 또 하나의 그림이 있는 것이 아닌가? 자세히 보니 그것이 바로 그림의 원작이었다. 누군가가 원작 위에 칠을 덮어씌운 것이다. 화가가 조심스럽게 칠을 벗겨내자 오래된 원작이 나타났다. 그 이야기를 듣고 생각했다. 우리가 지금 붙들고 있는 믿음, 신조, 전통 그리고 크리스천의 삶은 얼마나 원작에 가까울까? 혹시 그것이 우리 자신의 생각과 편견으로 덮어씌운 칠은 아닌가? 그 칠은 보존해야 하는가, 벗겨내야 하는가? 나에게 이스라엘을 순례한다는 것은, 그리고 이스라엘을 배운다는 것은 그런 고민을 포함한다.

유대인 학교 예시바

예시바 문 앞에 선 나의 심정이 그러했다. 내가 찾은 예시바는 예루살렘 유대인 구역 안에 있었다. 구 예루살렘 지역은 크게 네 구역으로 나뉜다. 아랍인 구역, 유대인 구역, 크리스천 구역 그리고 아르메니안 구역. 그중 유대인 구역은 예루살렘 동남쪽 성전, 통곡의 벽에 가까운 곳이다. 오랫동안 무너진 성전을 바라보며 기도하고 살았던 유대인들의 한과 꿈이 서려 있는 곳이다. 계단을 따라 올라가면 회당들이 보이고 각종 유대인 관련 시설들이 나온다. 그중의 한 건물이 유대인 학교 예시바다.

예시바 학교 앞에는 총을 든 유대 군인이 서 있었다. 학교 분위기와는 달랐지만 이스라엘에서 흔히 보는 광경이기 때문에 놀라지 않았다. 허락을 받고 예시바에 들어갔을 때의 첫인상은 매우 시끄럽다는 것이었다. 이곳이 학교이고 도서관이라면 분명 조용해야 한다. 그런데 그렇지가 않았다. 여기저기서 소리가 나고 떠들썩한 것이 거의 카페 수준이었다. 마침 수업시간인지 둘씩 서로 마주보며 토론을 하고 있었다. 의자와 책상의 구조도 특이했다. 개인 책상은 서로 마주보도록 되어 있고 전체 책상은 앞을 향하여 반원형으로 놓여 있었다. 책은 앞에 있었지만 책을 보고 이야기하는 것이 아니라 앞에 있는 사람의 눈을 보고 이야기했다. 어떤 사람은 웃으며, 또 어떤 사람은 소리 높여 이야기하고 있었다. 나에게 그것은 낯선 광경이었지만 또한 부러운 광경이기도 했다. 갑자기 성경 구절 하나가 떠올랐다. 열두 살 된 어린 예수님이 성전에서 박사들과 토론하는 장면이다. "그가 선생들 중에 앉으사 그들에게 듣기도 하시며 묻기도 하시니."(눅 2:46) 예수님은 바로 그런 문화에서 자라나셨다. 우리 같으면 "말하기도 하시며 가르치기도 하시니" 했을지 모른다. 그러나 "듣기도 하고 묻기도" 하셨다.

우리 같으면 분명 칸막이가 있는 도서실에서 산더미 같은 책을 쌓아놓고 그것을 달달 외우고 있었을 것이다. 그러나 예시바에는 칸막이가 없었다. 눈에 보이는 칸막이뿐 아니라 대화의 칸막이도 없었다. 토론과 논쟁, 서로 마주보는 대화 속에서 나는 우리 교육이 가진 개인주의와 폐쇄성의 한계를 보았다. 왜 우리의 어린 학생들이 성적과 대학 앞에 한없이 숨죽이고 사는지, 왜 그것이 힘들어 극단적인 선택을 하는지 그 이유를 알 것 같아 갑자기 눈물이 나왔다. 왜 우리 교육에는 이런 개방성이 없는 것일까. 비단 교육에만 없는 것이 아니라 교회에서도 찾아보기가 힘들다. 그 좁은 폐쇄성과 밀폐성이 개교회주의를 낳고 교파주의를 부추기고 동서 갈등, 남북 분단의 비극을 만든 것은 아닌가.

우두커니 서 있는데 키파(모자)를 쓴 한 사람이 다가왔다. 유대인 선생인 듯했다. 어디서 왔느냐고 묻더니 또 탈무드를 아느냐고 물었다. 분명 내가 탈무드를 안다고 말하면 그는 매우 좋아했을 것이다. 그러나 불행히도 내가 읽은 탈무드는 단권으로 된 재미있는 유대인 이야기책일 뿐이다. 진짜 탈무드가 63권으로 된 방대한 성경 구전집이라는 것쯤은 나도 알고 있었다. 그래서 잘 모른다고 했더니 그는 나를 거대한 도서관으로 데리고 갔다. 거기에서 수많은 토라 사본과 유대인의 구전, 미쉬나, 토셉타, 그리고 방대한 탈무드를 보여주었다. 가까이 가서 보았더니 그 책들엔 하나같이 손때가 묻어 있었다. 그는 책 한 권을 꺼내어 펼쳤다. 탈무드의 한 부분이었다. 그는 그 부분을 읽었다. "모세는 여덟 번 시나이 산에 올라갔다. 왜 여덟 번인가?" 낯선 이방인을 안내한 것은 있을 수 있는 일이다. 그러나 탈무드를 펴고 질문을 던지는 것은 상상하지 못한 일이다. 성경은 모세가 영화 〈십계〉에서처럼 한 번만 시나이 산에 오른 것이 아니라 여덟 번 올랐다고 기록한다. 그런데 그에 대해 탈무드가 "왜?" 하고 물었다는 사실은 나도 몰랐다. 답은 하나님이 십계명을 안 주셨기 때문이 아닌가? 십계명을 줄 때까지 모세가 올라갔던 것 아닌가? 그 단순한 질문을 굳이 탈무드에서까지 해야 하나? 그런데 탈무드에는 그것에 대한 대답을 수십 가지나 기록하고 있다. 오랜 세월 랍비들이 치열한 토론을 벌여 쌓은 열매들이다. 그날 유대인 선생이 던진 짧은 질문 하나는 그동안 내가 물어왔던 유대인 교육의 비밀을 한꺼번에 해결해주었다. 유대인 격언이 그것을 잘 말해주고 있었다. "만일 눈앞에 천사가 나타나 토라의 모든 것을 가르쳐준다 해도 나는 거절할 것이다. 배우는 과정이 배움의 결과보다 훨씬 더 중요하기 때문이다."

서로 마주 앉아 공부하는 예시바 학교

유대인 교육의 비밀

왜 하버드 대학의 30%가 유대인 학생일까? 현재 하버드의 유대인 학생 수는 약 7천 명으로 전체 2만 명 중 30%에 해당한다. 하버드 대학생 3명 중 1명이 유대인인 셈이다. 이 수는 한국, 중국, 일본 세 나라 학생의 수가 천 명(4~5%)을 넘지 못한 것에 비교하면 놀라운 숫자다. 한국 학생은 전체 1%밖에 안 되고 그나마 44%가 중도에 탈락한다는 보고도 있다. 교육의 비밀을 하버드 재학생 숫자에서 찾는 것이 부적합하다면 노벨상을 예로 들어보자. 유대인 인구는 전 세계 인구의 0.2%도 안 되는 1천3백만이다. 그런데 1910년부터 2009년까지 유대인 노벨상 수상자는 모두 179명이다. 이는 전체 개인 수상자 가운데 23%에 달하는 숫자이며 그중 경제학상의 경우는 전체 수상자 중 41%가 유대인이었다. 국가별로는 미국이 가장 많은 노벨상을 받았지만 그중 절대 다수는 유대인이다.

유대인 교육의 비밀은 무엇일까? 이것을 유대인들에게 물으면 자신들이 머리가 좋아서 그런 것은 아니라고 말한다. 실제 아이큐 검사에서도 유대인이 다른 민족보다 월등히 높은 것으로 나오지는 않는다. 그렇다면 왜일까?

세상의 종교를 '사색의 종교'와 '삶의 종교'로 구분한 사람이 있다. 마빈 윌슨Marvin R. Wilson이다. 그는 저서 『우리의 조상 아브라함, 기독교 신앙의 유대적 뿌리』에서 기독교를 히브리 전통에 기초한 삶의 종교로 이해했다. 삶의 종교란 단순히 교리를 믿는 종교와 차별화된 종교다. 올바른 교리를 믿는 종교가 아니라 올바른 실천을 중요시하는 종교다. 유대인에게 올바른 삶의 표준은 율법이다. 율법과 율법주의는 다르다. 율법은 하나님이 주신 것이고 율법주의는 사람이 만든 것이다. 율법은 시나이 산에서 왔고 율법주의는 랍비들에게서 왔다. 율법은 하나님의 말씀이고 율법주의는 그 말씀이 인간의 행위가 되어 그 행위를 근거로 하나님과의 관계를 판단하고자 하는 신앙 체계다. 이 경우의 행위는 은혜 안에 있는 결과물이 아니라 은혜와 대비되는 인간의 도덕체계이다.

그래서 율법주의는 은혜주의가 은혜를 손상시키는 것처럼 하나님의 말씀인 율법을 손상시킨다. 문제는 우리가 쉽게 율법주의라고 정죄하는 것이 유대인에게는 율법주의가 아니라는 것이다. 우리가 율법주의라고 말할 때 그것은 행위중심주의이지만 유대인들은 행위와 믿음과 분리해 있다고 믿지 않는다. 그래서 우리는 유대인들이 율법대로 사는 삶을 율법주의라고 경계하다가 자신도 모르게 율법까지 버릴 수 있음을 알아야 한다. 마치 목욕물을 버리다가 아기를 버리는 것과 같다.

유대인들은 우리가 쉽게 생각하는 것처럼 '율법주의자이기 때문에' 율법을 지키는 것이 아니다. 하나님의 말씀이기 때문에 지키고, 믿음과 삶이 하나이기 때문에 지키고, 믿음의 고백이 삶의 실천으로 나타나야 한다고 믿기 때문에 지킬 뿐이다. 이는 가정과 회당과 학교교육에서 통전적으로 반복된다. 우리 교육의 문제는, 아이들을 학교에서만 가르친다는 것이다. 그러나 유대인 교육은 학교와 가정, 교회(회당)에서 함께 가르친다. 어디를 가나 교육의 내용과 가치는 동일한 율법(하나님의 말씀)이다. 동일한 가치관을 다른 방향에서 배우고 가르치는 것이다. 이것이 요즘 한국교회에서 쉐마교육을 정착시키려 할 때 생기는 어려움이다. 유대인의 쉐마교육은 가정, 학교, 회당에서 공통적으로 지향하는 교육의 가치이다. 그러나 우리 사회에서 가정과 학교는 세속적인 가치를 가지고 있는데 교회에서만 쉐마를 말한다. 그래서 최소한의 성공을 위해서도 우선 교회와 믿는 가정만이라도 가치에 있어서 하나가 되어야 한다. 교회교육을 강화할 뿐 아니라 가정교육도 같이 가야 한다. 그리고 그것이 학교교육에까지 영향을 주도록 해야 한다. 그렇지 않으면 우리 자녀를 삼중인격자(교회, 가정, 학교)로 만들 뿐이다.

가르치고 행하라

예시바에서 돌아온 날부터 4복음서를 다시 읽기 시작했다. 읽다가 예수님의 다음 말씀에서 눈길이 멈췄다. "나는 마음이 온유하고 겸손하니 내 멍에를 메고 나를 배우라."(마 11:29) 그리고 이 말씀은 예수 믿는 것이 율법주의로부터 해방되는 것이면서 동시에 하나님의 말씀인 율법으로 돌아가는 것이라는 것을 깨닫게 했다. 예수님이 오신 것은 율법을 폐하기 위함이 아니라 완전케 하려 함이었다.(마 5:17) 플루서D. Flusser가 저서 『예수』에서 말한 대로 예수님은 새로운 도덕에 대한 부름을 위해 이 땅에 오셨다. '새 도덕'은 '옛 도덕'의 폐기가 아니다. 오히려 더 철저한 준행이다. 살인(마 5:21~26), 간음(마 5:27~32), 맹세(마 5:33~37), 원수사랑(마 5:38~42), 구제(마 6:1~4), 기도(마 6:5~15), 금식(마 6:16~18), 물질(마 6:19~34), 제자도(마 7:18~22), 평화(마 10:34~39), 가족관계(마 12:46~50), 세금(마 17:24~27)은 더 성실히 그리고 철저히 실천되어야 한다. 짊어진 멍에를 벗어버리는 것이 은혜가 아니라, 그

멍에를 메고 예수님께 배우는 것이 은혜다.

  은혜는 반율법도 비도덕도 아니다. 율법에서 은혜로 옮겨진 것이 구원이라면 은혜에서 삶으로 옮겨진 것이 성화이다. 예시바 학교를 나오며 오늘 우리 교육의 뿌리가 정말 하나님의 말씀(율법)에 기초해 있는가를 물었다. 또한 그것이 우리의 가정, 교회, 학교에서 동일하게 가르쳐지고 행해지고 있는가 물었다. 그리고 진심으로 그렇게 되기를 기도했다.

4 유다 광야에서
성경 속 사람들은 왜 고독한 광야로 갔을까

광야, 영혼의 고향

오랫동안 내 영혼에 사무치게 그리운 곳이 있었다. 유다 광야였다. 그러나 섭씨 40도의 폭염과 함께 남북으로 약 100㎞, 동서로 약 25㎞나 되는 황무지를 완주한다는 것은 거의 불가능한 일이었다. 이스라엘에 있을 때에도 예루살렘 근처 수도원만 찾아다녔을 뿐이었다. 그런 사이 유다 광야는 내 마음에 식지 않는 여름처럼 남아 있었다. 그리움은 쌓여가고 어느 날은 폭발할 지경이었다.

왜 아무것도 없는 광야가 그렇게 그리울까? 광야가 그리운 것은 우선 그곳에 살았던 사람들의 추억 때문이다. 다윗, 엘리야, 엘리사, 세례 요한 그리고 예수님의 추억이 고스란히 남은 곳, 세월은 흘러 역사가 되고 건물은 무너져 고고학 발굴터가 되었지만 광야만은 2000년, 3000년 전의 모습을 그대로 간직하고 있다. 광야는 오랫동안 성경역사와 영성의 중심지였다. 위로는 벧엘, 실로, 아이, 가운데는 예루살렘, 밑으로는 베들레헴, 드고아, 엔게디, 헤브론, 아라드, 브엘세

유다 광야. 이곳에서 하나님의 사람들이 훈련받았다.

바. 이곳에서 일어났던 모든 일들이 광야와 무관하지 않다.

작년 7월, 몇 명의 목회자가 의기투합하여 마치 가나안 정탐꾼처럼 무장하고 길을 떠났다. 빵과 물, 배낭을 갤로퍼에 싣고 예루살렘을 떠났을 때만 해도 길은 순탄한 듯했다. 팔레스타인 사람과의 접촉을 피하기 위해 새로 난 유대인 정착촌으로 가는 길은 잘 포장되어 있었다. 베들레헴 입구의 수도원 앞에서 좌회전하여 시스 고개를 넘어 헤로디온 가는 길로 접어들었다. 멀리 헤로디온의 위용이 들어왔다. 헤롯이 죽기 직전 신하들을 시켜 짓게 한 인공무덤, 지금도 고고학 발굴이 이루어지고 있었다. 헤로디온을 지나자 시련이 시작되었다. 형편없는 비포장도로가 시작된 것이다. 차가 흔들리고 먼지가 앞을 가리기 시작했다. 국산 갤로퍼의 위력은 대단했지만 쉴 새 없이 흔들리며 움푹 파인 골짜기로 질주하는 차 안에서 내지르는 사람들의 비명 소리를 막아내지는 못했다. 이제 더 이상 방법이 없었다. 벨트를 단단히 조이고 간절히 기도하는 수밖에는.

시간이 갈수록 길이 험해지고 날씨는 무더워졌다. 보이는 것은 먼지로 덮인 하늘과 끝없는 광야뿐이었다. 그렇게 40분쯤 가자 멀리 하얀 물체가 보이기 시작했다. 차에서 내려 보니 뜻밖에 요르단과 사해가 바라보이는 광야의 끝이었다. 엔게디가 바로 발아래 있었다. 광야의 끝자락에서 바라보는 엔게디는 그야말로 환상이었다. 오른쪽에 키부츠 엔게디가 보이고 왼쪽에 엔게디 국립공원이 보였다.

엔게디 정상에서 조심스럽게 내려가기 시작했다. 여기저기 구멍 뚫린 동굴들이 눈에 들어왔다. 아마 저 동굴 중 어느 곳에 다윗이 사울을 피하여 숨었는지도 모른다. 다윗이 사울을 피하여 숨었던 십황무지(삼상 23장), 엔게디 동굴(삼상 24장), 하길라 산(삼상 26장) 등이 이 근처에 있을 것이다. 다윗이 광야를 전전할 때 마온과 갈멜에서 만난 나발과 아비가일 이야기의 현장(삼상 25장)도 이 근방 어디일 것이다. 다윗은 분명 이런 상황에서 "여호와는 나의 반석이시요, 나의 요새시요, 나를 건지시는 이시요, 나의 하나님이시요, 내가 그 안에 피할 나의 바위시요, 나의 방패시요, 나의 구원의 뿔이시요, 나의 산성이시로다."(시 18:2) 하고 고백했을 것이다.

광야, 자기를 드러내는 땅

광야는 우리에게 무엇인가? 단지 사람이 살지 않는 버림받은 땅인 것만은 아니다. 그곳은 고독한 곳이다. 고독은 다만 외로움만이 아니다. 자신의 실체를 드러내는 침묵의 섬이다. 극단적 고독을 통해 자신을 발견한 사람이 있었다. 프랑스 과학자 미셸 시프르이다. 그는 지하 30m의 동굴에서 무려 205일 동안 음식과 읽을거리만 갖고 지냈다고 한다. 처음에는 극심한 외로움을 느껴 86일째가 되던 날에는 자살을 생각했다. 그 고비를 넘기자 점점 자신이 보이기 시작했다. 156일째 되는 날 드디어 고독의 진가가 나타났다. 갑자기 그 자신이 얼마나 거짓되며 가식적인 존재인가를 깨닫게 되었다는 것이다. 고독은 우리를 거짓으로부터 해방시켜 단순한 존재가 되게 한다. 광야는 아무것도 없이 벌거벗고 서는 곳이다. 그곳에 서면 우리의 거짓된 자아상이 폭로된다. 진정한 고독 없이는 진정한 자기 발견도 없다. 진정한 자기 발견 없이는 진정한 영적 삶도 없다. 모든 경건, 모든 기도, 모든 각성이 이 고독에서 나온다.

사막 교부들의 이야기다. 한 수도자가 물을 항아리에 가득 부었다. 그리고 사람들에게 물었다. "무엇이 보입니까?" 사람들이 대답했다. "아무것도 보이지 않습니다." 한참 후에 다시 물었다. "무엇이 보입니까?" 사람들이 말했다. "우리 얼굴이 보입니다." 그렇다. 내면의 세계는 금방 보이지 않는다. 고독이 필요하고 시간이 필요하다. 그래서 토머스 머튼이 말했다. "고독은 자기 속에 갇혀 있는 것이 아니라 진정한 인간이 되는 길이다." 고독 없이는 진정한 친교도 없다. 고독과 친교는 불가분의 관계에 있다. 윌리엄 맥나마라의 말과도 같다. "고독 없는 공존은 같이 있는 것이 아니라 다만 나란히 있는 것이다."

성경의 사람들이 왜 광야로 나갔을까? 왜 엘리야는 그릿 시냇가에 격리되었을까? 왜 다윗은 그토록 많은 세월을 고독한 광야에서 헤매야 했을까? 왜 엘리야는 광야에서 죽기를 자청했을까? 하나님 앞에 서기 위해서는 먼저 자기 자신 앞에 서야 한다. 너무 많은 것이 있는 도시에서는 내가 가진 것이 적어 보인다. 그러나 광야에는 아무것도 없기 때문에 내가 가진 것이 많아 보인다. 광야에서 우리는 우리에게 너무 많은 것이 있음을 알게 된다. 그리고 그 대부분이 불필요한 것임을 깨닫게 된다. 그리하여 그것들과의 싸움이 시작된다. '벗겨짐'은 우리 입장에서는 '박탈'일 수 있지만 하나님 입장에서는 새로운 '옷 입기'일 수 있다. 반 젤러의 말과도 같다. "벗겨짐은 하나님의 입장에서 박탈이 아니라 그리스도로 옷 입는 새로운 과정이다. 비우는 것은 빼앗김이 아니라 새로운 채움의 시작이다. 인간에게 탈출은 곧 하나님에게로의 유입이다." 고독은 많은 대가를 지불해야 얻을 수 있다. 그래서 광야는 하나님 앞에 서기 위해 우리가 맞서 싸워야 할 많은 유혹과 투쟁을 의미하기도 한다.

유다 광야에서 바라본 사해. 아래 보이는 작은 숲이 엔게디다.

광야, 하나님을 의지하는 땅

월터 브뤼게만이 그의 책 『땅The Land』에 이르길, 성서의 땅은 네 가지 의미를 갖는다고 한다. 선물Gift로서의 땅, 유혹Temptation으로서의 땅, 과제Task로서의 땅, 그리고 위협Threat으로서의 땅이다. 본래 땅은 하나님의 선물이다. 그런데 그 땅이 선물임을 잊을 때 유혹이 되었다. 그 유혹으로부터 벗어나게 하기 위해 하나님은 우리에게 과제를 주셨다. 그것이 말씀이요, 계명이며, 안식일이다. 그것을 지키는 데는 많은 위협과 공격이 있다. 그 공격을 이겨내기 위해 영적 싸움이 필요한 것이다. 수도원운동은 그 영적 싸움의 한 현장이었다. 사막 교부들이 말했듯이 구원은 시험과 시련이 없이는 얻을 수 없다. 영혼의 구원은 영적 싸움으로 말미암는다. 광야는 한마디로 하나님을 의지하게 하는 땅, 힘 있게 의지하게 하는 땅이다. 삼상 23장 16절에서 요나단이 다윗을 향해 말한다. "사울의 아들 요나단이 일어나 수풀에 들어가서 다윗에게 이르러 그에게 하나님을 힘 있게 의지하게 하였는데." 이 말은 사울의 아들 요나단이 다윗에게 한 말이다. 평소에 다윗을 사랑했던 요나단은 자기 아버지에게 여러 번 다윗의 무죄를 주장하며 다윗을 해하지 말 것을 호소했다. 그러나 다윗을 향한 미움이 사라지지 않는 것을 본 요나단은 다윗에게 이렇게 말한다. "다윗, 내가 아버지를 설득해보려고 노력했지만 내 힘으로 안 되니, 이제 나나 내 아버지를 믿지 말고 오직 여호와에게만 의지하게. 그것도 힘 있게 의지하게. 그것만이 자네가 살 길이네." 다윗은 그때부터 하나님에게만 의지하는 길을 간다.

재미있는 것은 다윗의 고백에서 이 '힘'이라는 말을 자주 본다는 것이다. "다윗이 거기서 그 하나님 여호와에 힘입고 용기를 얻었더라."(삼상 30:6), "나의 힘이 되신 여호와여 내가 주를 사랑하나이다."(시 18:1), "여호와는 나의 힘과 나의 방패시니 내 마음이 저를 의지하여 도움을 얻었도다. 그러므로 내 마음이 크게 기뻐하며 내 노래로 저를 찬송하리로다."(시 28:7) 여기에 쓰인 '힘'은 '하자크'를 이른다. 힘도 여러 가지가 있다. 골리앗의 힘과 하나님에게 의지하는 힘은 다르다. '하자크'는 영적인 힘이다. 하나님을 의지하는 힘이요 하나님으로부터 받은 힘이다. 광야에서 광야 같은 인생을 살았던 다윗은 광야의 삶이란 하나님을, 오직 하나님만을 힘 있게 의지하는 삶이라는 것을 배웠을 것이다. 그렇다. 광야는 하나님을 힘 있게 의지하는 땅이다. 우리가 사는 세상이 광야라면 하나님을 힘 있게 의지할 수밖에 없다.

광야의 낮도 아름답지만 광야의 밤은 더 아름답다. 멀리 엔게디가 바라보이는 지점에 텐트를 쳤다. 식사를 한 후 밖으로 나갔을 때 하늘에서 별들이 쏟아지고 있었다. 아마 저 별들을 하나님이 아브라함에게 보여주시고, 하늘의 별처럼 땅의 모래처럼 그 후손을 축복했는지 모른다. 성경의 하나님은 광야의 하나님이다. 하나님은 짐승이 부르짖는 광야에서 그의 백성과 만나시고 그들을 호위하시며 보호하시고 눈동자처럼 지키신다.(신 32:10) 유다 광야는 예나 지금이나 진실하게 하나님 앞에 서려는 성도들의 영혼의 요람이요, 하나님이 사람을 길러내는 영혼의 훈련장이다.

5 채리톤 수도원에서

초기 동굴 교회, 수도자의 삶이 녹아 있는 '영성의 샘'에 가다

길을 잃을 때 돌아가는 곳

　순례 중 어떤 안내자가 자유 시간을 주면서 이렇게 말했다. "이제부터 자유 시간입니다. 2시간 후에 다시 만날 텐데 혹시 길을 잃으면 이렇게 하십시오. 먼저 그 자리에 멈춰 서십시오. 더 가시면 안 됩니다. 그리고 가던 길의 반대편으로 곧장 걸어오십시오. 그러면 우리가 처음 헤어진 곳에서 만날 것입니다." 이 말을 듣는 순간, 그것은 교회가 그리고 우리가 길을 잃었을 때 길을 다시 찾는 방법이기도 하다는 생각이 들었다. 초창기 교회 신앙인들이 보여준 삶의 자리는 우리가 길을 잃을 때 돌아갈 영적 출발지이다. 초대교회 수도원이 그중 하나다.

　수도원에 대한 나의 관심은 오래전 예루살렘에서 유학할 때부터 시작되었다. 어느 날 유다 광야를 여행하다가 우연히 어느 수도원에 들어갔는데 그곳은 전혀 딴 세상이었다. 여기저기 구멍 뚫린 절벽의 동굴에서 기도하는 수도자들이 아직도 있다는 말을 들었을 때 내 가슴은 뛰었다. 어떻게 그 험한 동굴에서 평생 기도하며 살 수 있을까?

동굴을 중심으로 세워진 러시아정교회 수도원

그들과 세상이 만나는 접촉점은 오로지 밧줄에 연결된 바구니 하나였다. 그 바구니에 전달된 최소한의 음식으로 겨우 목숨을 연장하며 기도에만 전념하는 이름 모를 수도자의 치열한 삶이 안일에 빠진 나를 자책하게 했다.

그 후 유다 광야 수도원에 대하여 쓴 고고학자의 책을 접하게 되었다. 히브리 대학교의 이츠하르 히르쉬펠트 교수가 쓴 『비잔틴 시대의 유대 광야 수도원』이었다. 이 책을 들고 시간만 나면 답사를 다녔다. 여리고 근처 와디 켈트에 있는 성 조지 수도원(주후 525)에도 가고, 기드론 계곡 끝자락에 있는 마르 사바 수도원(주후 478)에도 가보았다. 히르쉬펠트에 의하면 비잔틴 시대 유다 광야에는 확인된 수도원만 73개에 달한다고 한다. 대부분의 수도원은 두 지역에 밀집되어 있다. 하나는 와디 켈트 지역(25개)이요, 다른 하나는 기드온 골짜기 지역(20개)이다. 아마도 이곳에 생존에 필요한 물이 있을 뿐 아니라 예루살렘, 베들레헴 등의 성지와 가깝기 때문일 것이다.

유다 광야 수도원의 역사는 주후 330년 소아시아 출신 채리톤으로부터 시작된다. 그가 성지 순례를 마친 후 와디 켈트에 바란 수도원을 창설한 것이 유다 광야 수도원의 출발이다. 그 수도원을 공동체형으로 바꾼 사람은 아르메니아 출신 유티미우스였다. 그는 411년 최초의 공동체 수도원 테옥티스투스 수도원을 지었다. 유다 광야 수도원의 전성기로 끌어올린 사람은 카파도키아 출신 마르 사바이다. 그는 483년에 마르 사바 수도원을 세운 것을 비롯하여 10개 이상의 수도원을 세웠으며 그가 생존해 있을 동안 유다 광야에는 300여 수도사들이 수도생활을 하고 있었던 것으로 학자들은 보고 있다. 그러나 역사적으로 가장 중요한 것은 채리톤 수도원이다.

채리톤 수도원

재작년 여름, 마음먹고 아침 일찍 길을 나섰다. 예루살렘 북쪽을 빠져나와 여리고 쪽으로 내려가다가 차에서 내려 성 조지 수도원에 도착했다. 그러나 목적지는 그곳이 아니었다. 거기서 골짜기를 타고 서북쪽 정상까지 올라가야 했다. 길은 험하고 날씨는 더웠다. 길 양쪽에는 이스라엘의 그랜드캐니언이라고 불리는 와디 켈트 협곡이 사망의 음침한 골짜기처럼 버티고 있었고 그 가운데는 좁고 험한 길이 꼬리를 물고 이어졌다(독거형 수도원을 부르는 '라우라'라는 말은 본래 '좁은 길', '벼랑'이란 뜻이다). 그래도 다행인 것은 물이 흐른다는 것이었다. 이 물은 골짜기의 정상 부근, 곧 예레미야의 고향 아나돗에서 가까운 파라 샘에서 나온 것이다. 5시간은 족히 올랐다. 샘의 근원에 거의 도착했을 때 뜻밖에 많은 사람들이 그곳에 있는 것을 알았다. 더운 여름에 파라 샘을 오아시스 삼아 피서 온 이스라엘 사람들이었다. 시원한 물에 발을 담그니 뼛속까지 시원했다. 드디어 파라 샘 근처에 도착했다. 파라 샘은 예레미야의 고향 아나돗(렘 1:1)의 옛 자리에 위치한 유대인 정착촌 알몬 바로 아래에 위치해 있다. 이곳이 바로 이스라엘 최초의 수도자 채리톤이 세운 바란(파라) 수도원이다. 수도원은 동굴이었고 러시아정교회가 그 동굴을 포함한 교회를 세웠다. 절벽을 끼고 돌아 동굴로 갔을 때 적막감이 흐르고 있었다. 이곳이 주후 330년, 이스라엘에서 가장 먼저 세워진 초대교회 성도의 숨결이 남아 있는 곳이다.

채리톤이 이곳에 정착한 데에는 그럴 만한 이유가 있었다. 소아시아 이고니온에서 태어난 그는 아우렐리우스 황제(주후 270~275) 때 많은 박해를 받았다. 그러다 황제가 죽자 꿈에도 그리던 성지순례를 떠났다. 예루살렘, 베들레헴 등에서 행복한 성지순례를 마치고 집으로 돌아가던 그는 무더위 피할 곳을 찾았다. 한 동굴이 눈에 띄어 그곳으로 들어가 짐을 내려놓았다. 그때 강도 두 사람이 들어오더니 사람의 시체에서 돈과 귀중품을 뒤지기 시작했다. 그리고 시체를 한쪽으로 밀어놓더니 포도주를 꺼내 벌컥벌컥 마시기 시작했고 이윽고 밖으로 나갔다. 동굴 깊은 곳에서 이 광경을 보고 있던 채리톤은 깜짝 놀랐다. 강도들이 나가고 어디선가 뱀 한 마리가 기어오더니 포도주병 속에 독을 뿜고 사라진 것이다. 한참 후에 다시 들어온 강도들은 남겨놓고 간 포도주를 또다시 마셨다. 그들은 곧 죽었고 채리톤은 시신을 땅에 묻어주었다. 그리고 피로 얼룩진 동굴을 정결케 한 후 광야의 나무를 꺾어 십자가를 세웠다. 이것이 채리톤이 세운 수도원의 시작이었다. 채리톤이 시작한 이스라엘 최초의 수도원은 강도의 굴혈이었던 것이다. 그가 살던 시대나 오늘이나 수도자들의 삶은 가난하기 짝이 없다. 정교회 수도사는 전기 없이 촛불만 밝히고 산다고 했다. 세탁물 역시 흐르는 파라 샘에 쓱쓱 비벼 빨면 된다며 씩 웃었다.

유다 광야 수도원의 삶

많은 문헌의 증거에 의하면 유다 광야의 수도자들은 매우 가난하게 살았다. 대부분 수도자들은 하루 두 끼만 먹었고 그나마도 광야에서 난 야생풀을 먹고 살았다. 그들은 침대나 이불이 없는 맨바닥(돌 위)에 누워 잤고, 소금에 절인 빵에 빗물을 받아먹었다. 유티미우스는

채리톤(260~350)에 의해 이스라엘 최초의 수도원이 된 채리톤 동굴 내부

죽을 때 의자 하나만 남겼다. 하루를 3등분하여 8시간 기도, 8시간 노동, 8시간 쉬는 생활을 규칙화했다. 수도원의 형태는 독거형(라우라)과 공동체형(시노비움)이 있었으며 유다 광야 수도원은 대부분 절충형이었다. 이들은 주중에 주로 동굴에서 침묵으로 기도하고 주말에는 공동체에 내려와 함께 예배하는 생활을 했다. 이미 이때 수도원의 질서가 생겨나 수도원장(아바)이 있었고, 수도자들은 공예배에 참석하는 것과 수도원장(연장자)에 대해 복종하는 것을 의무로 여겼다.

그들은 기도만 하고 산 것이 아니라 노동도 중요시했다. 노동은 주로 대추야자 잎사귀로 바구니를 만들거나 진흙으로 도자기를 만드는 일이었고 이것을 여리고 등지에서 판매하여 생활에 도움을 받았다. 이들은 이웃의 어려움에도 무관심하지 않았다. 마르 사바 수도원의 사바는 어느 해 베들레헴 지역 사람들이 심한 가뭄으로 고생하자 직접 로마 황제를 찾아가 물질적 후원을 받아오기도 했다. 유티미유스는 사라센(아랍) 부족장의 아들을 전도해 최초의 아랍인 감독이 되게 함으로써 팔레스타인 선교의 한 장을 열었다. 5세기 초 칼케톤에서 교회 회의가 열렸을 때 유다 광야 수도자들은 '단성론'(예수의 신성만 인정)에 반대하고 '양성론'을 주장하여 교회사 발전에 공헌하기도 했다.

수도원 제도보다 정신을

오늘날 우리가 옛날 수도원에서 가져올 것은 수도원 제도가 아니라 수도원 정신이다. 수도원은 본래 고립으로부터 시작되었다. 고립은 지리적으로 격리되고 정신적으로 단절된 것이다. 성경의 하나님은 고독한 자를 사랑하신다. 시편 68장 6절에 "하나님이 고독한 자들은 가족과 함께 살게 하시며 갇힌 자들은 이끌어내사 형통하게 하시느니라."라고 했다. 여기에 나오는 '고독한 자'의 헬라어 '모나코스'가 훗날 수도원Monastery과 수도원운동Monasticism의 어원이 되었다. 예수님도 자주 자신을 고립시켰다. 그러나 고립은 회피가 아니다.

토마스 머튼은 수도원운동은 용을 피해 사막으로 도망한 여인과 같다고 비유한다. 여인은 사막에서 자기 자녀를 위해 영적 전쟁으로서의 기도를 시작한다. 역사적으로 수도원은 교회의 순결을 지키기 위해 많은 고난과 희생의 대가를 지불했다. 그래서 수도원은 역사적으로 '교회의 눈'이었다. "수도사는 그룹과 스랍처럼 온통 눈이어야 한다."(머튼) 역사적으로 수도원운동은 콘스탄티누스 이후에 발달했다. 놀라운 것은 지금 이 시대의 교회가 한창 콘스탄티누스 시대에 있다는 것이다. 세상은 심하게 세속화되어 교회를 오염시키고 있다.

   교회를 살리는 거룩한 기도운동이 일어나야 한다. 그것은 과거 수도원이 했던 것처럼 공간적 이동을 통해서만 이루어지는 것은 아니다. 사실 수도원운동에서 중요했던 것은 공간적 분리가 아니라 내면적 분리였다. 지금 우리에게 필요한 것은 수도원 제도가 아닌 수도원 정신이다. 시대가 달라졌다고, 신학이 다르다고 자신의 부요를 버리고 그리스도의 따랐던 초기 수도원의 자기 부정정신을 폄하하지 말아야 한다. 자주 금욕주의에 빠지고 또 가끔 고행주의에 빠진 적이 있지만 우리는 어디 한번 자신을 심하게 금욕시켜본 적이 있는가? 조그만 고생도 싫어하고 그리스도를 따르는 것을 말로만 하기를 좋아하는 우리에게 수도원 정신은, 마땅히 그리고 시급하게 회복되어야 할 복음적 정신이다. 골짜기를 따라 이스라엘 최초의 수도원을 내려오면서 한국교회의 회개와 자기 부정 정신의 회복을 위해 기도했다.

6 아리마대 요셉의 무덤

예수님과 함께 죽고 함께 산 참 제자의 길을 보다

3대 성지순례

　무덤은 영성과 무슨 관계가 있을까? 언뜻 보면 아무 관계가 없다. 우선 무덤은 죽은 자가 묻혀 있는 곳이요, 영성은 사는 길이다. 어떻게 사는 것과 죽는 것이 관계가 있는가? 재미있는 것은 기독교 3대 순례지가 모두 무덤이라는 점이다. 로마 순례는 로마에 있는 성 베드로 무덤을 보는 것이요, 예루살렘 순례는 예루살렘에 있는 예수님 무덤을 찾아가는 것이다. 그리고 가톨릭 교인들이 많이 가는 산티아고 순례는 스페인 산티아고 데 콤포스텔라 대성당에 있는 성 야고보 무덤을 향한다.

　그래서 그런지 예루살렘에는 무덤이 많다. 우선 감람산에 오르면 파노라마처럼 펼쳐진 유대인들의 무덤을 볼 수 있다. 아마 메시아가 오시면 가장 먼저 맞이하고 싶은 마음에 그곳에 묻혔을 것이다. 길을 따라 내려오면 여기저기 감람산 동굴에 유골을 모아둔 유골함들이 있다. 유골함은 석회암으로 깎아 기하학적인 꽃무늬를 새기고 그

베들레헴에서 발견된 1세기 유대인 무덤. 무덤 옆에 돌(고킴)이 있다.

위에 이름을 써놓았다. 요셉, 마르다 등 우리가 알 만한 이름도 있다. 감람산에서 내려와 기드론 골짜기로 가면 피라미드형의 무덤을 볼 수 있다. 압살롬의 무덤과 아디아베네의 여왕 헬레나의 무덤이다. 시대상 예수님보다 앞섰기 때문에 아마 예수님도 보셨을지 모른다. 그리고 시온 산으로 가면 다윗 왕의 무덤이 있는데 다윗 왕의 실제 무덤이라기보다는 후대의 사람들이 그를 기념하여 만든 상징적인 무덤일 것이다. 그 외에 정원 무덤, 산헤드린 무덤 등 많은 무덤들이 예루살렘에 있다.

유대인의 무덤

그중에서도 나의 발걸음을 멈추게 한 무덤이 있다. 예루살렘 성묘교회 구석에 위치한 이 무덤은 전통적으로 아리마대 요셉의 무덤으로 알려져 있다. 무덤의 형태와 모양에 있어서 제2성전시대(예수님)것으로 평가되는 이 무덤은 성묘교회에서 유일하게 에티오피아 교회가 관할하고 있다. 과연 이것이 아리마대 요셉의 무덤일까? 성경은 아리마대 요셉을 존경받는 산헤드린 공회원으로 소개한다. 그는 율법에 철저한 사람으로서 하나님의 나라를 기다리던 사람이었다. 또한 그는 부자로서(마 27:57) 선하고 의로운 사람이었다(눅 23:50). 그는 공회에서 사람들이 예수님을 죽이기로 결의할 때 찬성하지 않았고 (눅 23:51) 사람들 뒤에 숨어서 조용히 예수님을 따랐다(요 19:38). 그러나 숨어 있는 것은 언젠가 드러나기 마련이다. 예수님이 붙잡혀 십자가형을 받고 그를 따르던 무리들이 뿔뿔이 흩어질 때 한 사람이 빌라도 공관에 나타났다. 아리마대 요셉이었다. 성경은 이 부분을 이렇게 묘사한다. "저물었을 때에 아리마대 부자 요셉이라 하는 사람이 왔는데 그도 예수의 제자라 빌라도에게 가서 예수의 시체를 달라 하니 이에 빌라도가 내어주라 분부하거늘 요셉이 시체를 가져다가 정한 세마포로 싸서 바위 속에 판 자기 새 무덤에 넣어두고 큰 돌을 굴려 무덤 문에 놓고 가니."(마 27:57~60)

재작년 여름 어느 날 성묘교회로 발걸음을 옮겼다. 성묘교회는 사람들로 북새통을 이루고 있었다. 특히 예수님 무덤 앞에는 사람들이 길게 줄을 지어 있었다. 그런데 바로 옆에 사람들의 발걸음이 뜸한 곳이 있었다. 아리마대 요셉의 무덤이었다. 무덤 안으로 들어가보았다. 무덤 입구를 막은 돌(고랄)은 없었다. 컴컴한 내부는 작은 불빛으로 겨우 알아볼 수 있을 만큼 침침했다. 세월의 깊이가 무덤 속에 배어 눅눅한 냄새가 코를 찔렀다.

아리마대 요셉의 무덤은 전형적인 유대인 무덤이었다. 전형적인 유대인의 무덤은 3중 구조로 되어 있다. 무덤을 이루는 외부 면과 그 안의 현관, 그리고 가장 깊은 곳에 위치한 납골실이다. 무덤을 이루는 외부의 돌은 사람의 눈에 드러나 보이는 곳에 있다. 돌(고랄)은 무덤 밖과 무덤 안을 이어주는 경계선이다. 무덤 문을 열고 들어가면 현관이 나온다. 현관은 시신을 놓아두고 해체를 기다리는 곳이다. 팔레스타인의 더운 날씨에서는 1년쯤 지나면 시신이 해체되어 뼈만 남는다. 그것을 납골관에 모아 안장한다. '고킴'이라고 부르는 납골실은 무덤 안에 있는 또 다른 무덤이다. 돌을 깎아 뼈를 담은 납골관이 들어갈 정도로 여러 개를 파놓고, 그 무덤 속에 가족들이 매장된다.

성경은 아리마대 요셉이 자기가 죽으면 들어가려고 판 새 무덤에 예수님을 매장했다고 한다. 그렇다면 이곳은 아리마대 요셉의 소유지였을 것이다. 오늘날 예수님의 무덤은 옛날 형태 그대로라고 볼 수 없다. 아마도 수많은 세월 동안 이곳을 순례한 사람들에 의해 그 바위가 조각나고 그것을 성물로 생각한 사람들에 의해 여러 나라로 옮겨갔을 것이다. 그래서 성묘교회에 실제로 남은 무덤은 요셉의 무덤 밖에는 없다. 그런데 사람들은 예수님 무덤만 생각하고 아리마대 요셉의 무덤에는 관심을 갖지 않았기 때문에, 되레 이 무덤이 오늘날까지 잘 보존될 수 있었다.

아리마대 요셉의 무덤 내부. 바로 옆에 예수님의 무덤이 있다. (손금숙 집사 제공)

아리마대 요셉의 믿음

아직도 습한 냄새가 사라지지 않는 아리마대 요셉의 무덤 바닥에 주저앉았다. 그리고 생각했다. 이곳이 아리마대 요셉의 무덤인가? 타임머신을 타고 2000년을 거슬러 올라갔다. 아리마대 요셉이 자기가 판 새 무덤에 예수님을 모신 것은 여러모로 위험한 일이었다. 특히 그가 사회적으로 높은 지위에 있었던 만큼 그 일은 더욱 쉽지 않았을 것이다. 그는 그때 죽으면 죽으리라 결심했는지 모른다. 아마도 그는 자기 부정이 예수님을 따르는 길이라는 것을 알았는지 모른다. 그는 "누구든지 나를 따라오려거든 자기를 부인하고 자기 십자가를 지고 나를 따를 것이니라."(마 16:24)는 예수님의 말씀을 실천하리라 생각했는지 모른다. 그렇게 함으로써 아리마대 요셉이 이룬 일이 있다. 그의 개인적인 헌신을 통해 하나님이 인류의 구원을 이루신 것이다. 아리마대 요셉이 위험을 무릅쓰고 자기 무덤에 예수님을 장사지냈기 때문에 예수님이 그 무덤에서 사흘 만에 부활하지 않았는가? 그뿐 아니다. 그는 우리를 위해, 우리 대신 죽으신 예수님에 대한 역사적 증인이 되었다.

함께 죽고 함께 살고

무엇보다 아리마대 요셉은 자신이 죽은 후에 들어가려고 준비한 무덤에 예수님을 모심으로써 우리 대신 죽으신 주님의 죽음을 역사적으로 고백한 첫 번째 사람이 되었다. 나아가 그는 우리가 예수님의 죽음을 추상적으로 생각하는 것에 비하여 예수님의 죽음을 구체적으로 체험한 사람이 되기도 했다. 예수님을 믿는다는 것, 예수님의 제자가 된다는 것은 멀찍이 십자가를 바라본다는 뜻이 아니다. 그것은 날마다 십자가에 자기 자신을 못 박는 것이다. 그리스도인이 된다는 것은 다만 예수님을 본받는 것이 아니라 예수님의 죽음이 내 죽음이 되고 예수님의 부활이 내 부활이 된다는 것이다.

이것이 갈라디아서 2장 20절이 말하는 믿음이다. "내가 그리스도와 함께 십자가에 못 박혔나니 이제는 내가 사는 것이 아니요, 내 안에 그리스도께서 사시는 것이라. 이제 내가 육체 가운데 사는 것은 나를 사랑하사 나를 위하여 자기 자신을 버리신 하나님의 아들을 믿는 믿음 안에서 사는 것이라." 이 말씀에서 '나'라는 단어가 무려 여섯 번이나 반복된다. 그리스도가 십자가에 못 박혔지만 혼자 못 박히신 것이 아니라 나와 함께 못 박혔다는 것이다. 그의 죽음과 부활이 '나'와 관계를 맺고 있다는 뜻이다. 그리스도는 십자가를 통해 나와 관계를 맺고 나는 십자가를 통해 그리스도와 관계를 맺는다.『예루살렘 성경』은 이에 대해 아주 의미 있는 각주를 붙였다. "나의 모든 행위는 십자가 안에서 신비롭게도 그리스도의 행위가 된다." "그리스도가 혼자 죽은 것이 아니라 나와 함께 죽었다. 그리스도가 죽고 산 장소는 다름 아닌 나 자신이다. 나를 떠나 그리스도가 죽지 않았고 나를 떠나 그가 살지 않았다. 나에게 그리스도가 소중하듯이 그리스도에게 나도 소중한 존재다. 내가 그리스도를 떠나 살 수 없듯이 그리스도도 나를 떠나 살 수 없다."

그래서 나온 고백이 있다. "만일 우리가 그리스도와 함께 죽었으면 또한 그와 함께 살 줄을 믿노니."(롬 6:8) 이 고백은 논리적이 아니며 경험적으로 설명할 수도 없다. 그러나 반드시 맞다. "그가 십자가에 죽을 때 나도 죽었다. 그가 살 때 나도 살았다." 신앙적 삶의 성패는 이 고백 여부에 달려 있다. 만일 우리가 그리스도와 죽었다면 우리는 무엇을 두려워하겠는가? 만일 우리가 그리스도와 함께 다시 살았다면 우리는 무엇을 무서워하겠는가? 아리마대 요셉의 무덤은 우리에게 이것을 고백하고 있다. 그는 살아 있을 때 자기를 대신하여 죽으신 예수님을 바라보며 "나는 예수님과 함께 죽었다."고 고백하고 죽은 후에는 예수님의 무덤 옆에 묻혀 "나는 예수님 때문에 살았다."고 고백했으니 그는 참 제자요, 위대한 그리스도인이다. 아! 예수님과 함께 죽고 예수님과 함께 산 아리마대 요셉이 그립다.

갈릴리의 예수님

'나를 따르라'던 그 말씀을 다시 듣다

갈릴리, 예수님과 만나는 곳

그리스도인에게 가장 큰 소원은 예수님을 만나는 일일 것이다. 1세기의 예수님을 직접 만날 수는 없을까? 아마 타임머신을 타기 전에는 어려울 것이다. 그래도 그분을 가깝게 만나는 방법이 있다면 갈릴리로 가는 것이다. 갈릴리를 갈 때마다 아쉬운 것이 있었다. 버스에서 내려 직접 걸어보지 못했다는 점이었다. 재작년 여름, 드디어 그 길을 직접 걸어볼 수 있었다. 본부는 엔게브로 정했다. 엔게브는 갈릴리 동쪽에 위치한 항구, 전통적인 도시 거라사, 그리고 데가볼리 중 한 도시인 수시타(히포스)의 중간에 있다. 아침 일찍 일어나 티베리아로 가는 배를 탔다. 아직 바다에는 물안개가 덮여 있고 날씨는 서늘했다. 내가 탄 배는 소위 '예수의 배'다. 1986년 1월 중순, 믹달 해변에서 두 어부가 한 배를 발견했다. 길이 8.2m, 너비 2.3m, 높이 1.25m의 이 배는 학자들에 의해 1세기 때의 것으로 밝혀졌다. 모두 15명가량 탈 수 있는 이 배는 지금 키부츠 기노사에 보관되어 있다.

예수님이 주로 활동하셨던 갈릴리 서북쪽 지역. 낮은 언덕과 숲이 보인다.

그것과 똑같은 모양의 배를 타고 갈릴리를 건너는 동안 갈릴리에서 있었던 예수님의 일들이 생각났다. 피곤해서 배 고물에서 주무신 예수님…….(막 4:38) 그가 앉았을 고물에 앉아보았다. 시원하고 전망이 좋았다. 저만치 풍랑 치는 바다 위를 걸어오시는 예수님이 보이는 듯했다. 드디어 티베리아에 도착했다. 뜻밖에도 어부들이 고기를 잡고 있었다. 가까이 가서 보았더니 작은 물고기였다. 아마 '비니'라고 불리는 갈릴리 연어(정어리)일 것이다. 기록에 의하면 예수님 시대 믹달에 생선 가공공장이 있어서 물고기를 소금에 절이거나 훈제했다고 한다. 베데스다 들녘에서 소년이 가져왔던 물고기와 같은 것인지도 모른다.

갈릴리, 생명의 바다

갈릴리 최대의 도시, 티베리아에 내렸다. 이 도시는 헤롯 안티파스가 로마의 황제 티베리우스를 위하여 세웠다. 티베리아 도심을 가로지르면서 이런 질문이 떠올랐다. 왜 성경은 티베리아에 대해 침묵하는가? 분명히 역사적으로 티베리아는 예수님 시대에 이미 존재했는데 왜 예수님은 이 도시에 대해 말씀하지 않는가? 티베리아뿐 아니라 세포리스(찌포리)도 그렇다. 세포리스는 예수님 시대 갈릴리의 수도였고, 나사렛에서 6㎞밖에 떨어져 있지 않다. 나사렛에서 30년을 사신 예수님이 모르실 리 없다. 그런데 성경은 티베리아와 세포리스에 대하여 한 번도 말하지 않는다. 예수님이 그곳에 갔을 때 그곳 사람들이 베데스다, 고라신 사람들처럼 예수님을 영접하지 않았는가? 아마 그럴지도 모른다.

확실한 것은 예수님은 사람이 만든 도시보다 자연 그대로를 더 사랑하셨다는 점이다. 예수님이 주로 활동하신 무대는 해발 600m 미만의 갈릴리 언덕이었다. 거기에는 포도원이 있고 새가 날고 들의 백합꽃이 핀다. 티베리아를 벗어나 예수님이 활동하신 갈릴리 서북쪽을 향하였다. 고개를 돌리자 왼쪽엔 타우벤 계곡, 오른쪽엔 믹달이 나타났다. 타우벤 계곡에서 옛날 로마와 싸웠던 갈릴리 투사들의 함성이 들려오는 듯했다. 믹달은 '탑'이란 뜻의 항구이고, 기록에 의하면 당시 이곳은 인구 4만 명가량 되는 유대인 반란군의 본거지였다. 이 도시에서 성경 속 막달라 마리아가 살았는가?

야영지가 된 해변은 말없이 출렁거렸다. 계속해서 북쪽으로 발걸음을 옮겼다. 여기서부터가 중요하다. 게네사렛, 말만 들어도 설레는 곳, 예수님이 가장 많이 활동하셨던 곳이다. 벌써 땅 색깔이 다르다. 거무스레하니 누가 보아도 옥토다. 1세기 유대인 역사가 요세푸스는 갈릴리에 대하여 이렇게 썼다. "갈릴리 호수에는 천연적인 풍부함과 아름다움이 있다. 호수의 물은 맑고 순하며 모두 22종류의 물고기들이 살고 있다. 호수 주변에는 각종 과일나무가 자라는데 호도, 종려, 감람, 포도, 무화과 등 연중 열 달 동안 열매를 맺고 있다. 갈릴리의 땅은 비옥하여 노는 땅이 없으며 천하의 게으름뱅이라도 이곳에 오면 경작하고 싶은 마음이 들 정도이다."

예수님이 하나님의 나라를 생명의 바다에서 생명의 언어로 말씀했다는 것이 중요하다. 하나님의 나라가 무엇인가? 밀이고, 가라지이고, 겨자씨이고, 누룩이고, 신부이고, 몸이다. 모두 생명체들이다. 왜 그럴까? 하나님의 나라는 생명의 나라이기 때문이다. "공중의 새를 보라. 심지도 않고 거두지도 않고 창고에 모아들이지도 아니하되."(마 6:26)

예수님이 배를 대고 씨 뿌리는 비유를 말씀하신 게네사렛 호숫가

예수님이 공중의 새를 말한 곳도 이곳이다. 갈릴리는 새가 많다. 까마귀, 황새, 올빼미, 참새, 울새, 벌새, 비둘기, 독수리, 종달새 등이 다 있다. "들의 백합화가 어떻게 자라는가 생각하여보라. 수고도 아니하고 길쌈도 아니하느니라."(마 6:28) 들에 핀 백합꽃에 대해 말한 곳도 이곳이다. 들에 핀 한 송이 백합화(포피)는 정말 아름답다. 솔로몬의 옷보다 더 곱다. 예수님은 이것들을 '생각하여보라'고 한다. 이 말은 '배우라, 관찰하라'는 뜻이다. 공중에 나는 새도, 들에 핀 꽃 한 송이도 하나님의 생명의 신비를 가지고 있다는 사실을 보고 배우라는 것이다.

갈릴리에서는 빨리 걷지 않아도 좋다. 2000년 전으로 돌아가 생각하면서 천천히 걸으면 된다. 여기저기가 다 예수님의 발자취다. 공중에 새가 떼 지어 날아간다. 분명 철새일 것이다. 이스라엘은 남북과 동서 철새들의 서식지이며 통과지이다. 약 350종류의 새가 있는 것으로 보고된다. 예수님에게 그 많은 새 한 마리 한 마리가 다 설교의 주제다. 하나님은 심지도 거두시지도 않지만 그들을 먹이신다.(마 6:26) 도로 주변에는 포도밭과 감람나무가 풍성하다. 예수님에게 그것은 하나님 나라를 설명하는 소중한 실물교재였다.

갈릴리, 생명의 땅

그 옛날의 게네사렛은 지금 이스라엘의 키부츠가 되었다. 그 역사적인 장소에서 자유분방한 이스라엘 사람들이 옷을 벗고 수영하고 있었다. 예수님이 보신다면 무엇이라 말씀할까? 조용히 웃음이 나왔다. 천천히 게네사렛 호숫가를 거닐었다. 부둣가에 길게 늘어선 검은 방파제가 눈에 들어왔다. 갈릴리 특유의 검은 돌(바살트)은 이곳이 아주 오래된 항구임을 보여준다. 평생 엔게브에서 고기를 잡고 살았던 고고학자 멘델 눈Mendel Nun은 예수님 시대의 갈릴리 항구가 13개라는 것을 밝혀냈다. 우리가 아는 베네스다, 가버나움, 거라사, 게네사렛, 믹달 외에 여덟 군데가 더 있었다. 게네사렛은 베드로가 그물 씻던 곳이요, 예수님이 "깊은 데로 가서 고기를 잡으라."(눅 5:5)고 말씀하신 곳이다. 또한 예수님이 바닷가에 앉아 씨 뿌리는 비유를 말씀했던 곳이다.(마 13:1)

이스라엘은 지질학적으로 1억 2000만 년 전에 생성된 중생대 시노매니안 땅이라고 한다. 이 말은 이스라엘 전체가 돌이라는 뜻이다. 예루살렘도 갈릴리도 사실은 돌이다. 그런데 갈릴리 땅이 그렇게 붉고 비옥한 이유가 무엇인가? 땅 때문에 그런 것이 아니라 비 때문에 그렇다. 예루살렘 지역은 한 해에 200mm에서 350mm 정도 비가 온다. 사해 근처는 한 해에 50mm밖에 오지 않는다. 비가 오지 않으니까 땅이 늘 굳어 있다. 그러나 갈릴리 지역은 한 해에 700mm에서 1000mm까지 비가 온다. 그래서 땅이 부드러워지고 옥토가 된다. 문제는 비다. 신명기 11장 11절 말씀이다. "너희가 건너가서 차지할 땅은 산과 골짜기가 있어서 하늘에서 내리는 비를 흡수하는 땅이요." 지리적으로나 영적으로 이스라엘은 하늘에서 내리는 비에 의존하게 되어 있다. 비가 얼마나 내리느냐에 따라 같은 땅이 단단해지기도 하고 부드러워지기도 한다. 그래서 비가 많이 오는 갈릴리 땅은 부드럽고 비가 적게 오는 예루살렘 지역 땅은 단단하다.

재미있는 것은 예수님은 예루살렘이 아닌 갈릴리에서 사역하셨다는 점이다. 예루살렘에 올라가실 때는 늘 바리새인과 논쟁하셨고 결국은 에루살렘에서 돌아가셨다. 사람은 누구나 별 차이가 없다. '좋은 놈, 나쁜 놈, 이상한 놈'이 따로 있는 것이 아니다. 하늘의 비를 많이 받으면 좋은 놈, 못 받으면 나쁜 놈, 받아야 하는데 안 받으면 이상한 놈 되는 것이다. 게네사렛의 붉은 흙을 보며 기도했다. "주여, 저에게도 하늘의 비를 내려주옵소서. 저를 생긴 대로 두면 그저 돌덩어리입니다. 하늘의 은혜를 내려주옵소서. 그래야 제가 삽니다." 하늘의 비를 맞아 겸손하게 된 땅, 게네사렛을 뒤로 하고 북쪽으로 발걸음을 옮겼다. 한참을 걸어 가버나움에 도착했다. 이름 하여 '예수님의 본고장', 예수님에 관한 대부분의 사건이 이곳에서 일어났다. 이른 아침 한적한 곳에 가서 기도하시고(막 1:35), 회당에서 귀신 들린 사람, 중풍병자, 베드로 장모의 열병을 고치셨다(막 2:21~31). 그리고 왕궁 신하의 아들을 고치신 곳도 이곳이다.(요 4:46~54) 중풍병자를 고친 곳으로 갔다. 현재 발굴된 가버나움의 주거지는 약 500㎡이다. 성서학자 머피 오코너Murphy O'conner가 1인당 주거 공간을 5㎡ 정도로 잡은 것을 기준으로 볼 때 대략 열다섯 가족이 대가족 형태로 살았을 것으로 추측된다. 집들은 빈약한 재료와 함께 원시적 모양으로 지어졌다. 충분치 않은 기초 위에 다듬지 않은 현무암 덩어리를 쌓아 올려 모래와 흙으로 메워 발랐다. 그리고 지붕은 대충 회반죽으로 덮은 뒤 나뭇가지를 얹었을 것이다. 그런 지붕에 가끔 비라도 오면 흙 속에서 잡초가 자라 시편 129편 6절같이 "그들은 지붕의 풀과 같을지어다."라는 말이 나왔을 것이다. 마가복음 1장의 중풍병자는 친구들의 도움으로 좁은 골목을 지나 들것에 실린 채 계단을 따라 지붕으로 올라간 후 이 지붕을 헐고 예수님께 내려왔을 것이다.

　예수님은 그때 어디 살았을까? 가버나움은 2000년의 시간을 뛰어

넘어 갈릴리의 예수님과 다시 만나는 곳이다. 나는 시원한 그늘에 앉아 피곤한 발을 뻗었다. 멀리 바다가 보이고 예수님의 말씀이 들리는 듯했다. "나를 따르라."(마 4:19) "내 양을 먹이라."(요 21:15) 우리를 제자로 부르신 분이 우리를 다시 세상으로 보내신 곳, 우리는 매일 예수님을 따르기 위해 갈릴리로 가고 예수님과 함께 세상으로 가기 위해 갈릴리를 떠난다.

8 로마 카타콤의 순교신앙

자신을 죽여 세상을 살린 힘과 마주하다

두 개의 로마

이스라엘에서 로마로 왔다. 로마에서는 무엇을 볼 것인가? 팔라티노 언덕에 오르면 1000년 로마의 흥망성쇠를 볼 수 있다. 포로 로마노에 신전, 개선문, 원로원, 공회당, 그리고 유대인 노예들의 한이 서린 콜로세움이 보인다. 바티칸으로 가면 하늘을 찌르는 베드로 성당의 돔, 세상을 향해 팔을 벌리고 있는 베드로 광장, 베르니니가 설계한 정교한 설교단을 볼 수 있다. 그리고 바티칸 미술관에서는 미켈란젤로의 천지창조와 최후의 심판이 우리를 압도한다. 로마는 그 자체로 거대한 역사박물관이다.

그러나 또 하나의 로마가 있다. 카타콤이다. 지하 12m로 내려가면 우리 앞에 거대한 지하도시가 영화 〈반지의 제왕〉 속 무대처럼 펼쳐진다. 그 지하도시는 화려한 지상도시와는 다른, 또 하나의 로마다. 로마 안에 있는 이 두 도시를 우리는 어떻게 보아야 할까? 로마에 올 때마다 나는 그 기막힌 대조에 혼란스러웠다. 그러나 어느 순간부터 이 도시들 역시 모두 기독교의 자녀들이라는 사실을 깨닫고 마음이 편해지기 시작했다. 또한 이것들이 과거 기독교 역사 속에서 생겨났을 뿐만 아니라 현재의 기독교 안에도 끊임없이 존재하고 있음을 깨달은 것이다.

카타콤에서

 카타콤은 안내인 없이는 갈 수 없다. 혼자 들어갈 수도 없지만 거기서 만약 길을 잃으면 억지로 순교(?)할 수 있기 때문에 조심해야 한다. 카타콤은 기독교인이 처음 만든 것이 아니다. 그것은 사람이 죽을 때 돌로 된 지하 굴에 매장하던 고대의 관습으로 거슬러 올라간다. 지중해권의 여느 지역에서 카타콤을 발견할 수 있고 이스라엘에서도 마찬가지다. 로마의 카타콤 안에도 기독교인들의 무덤만 있는 것이 아니라 여러 시대의 무덤들이 복합적으로 모여 있다. 크게 세 시대로 나뉜다. 1세기에서 3세기 중반까지는 주로 이교도들의 무덤이다. 3세기 중반에서 4세기 중반, 곧 핍박의 시기가 바로 기독교 시대의 무덤이다. 그리고 그 이후부터 현대에 이르는 무덤이 있다. 현재의 카타콤은 1892년 독일의 안톤 데 발이 발굴했다고 한다. 안내인과 함께 돌아본 카타콤은 단순한 무덤이 아니었다. 그것은 죽은 공간이라기보다는 산 공간이었다. 살아 있는 자는 죽은 자들과 함께 살았으며 죽은 자들은 또한 산 자들과 함께 살았다. 그곳에 오래 살면 누가 죽고 누가 살았는지 모르겠다는 생각이 들었다.

초기 기독교인들이 핍박을 피하여 살다 죽었던 카타콤 내부

세바스티안의 순교

안내인의 인도를 받아 먼저 성 세바스티안의 무덤에 갔다. 성 세바스티안은 디오클레티안Diocletian 황제 때 순교했기 때문에 3세기 순교자다. 본래 귀족 출신으로 기원전 283년경에는 프레토리안 경비대에 근무한 로마군 장교였다. 그는 어느 날 우연히 예수님을 알게 되고 비밀리에 그를 믿게 되었다. 그러다가 동료들이 발각되어 잔인하게 처형되는 것을 보고 용기를 내 자신의 믿음을 공개적으로 고백했다. 그리고 사형장 앞에 섰다. 사형장에서 그는 두려워하지 않고 당당하게 자신의 믿음을 선포했다. 많은 사람들이 감명을 받아 마음으로 기독교를 받아들였다. 분

카타콤에 있는 성 세바스티안의 밀랍인형

개한 황제는 세바스티안을 결박해 숨이 끊어질 때까지 그에게 화살을 쏘도록 명했다. 그러나 세바스티안은 수많은 화살을 맞고도 죽지 않았고 오히려 살아남아 더 열심히 복음을 전하는 자가 되었다. 화가 치민 황제는 세바스티안을 몽둥이로 죽을 때까지 때리도록 했고 시신은 로마의 하수구에 버리도록 했다. 그가 죽자 몇몇 사람들이 하수구에서 그의 시신을 찾아 성 베드로와 성 바울이 핍박당한 장소 부근에 묻어주었다. 오늘날의 아피아 길이 그곳이다. 그래서 성 세바스티안 교회는 오늘날 로마의 아피아 길에 우뚝 서 있다. 그 후에 그는 로마시대 순교의 표상이 되었다. 그가 귀족, 군인 출신이면서 예수를 믿었다는 점, 심문을 당하면서도 담대하게 복음을 전했다는 점, 화살을 맞아도 죽지 않았다는 점 등이 그를 그 시대의 대표적인 순교자로 추앙받게 했다.

  카타콤에서 순교한 사람이 어찌 세바스티안 한 사람뿐이겠는가. 순교는 기독교 복음에 있어서 필연적이고 존재론적인 구성요소다. 외적 환경 때문에 순교가 일어나는 것이 아니라 믿음이 가진 본래의 속성 때문에 순교가 일어난다는 말이다. 유대-크리스천 신앙의 본질은 유일하신 하나님 신앙이다. 하나님이 유일하다면 다른 신이 있을 수 없다. 순교의 불가피성은 여기서 일어난다.

  전형적인 순교가 일곱 아들을 둔 유대인 어머니의 순교다. 주전 167년 시리아의 안티오쿠스 3세가 예루살렘을 짓밟을 때 일곱 아들과 어머니가 있었다. 황제는 성전에 돼지고기를 올려놓고 유대인들에게 절하라고 명했다. 어머니 앞에서 여섯 아들이 차례로 순교했는데 일곱째가 몹시 두려워했다. 이때 어머니가 말했다. "아들아, 이 어미를 불쌍히 생각해라. 나는 너를 아홉 달 동안 뱃속에 품었고 너에게 3년간 젖을 먹였다. 아들아, 이 어미의 마지막 부탁을 들어다오. 이 도살자들을 두려워하지 말고 네 형들에게 부끄럽지 않은 죽음을 맞이하거라." 결국 일곱 아들은 순교했고 어머니도 그 뒤를 따랐다.(마카비하 6:18~7:41)

순교의 신앙으로

유일신 하나님에 대한 신앙 고백은 주님을 향한 제자도의 신앙으로 이어졌다. "누구든지 나를 따라오려거든 자기를 부인하고 자기 십자가를 지고 나를 따를 것이니라."(마 16:24) 제자도는 철저한 자기 부정과 스승에 대한 순종을 전제로 한다. 카타콤의 순교는 기독교인이 로마인들에게 무신론자, 인육을 먹는 자, 근친상간자라는 오해를 받아 일어났다. 그러나 그것이 순교의 근본적 이유는 아니다. 순교의 근본적인 이유는 복음 자체에서 왔다. 순교는 주님을 따르는 제자도의 당연한 귀결이었다. 복음은 세상과 타협할 수 없고 주님은 다른 신과 같지 않았다.

초대교회 순교를 가장 가까운 시대에 증거한 사람이 있었다. 가이사랴 감독 유세비우스다. 그는 그의 책 『교회사』에서 4세기까지의 주요한 순교의 역사를 기록으로 남겼다. 사도 야고보의 순교, 주의 형제 야고보의 순교, 네로의 박해와 바울의 순교, 도미티안 치하의 순교, 예루살렘 감독 시므온의 순교, 서머나 감독 이그나티우스, 폴리캅의 순교, 유스티누스의 순교. 이 모든 순교를 기록하면서 그는 이렇게 결론을 맺는다. "그들은 모두 그리스도의 모방자들이었다. 그들은 자신을 순교자라고 선언하지도 않았고 자신들이 순교자로 알려지기를 허락하지도 않았다. 그들은 이교도들에게 큰 담대함과 인내와 용기를 보여준 반면, 믿음의 형제들이 하나님에 대한 경외의 마음으로 충만하여 자신들에게 순교의 칭호를 붙이는 것은 부인했다. 그들은 하나님의 손에 자신을 굴복시켰을 뿐이며 그것을 통해 주님만이 존귀해지기를 원했다. 그들은 자신을 고소한 사람들 앞에서 변증했지만 누구도 고소하지 않았다. 그들은 그들에게 고통을 준 사람들을 위해 스데반처럼 기도했다."

카타콤을 나오면서 본 비문들이 마음을 서늘하게 했다. "마르시아가 평안을 꿈꾸며 이곳에 잠들어 있다." "그리스도 안에서 평안히 승리했도다." "그는 부르심을 받고 평안히 갔노라." 공통적인 언어는 '평안'이었다. 어떻게 죽어가면서 평안할 수 있을까? 초대교회의 한 순교자 이야기가 생각났다. 초대교회 한 주인이 종의 밀고로 붙잡혔다. 그가 심문을 받고 결국 순교장으로 끌려가면서 자기를 밀고한 종을 보았다. 가까이 오라고 하면서 이렇게 말했다. "고마워, 나를 순교하게 해주어서." 그리고 재산의 소유권을 의미하는 반지를 꺼내 그의 손에 끼워주었다. 그리고 순교했다. 이 짧은 이야기가 내 가슴을 쳤다. 자기를 밀고한 종에게 감사하다니. 그 놀라운 사랑은 어디서 오는가?

붉은 순교는 아니지만 백색 순교도 있다. 백색 순교는 순교자처럼 사는 것이다. 한 수도원의 수도자가 그리하였다고 한다. 그는 자기를 험담하고 핍박한 사람이 있으면 선물을 보냈다고 한다. 가까이 있을 때는 직접 가서 주었고 멀리 있을 때는 사람을 시켜 보냈다. 2000년 교회사는 순교의 마음으로 살았던 사람들의 역사다. 오늘날 한국교회는 자신을 괴롭히고 고통을 준 사람을 위해 기도하는가? "고마워, 나를 순교하게 해주어서."라고 말하는 사람을 보고 싶다. 순교는 자기를 죽여 세상을 살린 제자도의 아름다운 결실이다. 한국교회여, 다투기를 그치고 카타콤으로 가자. 위에 보이는 영광의 도시에 연연하지 말고 아래에 있는 도시로 가자. 거기서 다시 시작하자. 카타콤이 우리를 부른다.

9 밀라노의 성 아우구스티누스

과거를 씻은 참회의 눈물로 신앙을 세상에 일깨우다

밀라노와 아우구스티누스

　교회사에서 우리가 자라는 데 영향을 준 대표적인 인물이 있다면 그는 아우구스티누스일 것이다. 그의 어머니 모니카 이야기도 감동적이지만 『참회록』을 통해 고백한 그의 진솔한 신앙이 늘 우리에게 은혜가 되기 때문이다. 아우구스티누스는 고대가 낳은 가장 위대한 신앙인 중의 한 명일 것이다. 32세 때 무화과나무 아래서 회심한 이후 76세 때 히포의 감독으로 세상을 떠나기까지 그는 오늘날 우리가 가진 모든 기독교 신앙의 밑그림을 완성한 사람으로 평가된다. 어떤 신학자는 고대와 중세와 현대를 통해 아우구스티누스에게서 발견되지 않는 다른 사상이 있는지 의심이 들 정도라고 한다. 그 아우구스티누스를 밀라노(밀란)에서 만날 수 있을까? 아우구스티누스는 그의 생애에서 밀라노와 운명적으로 만난다. 한 번은 회심으로 만났고 또 한 번은 세례로 만났다. 밀라노는 아우구스티누스의 인생역정에서뿐만 아니라, 어쩌면 기독교 역사에서도 중요한 전환점이 되는 도시일지도 모른다.

밀라노는 오늘날 이탈리아 북부 롬바르디아 평원 중심부에 자리 잡고 있다. 알프스를 통해 유럽 본토로 이어지는 지리적 특수성 때문에 밀라노는 예로부터 유럽의 중요한 도시였다. 오늘날 일반인에게 밀라노는 패션의 도시요, 사실상 이탈리아의 경제 수도이다. 레오나르드 다빈치의 '최후의 만찬'으로 더 유명하지만, 우리에게 밀라노는 아우구스티누스 때문에 그리운 도시다.

산탐브로조 성당

그 밀라노에서 아우구스티누스를 만나는 것은 가능할까? 안내자를 따라 길을 출발했다. 먼저 두오모 성당으로 알려진 밀라노 대성당(밀라노 두오모 Duomo di Milano)을 방문했다. 하늘을 찌르는 성당의 돔은 찬탄 그 자체였다. 크기뿐 아니라 아름다움에 있어서 세계의 어느 성당, 교회를 뛰어넘는 것 같았다. 파리의 노트르담, 독일의 쾰른 대성당과 함께 고딕건축의 정수를 보여주는 이 성당은 1386년에 시작되어 약 500년 동안 지어졌다고 한다. 그러나 밀라노 대성당의 아름다움은 내게 큰 감동을 주지는 못했다. 우리에게 감동을 주는 것은 아름다운 건물이 아니라 사람을 변화시키는 스토리가 아닌가?

두오모 성당에서 조금 외곽으로 나갔다. 외곽이라고 해야 두오모 성당에서 그리 멀지 않은 곳이다. 간판에 이름이 새겨져 있었다. '산탐브로조 성당 Basilica di Sant'Ambrogio', 우리말로 하면 성 암브로시우스 성당이다. 이 성당은 주후 379년 암브로시우스에 의해 지어졌다고 하며 지하에는 암브로시우스 유해가 남아 있다. 그 후 많은 개축이

성 암브로시우스 성당 내부.
아마도 아우구스티누스가 여기서 암브로시우스의 설교를 들었을 것이다.

있었고 현재는 로마네스크 양식의 건물이 되었지만 그 골격은 4세기 비잔틴 시대의 모습을 유지하고 있다. 이곳이 바로 아우구스티누스가 암브로시우스의 설교를 듣고 회심했던 곳인가? 조용히 의자에 앉았다. 눈을 들어 하늘을 향해 열린 천장을 바라보았다. 그 천장을 지탱하며 서 있는 기둥들은 수천 년 연륜과 함께 거기 나란히 서 있었다. 반쯤 빗겨진 벽화에는 아직도 그 시대 사람들이 그렸던 예수님이나 성인들의 모습이 뚜렷이 남아 있었다.

조용히 눈을 감았다. 아우구스티누스가 밀라노에 온 것은 주후 384년이었다. 그에게 밀라노는 새로운 기회의 땅이었다. 오랜 세월, 그는 어머니의 기도에도 불구하고 방황과 이교에의 탐닉 그리고 성적 방종으로 상처 난 인생을 살았다. 그런 아우구스티누스에게 인생 역전의 기회가 주어졌다. 웅변술과 수사학으로 재능을 보인 그를 로마의 장관 시마쿠스가 발탁하여 밀라노 황제의 궁전 수사학 교수로 보낸 것이다. 그가 만일 밀라노에서 잘 해낸다면 지금까지 그가 한 모든 실패를 일거에 날릴 수 있는 절호의 기회였다.

아우구스티누스의 회심

그러나 하나님은 아우구스티누스를 위해 전혀 다른 계획을 갖고 있었다. 그를 위해 하나님이 준비한 사람은 황제가 아니라 설교자 암브로시우스였다. 밀라노에서 그동안 조금씩 열려왔던 아우구스티누스의 하나님을 향한 마음이 암브로시우스를 통해서 빠른 속도로 열리기 시작했다. 암브로시우스는 아우구스티누스에게 하나님이 준비한 맞춤형 교사였다. 우선 그는 아우구스티누스가 그동안 추구했던 로마와 헬라(그리스)철학에 정통한 사람이었다. 당대의 지식인이기도 했으며 또한 달변가였다. 그가 가진 지적, 영적 자산들은 아우구스티누스를 압도하기에 충분했다.

아우구스티누스는 서서히 그의 영향을 받기 시작했고 그 결과 불륜 관계이던 여성과 결별하며 철학서적 대신에 바울서신을 가까이하게 되었다. 드디어 결정적인 회심의 시간이 다가왔다. 어느 날 그에게 회개를 촉구하는 하나님의 감동이 임했다. 강력한 성령의 감동이었다. 그러자 그는 자기도 모르게 집 밖에 나가 정원에 있는 무화과나무로 뛰어갔다. 그때 자기 자신의 내면세계가 보이면서 너무 시시한 일, 과거의 온갖 애착에 묶여 있는 자신을 발견했다. 과거는 그에게 "당신은 나를 버리실

건가요? 그러면 이 순간부터 영영 이별이에요."라고 속삭였지만 하나님은 그에게 "이제 과거를 버리고 나에게 돌아오라."고 소리치고 있었다.

그의 친구 알리피우스가 보는 가운데 그는 역사적인 자기와의 싸움을 계속했다. 『참회록』은 이 장면을 이렇게 묘사하고 있다. "나는 내 영혼이 숨겨진 깊은 부분을 살펴보았습니다. 나는 내 영혼 속으로부터 부끄러운 비밀을 짜내었습니다. 그리고 그 비밀들을 고스란히 내 마음의 눈 앞에 집합시켰습니다. 그때 내 속에서는 커다란 폭풍이 일어났습니다. 내 눈에서는 홍수 같은 눈물이 쏟아져 내렸습니다. 나는 일어나서 알리피우스 곁을 떠났습니다. 속이 후련할 때까지 울고 부르짖고 싶었기 때문입니다. 나는 알리피우스에게 방해받지 않을 만큼 멀리 떨어졌습니다. 무화과나무 아래 몸을 던지고 눈에서 강물처럼 흐르는 눈물을 하염없이 흐르도록 내버려두었습니다. 그것은 당신께 드려진 합당한 제사였습니다."(『참회록』 8권 12장 28절)

하나님의 번개 같은 계시는 그때 일어났다. "Tole, lege, tole, lege 집어서 읽어라, 집어서 읽어라."아우구스티누스는 처음에 이 음성을 소년이나 소녀, 곧 어린 아이의 음성이라고 생각했다. 그러나 그것은 하나님의 음성이었다. 그는 눈물을 그치고 일어나 친구 알리피우스가 있는 곳으로 달려갔다. 떠날 때 그에게 맡겨둔 바울서신이 생각났기 때문이다. 그는 책을 움켜쥐고 서둘러 폈다. 그리고 눈이 처음 닿는 곳을 읽어내려갔다. "낮과 같이 단정히 행하고, 방탕하거나 술 취하지 말며, 음란하거나 호색하지 말며, 다투거나 시기하지 말고, 오직 주 예수 그리스도로 옷 입고, 정욕을 위하여 육신의 일을 도모하지 말라." 로마서 13장 13~14절이었다. 아우구스티누스는 더 읽고 싶지 않았다. 또 그럴 필요도 없었다. 하나님의 충분한 계시가 임했기 때문이다. 그때가 주후 386년 8월, 아우구스티누스는 그다음 해 4월에 눈물을 흘리며 세례를 받았다.

참회의 일생

이후의 아우구스티누스는 히포에서의 수도원운동뿐 아니라 여러 가지 이단들과 싸우며 저술과 신학활동을 통하여 하나의 '포괄적인' 복음적 기독교 진리 체계를 수립했다. 그가 평생 싸워야 했던 이단은 마니교와 도나티스트 주의와 펠라기안 주의였다. 아우구스티누스는 마니교와 싸우면서 모든 피조물이 본질적으로 선하다는 것을 주장했다. 또한 도나티스트 분파운동과 싸우면서 교회론과 성례론을 정립했다. 펠라기안 주의와 싸우면서는 인간의 전적 타락과 하나님의 전적 은총을 강조하는 은총론을 전개했다.

그러나 이 모든 업적을 가능하게 했던 원동력은 죽는 날까지 하나님 앞에서 회개하는 끊임없는 참회의 삶이었으리라. 주후 430년 8월, 아우구스티누스는 드디어 열병으로 드러누웠다. 그는 그때 자기가 죽게 될 것을 알았다. 그리고 마지막 시간을 하나님과 함께하기 원했다. 그래서 다윗의 참회의 시 4편을 써서 자기 방 벽에 붙이게 했다. 시편 6편과 32편 그리고 38편과 51편이었다. 그리고 날마다 그 시들을 읽었다. 때로 울면서 부르짖어 기도했다. "내가 탄식함으로 곤핍하여 밤마다 눈물로 내 침상을 띄우며 내 요를 적시나이다."(시 6:6) "허물의 사함을 얻고 그 죄의 가림을 받은 자는 복이 있도다."(시 32:1) "내 죄악이 내 머리에 넘쳐서 무거운 짐 같으니 감당할 수 없나이다."(시 38:4)

"하나님이여 주의 인자를 좇아 나를 긍휼히 여기시며 주의 많은 자비를 좇아내 죄과를 도말하소서."(시 51:1) 아우구스티누스는 그의 참회와 기도를 방해받지 않기 위해 마지막 열흘 동안 의사가 그를 진찰할 때나 식사를 가져올 때를 제외하고서는 아무도 방에 들어와 그를 보지 못하게 했다고 한다. 그리고 그는 마지막 순간 그가 그토록 원했던 하나님의 품에 안식했다.

아우구스티누스의 『참회록』 표지

아우구스티누스가 눈물을 홍수처럼 쏟으며 하나님께 돌아왔던 때의 그 무화과나무는 지금 어디 있을까? 안내인도 모른다고 했다. 세월이 흘러 그 나무도 언젠가 사라졌을 것이다. 무화과나무는 찾을 수 없었으나 아우구스티누스의 숨결이 남아 있을 성 암브로시우스 성당 마당을 오랫동안 서성거렸다. 금방이라도 아우구스티누스가 참회의 기도를 마치고 환한 얼굴로 나올 것만 같았다. 아우구스티누스를 불렀던 하나님은 오늘 우리 역시 부르신다.

10 라벤나의 성화聖畵

초대교회의 신앙관이 담긴 '또 하나의 복음', 성화를 보다

성화의 문제

　서구의 교회 특히 가톨릭이나 정교회를 방문할 때마다 피할 수 없이 만나는 것이 성화聖畵나 성상聖像이다. 모자이크나 프레스코 회화, 조각 등의 다양한 형태로 나타난 성화, 성상들은 우리에게 이것들이 우상이냐 예술이냐의 오래된 논쟁 앞에 서게 한다. 주로 예수님, 열두 제자 등 성경의 인물들을 묘사한 것이지만 때로는 교황, 마리아, 성인, 황제 등의 형상도 있어 우리의 판단을 어렵게 한다. 그러나 성화, 성상은 교회사에 엄연히 존재해왔고 지금도 다른 교파의 그리스도인들에게 상당히 중요한 신앙의 한 부분을 차지하고 있기 때문에 가볍게 여길 주제는 아니다.

　이탈리아의 라벤나는 나에게 문제에 대해 생각하게 했다. 라벤나는 이탈리아 동북부 아드리아 해변에 위치해 있다. 이 도시의 이름은 우리에게 생소하지만 사실은 한때 서로마제국의 수도(주후 402~476)이기도 했을 만큼 유명한 곳이다. 라벤나는 그 위치 때문에 로마제국에서 중요한 도시였다. 그곳은 우선 아드리아 바다를 지키는 곳에 위치했으며 북쪽에서 내려오는 야만족을 막아야 하는 곳이기도 했다. 라벤나는 일반인에게 단테의 무덤이 있는 곳으로 유명하다. 유네스코가 지정한 세계 유산이 여덟 군데나 있는 곳으로 많이 알려졌지만 우리에게는 초대교회 성도들이 남긴 성화, 모자이크 등을 통해서 그들의 신앙 세계를 엿볼 수 있는 곳이어서 중요하다.

산 비탈레 교회

라벤나를 대표하는 교회는 산 비탈레San Vitale 교회이다. 이 교회는 주후 548년 막시미안 주교에 의해 초대교회의 전설적인 순교자 비탈레의 이름으로 봉헌된 교회다. 주후 548년이라면 비잔틴 시대의 한복판이고 또 콘스탄티누스가 기독교를 공인한 후로부터 200년밖에 되지 않았기 때문에 상당히 중요한 시기이다. 이 교회 안에는 그 시대의 모자이크가 원형 그대로 보존되어 있다. 대부분 성서 이야기를 담은 모자이크는 1500년을 뛰어넘어 콘스탄티누스 이후 200년을 산 비교적 초기교회 성도들의 신앙을 조명해준다. 먼저 중앙으로부터 보면 교회 천장 한 중앙에 예수님이 앉아 계신다. 그는 계시록이 말한 대로 보좌에 앉아 세상을 다스린다. 그의 팔은 두 곳을 향한다. 한 곳은 성경으로 교회를, 다른 곳은 왕관으로 세상을 가리킨다. 초대교회 성도들이 생각하는 예수님이 다스리는 두 세계를 보여준다.

강단 좌우에는 네 마리 생물이 나타난다. 사자와 소, 사람과 독수리다. 이것은 초대교회 성도들이 예수님의 네 가지 속성 혹은 복음서

산 비탈레 교회 안에 있는 비잔틴 시대의 모자이크.
중앙에 아벨, 멜기세덱, 주변에 네 가지 생물, 12사도의 모습이 보인다.

주후 547년에 건축된 라벤나의 산 비탈레 교회

의 네 가지 특징을 우리와 같이 공유한다는 것을 의미한다. 사자는 왕을 상징하고 마태복음을 의미한다. 소는 섬김과 마가복음을, 사람은 인성과 누가복음을, 독수리와 요한복음을 상징한다. 그것은 또한 예수님의 네 속성이다. 강단 왼쪽에는 아브라함 사건의 모습이 나타난다. 아브라함에게 세 천사가 찾아왔고 아브라함은 송아지를 잡아 그들을 대접한다. 아브라함이 아들 이삭을 모리아 산에서 드릴 때 하나님의 손이 그것을 막는다. 천장 꼭대기에는 어린 양 한 마리가 그려져 있다. 그리고 네 방향으로 천사들이 어린 양을 경배하고 있다. 그것은 어린 양 예수를 바치는 요한계시록의 그림이다. 강단 왼쪽에는 아벨이, 오른쪽에는 멜기세덱이 각각 하나님께 무엇인가를 드린다. 아벨은 양을, 멜기세덱은 떡을 드리는 가운데 하나님의 손이 있다. 그리고 그 주변에 열두 제자가 있다.

비탈레 교회 모자이크에 많이 등장하는 주제가 양이다. 양도 다양하다. 아벨의 양, 아브라함의 번제의 양, 모세의 호렙 산 양, 그리고 승리자이신 어린 양 그림이 반복된다는 것은 그 시대 성도들의 신앙의 관심이 무엇이었는가를 보여준다.

성화의 특징

비탈레 교회 성화에 나타난 아주 중요한 특징이 있다. 그것은 오직 성경에 나오는 인물만을 그렸다는 것이다. 후대에 보이는 교황이나 성인, 심지어 마리아도 나타나지 않는다. 그것은 마리아에 대한 존숭이 초대교회부터 있었음을 생각할 때 매우 특이한 일이다. 이 시대 그림의 초점은 십자가에 달린 그리스도, 어린 양으로 희생하신 예수님, 그리고 그를 위해 양처럼 헌신적으로 사는 성도들의 삶을 그리고 있다. 비탈레 교회 성화 중에 마리아나 교황, 성인들의 모습이 없다는 것이 나에게 큰 깨달음을 주었다. 그것은 교황이나 마리아 상과 같은 것들은 처음부터 만들어진 것이 아니라는 것과 성화나 성상은 그 시대 성도들의 신앙고백이라는 것이다. 그 시대에 성도들이 믿고 고백한 것이 그 시대 그림이나 조각으로 나타났다는 말이다. 그렇다. 처음부터 마리아 상이나 성인 상이 있었던 것은 아니다. 적어도 6세기까지만 해도 그렇다.

그렇다면 성화와 성상은 무엇인가? 단호하게 우상이라고 배격하는 사람들도 있다. 종교개혁자, 특히 츠빙글리가 그랬다. 츠빙글리는

1524년에 시민, 시당국의 협조를 얻어 건축가, 석공, 목수들을 대동하고 그로스 뮌스터 교회에 들어가 거기에 있는 성화, 유물, 십자가고상, 제단, 초 등 장식물을 다 제거하고 프레스코 화도 걷어내어 벽은 회로 칠했다. 성화는 불태웠고 심지어 오르간마저도 치웠다. 이 모든 것들이 예배를 위한 우상숭배의 요소가 된다고 믿었기 때문이다.

그러나 같은 종교개혁자인 루터는 그림을 예술작품으로 간주하여 신앙에 도움을 주는 한에서 교회에 남겨두도록 했다. 개혁자들의 공통된 관심은 예배의 대상이 되는 우상이 교회에 있어서는 안 된다는 것이었다. 모든 성화, 성상, 성물은 우상숭배의 위험이 없을 때에만 존속할 수 있고 우상숭배의 여지가 있을 때는 단호하게 제거해야 한다는 것이 그들의 생각이었다. 그러나 모든 성화에 다 우상숭배의 위험이 있다고 생각한 것은 지나치다. 교회의 성화는 복음을 말하는 또 하나의 언어일 수 있다. 교회의 언어가 설교로만 제한되어 있다는 것이 우리 기독교의 한계일 수 있다.

듣는 복음, 보는 복음

복음을 그림의 형식으로 고백한 것은 중세기가 처음이 아니다. 로마의 카타콤에 가보라. 내일이면 죽을 성도들도 자신들의 신앙을 그림으로 표현했다. 그 경우 그림은 그들이 믿는 복음을 표현하는 마지막이자 유일한 수단이었다. 상징은 우리가 복음을 표현하는 또 하나의 방식이다. 상징과 그림은 콘스탄티누스 이후 많은 이방 개종자들에게 기독교 복음을 전달하는 효과적인 방법이기도 했다. 8, 9세기에 있었던 성상파괴운동에도 불구하고 교회역사에서 한 번도 성화, 성상은 사라진 적이 없다는 것을 기억해야 한다. 그것은 인간의 표현적 본능 외에도 성육신을 통해 이 땅에 몸을 입고 오신 예수님의 전거 때문이다. "하나님이 몸을 입고 오셨다. 그래서 사람들이 예수님을 믿었다." 그 속에 복음의 내용과 형식이 함축되어 있다. 교부 아타나시우스가 말했다. "하나님은 사람이 하나님이 되게 하시려고 사람이 되셨다." 이 말은 사람의 신성을 말하자는 것이 아니고 하나님의 성육신을 말한 것이다. 하나님도 땅에 와서 자신을 사람으로 나타내셨다.

따라서 우리도 복음을 사람의 눈높이에 맞춰야 한다. 물론 이 경우의 표현은 그 내용에 복음적 에센스를 담아야 한다. 교회 예술이 복음을 담는 그릇인 한, 그것은 장려되고 발전되어야 한다. 복음과 예술은 함께 간다. 복음이 내용이라면 예술은 그것을 담는 형식이다. "내용은 형식을 낳고 형식은 내용을 완성한다." 교회 예술은 상징의 형태로 표현된 그 시대의 복음이다. 사람들은 복음을 듣기도 하지만 보기도 한다. 라벤나의 성화는 그 시대 성도들이 그림의 형태로 전하는 성육신적 복음 전도의 방식이다. 우리에게도 이 복음이 필요하다.

몬테 카시노의 베네딕트 수도원

극단을 떠나 중용을 제시한 성 베네딕트를 만나다

이탈리아 카시노 산

몬테 카시노를 아는가? 언뜻 들으면 모나코의 카시노가 생각난다. 그러나 모나코의 카시노가 아니라 이탈리아의 카시노다. 정확히 말하면 몬테 카시노는 이탈리아 라치오 지방 카시노 시에 있는 산Monte 이름이다. 해발 519m의 이 산에 1500년 동안 서구 정신사에 영향을 준 수도원이 하나 서 있다. 이름은 베네딕트 수도원. 멀리서 볼 때 산 정상에 건물 하나가 서 있는 것처럼 보인다. 그러나 정상으로 올라갈수록 시야는 달라진다. 마침내 정상에 오르면 마치 변화산에 올라온 듯 감탄을 자아내기에 충분하다. 산 아래 펼쳐진 움브리아 평원은 온통 운무로 덮여 있고 멀리 보이는 산들이 마치 다도해처럼 펼쳐져 있다.

'Pax평화'라고 쓰여 있는 정문을 지나면 정원이 나오고 정원에는 한 사람이 두 손을 높이 들고 서 있다. 베네딕트가 주후 547년 제자들에 부축되어 죽음을 맞이하고 있는 모습이다. 베네딕트는 임종을 앞두고 자기를 기다리는 주님 앞에 누워서 갈 수 없다며 성찬을 받은 후

베네딕트 수도원에서 바라본 움브리아 평원의 아침. 하늘과 땅이 열린 곳이다.

서서 주님을 맞이하는 자세로 손을 들고 운명했다. 조금 더 들어가면 너른 광장이 나오고 광장 앞에는 지팡이를 든 또 하나의 동상이 나온다. 이 동상은 1943~1944년, 제2차 세계 대전 때 독일군이 수도원을 최후의 방어선으로 요새화하여 전쟁하는 가운데 35만 명이 죽거나 다치고 건물도 거의 초토화된 상황에서 유일하게 살아남은 베네딕트의 또 다른 동상이다.

베네딕트 규칙

베네딕트가 이곳에 수도원을 세운 것은 주후 529년으로 그는 이전에도 수비아코의 한 동굴에서 조용히 수도생활을 한 적이 있다. 그곳에서의 3년을 통해 그는 영혼의 거듭남을 체험하며 수도생활의 기초를 쌓았다. 수비아코 수도 생활은 베네딕트 수도원운동의 요람이자 하나님과 만났던 첫사랑의 밀회 장소였을 것이다. 베네딕트는 이주하여 아폴로 신전이 있던 이곳을 정결케 한 후 무릎을 꿇고 수도원의 기초를 놓았다.

베네딕트가 후대의 영성사에 영향을 준 것이 있다면 그것은 '베네딕트 규칙The Rule of Benedict'일 것이다. 처음에 사람들은 이 규칙을 베네딕트 자신의 창작품이라고 생각했다. 그러나 연구 결과 규칙집은 그 이전에 있었던 '스승의 규칙Regula Magistri'을 상당 부분 모방한 것으로 나타났다. 대략 4분의 1은 스승의 규칙을 그대로 따랐고, 4분의 2는 많은 영향을 받은 것이며, 나머지 4분의 1은 베네딕트 자신의 창안이라고 볼 수 있다. 베네딕트 규칙은 73장으로 되어 있고 크게 두

부분으로 나뉜다. 1장에서 7장은 교리(원리)를 다루고, 8장에서 73장은 수도자들의 생활과 훈련(실제)을 다룬다. 규칙은 이렇게 시작한다. "내 아들아, 스승의 가르침에 조심스레 귀를 기울이고 네 마음의 귀로 경청하라."

베네딕트에게 수도원은 하나님의 학교였다. 그는 수도원을 '주님을 섬기는 학교'라고 불렀다. 학교라면 스승이 있고 제자가 있다. 수도자인 제자는 반드시 스승의 가르침을 따라야 한다. 베네딕트 수도원이 그 이전의 수도원에 비해 혁명적 발전을 이룬 것이 있다면 바로 수도자의 정착생활이다. 그 이전의 수도사들은 한곳에 정착하지 않고 이곳저곳 떠돌아다녔다. 그래서 베네딕트는 수도자를 네 종류로 나누었다. 공동체 질서 안에 사는 공동체 수도자 세노바이트Cenobites, 혼자 사는 독거 수도자 에르미트Hermites, 규칙에 따라 살지 않고 자기 뜻대로 사는 사라바이트Sarabaites, 여기저기 정처 없이 옮겨 다니는 기로바구스Gyrovagus가 그것이다. 그는 모든 수도자에게 반드시 한곳에 정착할 것을 요구했다. 정착하지 않고 떠도는 수도자를 악하이라고까지 표현했다. 그래서 수도자가 될 때 반드시 '정주서원定住誓願'을 해야 했다. "반드시 수도자는 한 수도원에 소속하고 일단 소속하면 떠나지 마라." 이것이 정주서원이다.

정주서원의 요구는 베네딕트의 메시지만이 아니다. 그것은 교회를 정하지 못한 채 이곳저곳을 떠돌아다니며 교회방랑자로 사는 한국 교회 일부 성도들에 대한 하나님의 메시지이다. 우리가 한 교회에 정착하지 못하고 떠돌 때, 예수님의 몸 된 교회를 저도 모르게 깨뜨리는 실수를 범한다는 것이다. 수도자가 한곳에 머물러야 하는 것은 사막 교부들의 오래된 이상이었다. 성 안토니우스의 말과 같다. "물고

죽음이 오자 손을 들고 하나님 앞에 선 베네딕트

기가 물 밖으로 나오면 죽는 것처럼 기도실(수실) 밖에서 빈둥거리거나 세상 사람들과 함께 시간을 보내는 수도자들은 내면의 평화를 잃을 것이다. 물고기가 바다에서 헤엄치듯이 수도자는 기도실에서 살아야 한다. 그러지 않고 밖에서 지체하면 반드시 내면의 경성을 잃게 된다."(사막 교부들의 금언)

수도원 영성의 정착

베네딕트의 가장 큰 기여는 수도원 영성의 세 가지 요소라고 할 수 있는 것을 정착시킨 것이다. 그것은 순명, 청빈, 순결이다. 순명은 복종하는 것이다. 특히 아빠스(원장)에 대한 복종은 절대적이었다. "아무도 수도원 안에서 개인의 사사로운 뜻을 따르지 말 것이며 자신의 아빠스와 무례히 다투지 말라. 수도원에서 무슨 중요 사안이 있을 때마다 아빠스는 모든 수도사들을 소집하여 그 사정을 친히 제안할지라. 찾아오는 모든 손님을 그리스도처럼 맞아들일지니 아빠스는 손님에게 세숫물을 마련해주고 형제들은 손님의 발을 씻겨줄지니라. 죽기까지 복종한 주님을 본받아 아빠스나 장상(長上)에게 순종하되 무리한 요구를 하는 때도 묵묵히 인내하라."

수도자들은 철저한 자기 부정과 기도를 통해 그리스도를 따라야 했으나 그것은 결코 금욕을 위한 금욕이 아니라 창조적 건전성과 성실한 자기 절제, 그리고 끊임없는 경건의 훈련을 위한 것이었다. "그리스도를 따르기 위하여 자기를 끊으며, 쾌락을 받아들이지 말고, 가난한 자를 위로하고, 헐벗은 자를 입혀주며, 병든 자를 찾아보고, 죽은 자를 장사하며, 환란 중에 구원하고, 근심하는 자를 위로하고, 세속적인 일에 초연하고, 아무것도 그리스도께 대한 사랑보다 더 낫다고 여기지 말지니라."

노동은 베네딕트가 서방 사회에 끼친 가장 큰 영향 중 하나일 것이다. 노동을 경시하던 당시의 풍습에도 불구하고 노동을 기도만큼 중요시함으로써 수도원의 자립은 물론, 영성의 사회화에 크게 기여했다. 모든 수도자들은 하루에 7시간씩 육체노동을 행하면서 몸의 훈련을 통한 영성훈련에 집중했다. 생산 활동 과정으로서의 의미뿐만 아니라, 깊은 사색과 명상 그리고 땅위의 빵과 하늘의 신령한 양식인 빵이 날마다 육신의 노동을 통하여 하나로 통일되었다. 노동은 단순히 재화의 생산 활동이 아니라 기도, 명상과 함께 예배에 속한 것처럼 성화되었다. "노동은 기도이다. 한가함은 영혼의 원수니라. 형제들은 일정한 시간에 손일하고 일정한 시간에 성경을 읽을지니라. 손수 노동하고 손수 일할 때 비로소 참 수도자가 되느니라."

균형의 영성

아마도 베네딕트가 후대 기독교 영성에 대해 남긴 큰 공헌은 '균형의 영성'일 것이다. 그는 베네딕트 규칙에서 다양한 영성적 삶을 균형 있게 조화시켰다. 기도와 노동, 공동체적 복종과 개인적 자유, 독거생활과 공동체적 질서, 엄격함과 관대함, 침묵과 사랑, 남성성과 여성성, 수도원장에 대한 절대적 권위와 동료 수도자와의 형제적 관계. 영적 생활은 예나 지금이나 그것을 열심히 하고자 하는 사람을 극단으로 치닫게 하는 경향이 있다. 그것이 옳다고 믿는 사람에게 극단은 어쩌면 자연스러운 귀결일 수 있다. 율법주의가 그렇고 신비주의, 열광주의가 그렇다. 그러나 베네딕트는 중용적 삶을 과감하게 선택하여 모든 사람이 적응할 수 있는 실용적 수도원 공동체를 만들어 냈다. 그것이 베네딕트운동이 오랜 세월 역사 속에서 지속될 수 있었던 이유다.

베네딕트의 균형적 영성에는 크게 네 가지 요소가 있다. 성경, 전통, 개인적 영성의 삶, 그리고 공동체적 삶이다. 성경과 하나님의 말씀은 베네딕트의 영성의 중심이다. 거룩한 독서와 묵상은 베네딕트 영적 삶의 핵심이다. 그는 전통으로부터 많은 교훈과 빛을 받았다. 그는 안토니우스, 카시안으로 이어진 이전 시대의 수도원 정신을 계승했으며 아우구스티누스에게서도 많은 영향을 받았다. 특히 카시안의 『강화집』은 그의 수도원운동의 교과서였고 아우구스티누스에게 받은 영향은 11세기 클레르보의 베르나르를 통해 루터, 칼뱅에게까지 이어졌다.

우리의 영적 생활에도 이러한 조화와 균형이 필요하지 않을까? 우리는 한 가지 좋은 것이 있으면 다른 것은 다 버리는 경향이 있다. 길고 긴 교회의 역사에서 우리가 받은 전통과 신학만 옳다고 여기는 경향도 있다. 전통은 필요하지만 전통주의는 좋은 것이 아니다. 하늘과 땅, 그 사이에 1500년씩이나 자리 잡고 기독교 2000년 영성사에 발자취를 남긴 몬테 카시노를 내려오면서 오늘 우리에게도 건강하고 균형 잡힌 영성이 있는지 물었다.

12 마리아 그림 앞에서

하나님 안에서 모성을 느끼다

마리아 상의 문제

　마리아는 우리에게 누구인가? 유럽 영성의 현장을 돌아보면서 쉼 없이 내게 던진 질문이다. 평소에 생각한 대로 그저 예수님의 어머니라고 대답할 수도 있다. 그러나 문제는 그렇게 간단하지 않다. 이 질문은 가톨릭 국가를 여행하는 기독교인에게 계속 따라다니는 곤란한 질문 중의 하나다. 그럴 수밖에 없는 것이 우리가 방문하는 교회, 박물관, 미술관에서마다 마리아를 주제로 한 많은 그림을 마주해야 하기 때문이다.

　피렌체에서도 그랬다. 피렌체(플로렌스)는 글자 그대로 꽃의 도시다. 이탈리아의 예향이요, 르네상스의 진원지이기도 하다. 단테의 고향이며 다빈치, 미켈란젤로, 라파엘, 보티첼리가 활동했던 주 무대였다. 다 그만두더라도 성화 몇 점만으로 피렌체는 충분히 세계적인 도시다.

우피치 미술관

그중 세계 3대 미술관이라고 불리는 우피치 미술관에 가보자. 대표적인 그림이 보티첼리의 〈프리마베라〉와 〈비너스의 탄생〉이다. 티치아노의 〈우르비노의 비너스〉도 작품이다. 여기서도 우리는 예외 없이 마리아 앞에 선다. 대표적으로 지오토의 〈오니산티의 마리아〉(1306~1310)가 있다. 이 그림의 배경은 전체적으로 황금빛이다. 마리아가 보좌에서 예수님을 안고 있고 사방에 천사와 성인들이 둘러서 있다. 예수님을 안고 있는 마리아는 이상하리만큼 크게 그려져 있다. 주변에 있는 성인, 천사들을 압도한다. 마리아의 우람한 품안에서 예수님은 지극히 작은 아이에 불과하다. 보티첼리가 그린 〈대공의 성모 마리아〉(1483~1485)도 있다. 이 그림에서도 마리아는 주변 천사들의 호위를 받으며 예수님을 안고 있다. 천사들은 하늘의 빛을 받아 마리아의 머리에 왕관을 씌워준다. 한 천사는 마리아의 노래라고 쓰인 성경을 펼친다. 이 그림에 나타난 마리아는 누가 봐도 하늘의 여왕이다. 마리아 덕에 예수님도 귀하게 보이지만 예수님을 그리려다 마리아를 그렸는지 마리아를 그린 후에 예수님을 끼워 넣었는지 모르겠다는 생각이 든다.

2000년 미술사에 나타난 마리아 그림이 이뿐이겠는가? 마리아 그림은 아마도 모든 세대 기독교 미술가들에게 매력적인 주제였음이 분명하다. 마리아는 그의 부모 안나, 요아킴과 함께, 세례 요한과, 수태고지, 동방박사, 예수님의 다양한 일상, 그리고 십자가의 죽음의 현장과 함께 우리에게 많은 작품으로 남아 있다. 이름값을 하는 화가치고 마리아를 그리지 않은 화가가 없다. 문제는 그림이 아니다. 그림으

피렌체의 우피치 미술관에 있는 지오토의 〈오니산티 마리아〉

로 표현된 마리아에 대한 신앙이다. 우리의 주된 관심은 마리아를 어떻게 그렸는가는 아니다. 그러나 마리아를 어떻게 그렸느냐 하는 것은 마리아를 어떻게 보았느냐 하는 것을 이해하기 위해서 필요하다.

형상은 본질에서 나오며 본질은 어떤 방식으로도 형태화되기 마련이다. 이것은 성상파괴운동을 종결했던 제7차 에큐메니컬 공의회(787)의 선언과도 같다. 성상파괴 문제로 한바탕 소용돌이가 지난 후 공의회는 이렇게 결론지었다. "형상에게 바쳐진 존숭은 그것의 원형에게로 옮겨가며, 성상을 존숭하는 사람은 그 성상 안에 표현되어 있는 위격을 존숭한다." 그렇다. 우리가 보는 성화 한 점은 바로 그 시대 사람들의 하나님에 대한 신앙고백이라고 보아야 한다. 마리아도 예외가 아니다. 마리아가 보좌에 앉았다면, 마리아가 화려한 옷을 입고 왕관을 쓰고 있다면, 그 시대 사람들은 마리아를 하늘의 여왕으로 생각했다는 것이다.

마리아는 누구인가?

역사적으로 가톨릭교회는 마리아를 원죄 없이 태어난 분으로 믿는다. 소위 일컫는 '마리아 무염시태설'이다. 마리아는 원죄에 물들지 않은 채 순수하게 태어났다는 것이다. 또한 마리아를 육체적으로 죽지 않고 부활, 승천한 분으로도 믿는다. 교황 피우스 12세가 선포한 소위 마리아 부활승천교리의 내용이다. 마리아는 죽어 무덤 속에 내려갔으나 썩지 않고 부활한 후 승천했다는 것이다. 성경 어디에도 없는 이러한 주장을 우리는 당연히 믿지 않는다. 마리아를 이렇게 신격화하면 기왕에 마리아에 대해 좋은 감정을 가진 사람조차도 마리아를 멀리하게 된다. 예수님의 성육신이 감동을 주려면 마리아도 당연히 평범한 사람이어야 한다. 인간이 아닌 신에게서 하나님인 아들이 태어났다면 그 성육신은 신비롭지도 않고 은혜롭지도 않다.

문제는 여기서 시작된다. 마리아에 대한 신격화에는 우리가 반대하지만 그렇다고 마리아에 대해 우리가 배워야 할 영적 교훈도 없다고 말해서는 안 된다는 것이다. 마리아에게 신성이 있다고 성경 어디에서 말하고 있지 않음에도 불구하고, 마리아를 평범한 나사렛 처녀로 묘사하고 있는 분명한 성경적 기록에도 불구하고(눅 1:26~30), 성상 파괴운동 같은 거센 교회사의 반 마리아 우상화운동에도 불구하고, 그렇게 많은 예술가들이 계속해서 마리아를 그리고 노래하는 이유가 무엇일까? 그 명백하게 잘못된 비성경적인 교리에도 불구하고 왜 사람들은 '아베 마리아'를 부르며 숙연해지는가? 거기에는 교리적인 입장에서만 볼 수 없는 다른 요소가 분명히 있다.

모성적 하나님

역사적으로 마리아론은 기독론과 함께 발전했다. 마리아론이 없으면, 기독교는 우리도 모르게 비인간적이 될 위험이 있다. 예수님이 하나님이라면 그를 낳은 마리아는 당연히 '테오토코스(하나님의 어머니)'일 것이다. 마리아론은 역사적으로 성육신 교리를 변호하는 데 매우 중요한 역할을 했다. 그러나 마리아에 대한 신앙고백의 배경에는 더 중요한 것이 있다. 하나님에 대한 신앙고백이다. 성경이 처음부터

보티첼리의 〈대공의 성모마리아〉.
천사들이 마리아의 머리에
왕관을 씌우고 있다.

말한 하나님은 부성적 하나님만이 아니었다. 성경의 하나님은 모성적 하나님이기도 하다. 하나님은 "새끼를 업는 어미 독수리"(신 32:11) 같은 하나님이요, "숨이 차서 헐떡이며 해산하는 여인"(사 42:14) 같은 하나님이다. "제태에서 낳은 아들을 긍휼히 여기시는"(사 49:15) 하나님이며 또 "젖을 빨게 하고 품에 안고 무릎에서 놀게 하시는"(사 66:12~13) 하나님이다.

예컨대 시편에는 하나님이 아기를 모태에서 이끌어내어 어머니의 가슴에 안기는 산파, 사람들의 피난처 역할을 하는 날개를 가진 새, 제비가 새끼를 치는 보금자리로 묘사되어 있다. 시편 51편 1절이다. "하나님이여, 주의 인자를 따라 내게 은혜를 베푸시며 주의 많은 긍휼을 따라 내 죄악을 지워주소서." 여기에 나오는 '긍휼'은 어머니의 모태를 상기시키는 '라하밈Rachamim'이다. 성경에 나타난 하나님의 이 모성적 이미지는 어머니 하나님의 전통으로 신약과 교부시대를 통해 교회사에 흘러왔다. 알렉산드리아의 클레멘스, 오리겐, 이레니우스, 크리소스토무스, 암브로우스, 아우구스티누스 등의 초기교회를 거쳐 중세시대의 클레르보의 베르나르, 리보의 엘레드, 캔터베리의 안셀무스 등이 이 어머니 하나님에 대한 신앙을 고백했다. 물론 여기서 말하는 어머니 하나님은 요즘 어떤 이단이 주장하는 '어머니 하나님교'와는 아무 상관이 없다.

예를 들면 14세기 영국 노리치의 줄리안은 『하나님 사랑의 계시』에서 하나님의 속성을 어머니로서의 전 과정으로 그렸다. 자궁, 출생, 유아기, 보살핌, 교육, 씻음, 치유 등 모든 과정이 하나님의 활동과 본성의 여러 측면을 가리킨다고 보았다. 또 하나님을 연인과 유모, 스승, 점과 빛, 꽃과 옷으로 묘사한다. 그녀는 하나님이 우리의 어머니, 곧 모든 모성의 원천이요 기원이라고 말한다. 우리는 모성의 본질이신 하나님 덕분에 존재하는 셈이다. 하나님은 우리의 아버지가 되시는 만큼 우리의 어머니도 되신다. 그녀에 따르면, 하나님은 어머니와 같은 분이 아니라 어머니 그 자체이시다.

그러면 가톨릭의 문제는 무엇인가? 가톨릭의 공功은 그들의 신학과 영성에 모성적 하나님에 대한 신앙의 흔적을 남기고 있다는 것이다. 그럼에도 불구하고 잘못한 것은 어머니 하나님 신앙을 하나님의 어머니 신앙으로 대체했다는 것이다. 마리아는 분명 높이 존경할 만한 인물이지만 신적인 존재는 아니다. 마리아는 결코 살아계신 하나님의 대체물이 될 수 없다. 또한 마리아는 남성 하나님에 대한 적대적 페미니스트들의 아이콘도 아니다. 우리가 마리아에게서 긍정적으로 볼 것은 한 평범한 인간을 통해서 이 땅에 오신 예수님의 성육신의 신비와 또한 우리가 믿는 하나님 안에 있는 부드러운 모성적 속성이다. 그리고 그 모성적 하나님이 성공주의와 개교회주의, 세속주의 등으로 몸살을 앓고 있는 오늘날의 교회를 부드럽게 치유할 것이라는 희망이다.

13 아시시의 성 프란치스코

예수님 닮은 거룩한 삶을 엿보다

　역사상 예수님과 가장 닮은 인물이라는 성 프란치스코를 만날 수 있을까? 성 프란치스코를 만나러 가는 날 아침부터 설레는 마음을 주체하기 어려웠다. 그동안 들은 프란치스코에 관한 설교만도 책 몇 권은 되리라. 떠나기 전 프란치스코의 전기 작가 톰마소 디 첼라노가 묘사한 프란치스코의 모습을 다시 머리에 입력했다. "약간 작은 키에 가지런하고 둥근 머리, 갸름하고 진취적인 얼굴, 평평하고 작은 이마, 보통 크기의 검은 눈, 곧은 눈썹, 얇고 곧은 코, 곧지만 작은 귀, 평평한 관자놀이, 온화한 말투, 달콤하고 다부지며 낭랑한 목소리, 희고 가지런한 이, 작고 얇은 입술, 검고 드문드문 난 턱수염, 곧은 어깨, 고귀하고 가느다란 손, 긴 손가락, 불쑥 나온 손톱, 홀쭉한 허리, 작은 발, 섬세한 피부, 허름한 의복과 단장, 훌륭한 겸손."

수비오 산에서 바라본 아시시 마을 전경과 움브리아 평원

아시시 마을

멀리 버스 밖으로 아시시 마을이 보이기 시작하자 나도 모르게 흥분하기 시작했다. 거룩에 대한 본능일까? 멀리 보이는 수비오 산자락에 고즈넉이 자리 잡은 아시시 마을. 저 마을에서 역사상 가장 위대한 일이 일어났다니……. 프란치스코 대성당에 도착하자 새들에게 설교하는 프란치스코의 프레스코화가 우리 일행을 맞이했다. 사방을 둘러보니 중세풍의 집들이 옹기종기 붙어 있고 그 앞에는 보기만 해

도 가슴이 탁 트이는 움브리아 평야가 눈앞에 펼쳐졌다. 하늘이 유난히도 가까운 마을, 그 분위기는 마치 갈릴리 같고 나사렛 같았다. 성당 안에는 작은 집 안에 누워 있는 프란치스코의 무덤이 있었다. 무덤 주변에는 당대 최고의 화가인 지오토, 치마부에, 로렌체티, 마르티니 등의 그림이 위대한 삶을 산 프란치스코에게 최고의 경의를 표하고 있었다. 나도 그 앞에서 고개를 숙였다.

좋은 영성은 좋은 환경에서 나오는가? 여행사 계획이 잘못되어 본래 일정에 없던 아시시에서 하루를 묵게 되었다. 그날 저녁 아시시에서 머문 기억을 나는 오랫동안 잊지 못할 것 같다. 저녁 식사를 마치기가 무섭게 일행과 함께 마을을 걷기 시작했다. 고즈넉한 아시시의 분위기, 멀리 프란시스코 성당이 불을 밝히고 있었다. 들뜬 기분은 그다음 아침에도 이어졌다. 아침 일찍 또 길을 나섰다. 유네스코 간판을 보면서 이곳이 세계문화유산으로 지정된 것을 알았다. 함부로 집을 짓거나 개발하지 못하게 되어 있었다. 그래서 조용한 아침 마을은 옛날 프란치스코 시대의 분위기를 그대로 보여주고 있었다. 여기저기 과일나무가 열매를 맺고 새들이 노래하고 있었다. 금방 저 멀리서 말을 탄 프란치스코가 나타날 것 같았다. 재촉하는 안내자만 없었다면 아마 며칠이고 몇 달이고 거기에 있었을 것이다.

프란치스코는 1181(1182)년 아시시에서 부유한 포목상의 외아들로 태어났다. 한때 방탕한 생활을 하며 십자군 병사를 꿈꾸던 그는 어느 날 산 다미아노 성당의 제단에서 하나님의 음성을 들었다. "프란치스코, 너는 가서 무너진 나의 집을 수축하라." 하나님의 음성을 들은 프란치스코는 얼마 후 육체로 그리스도를 처음 만난다. 어느 날 그가 말을 타고 가는데 나병환자가 앞을 가로막았다. 가난한 시대, 유난히도 나병환자가 많았다. 보통 때 같으면 스쳐지나갔을 프란치스코는 자기도 모르게 말에서 내렸다. 그리고 나병환자에게 다가갔다. 그리고 그를 껴안고 입을 맞췄다.

먼 훗날 그는 『유언Testament』에서 이렇게 고백했다. "죄인인 내가 그 나병환자를 보았을 때 나는 참으로 비통하고 안타까웠습니다. 그때 주님께서 나를 이끌어 그들 가운데 있게 하셨고 그들에게 긍휼의 마음을 갖게 하셨습니다. 내가 그를 껴안고 돌아섰을 때 나의 비통한 마음은 영혼과 몸의 달콤함으로 변했습니다." 그 후 44세로 하나님의 부름을 받을 때까지 프란치스코는 예수님을 따르는 제자가 살 수 있는 모든 종류의 영적인 삶을 살았다.

프란치스코 영성

프란치스코 영성의 핵심은 무엇인가? 사람에 따라 가난(청빈), 겸손, 복음적 선교, 사랑, 십자가, 성령의 이끌림, 우주적 형제애 등으로 다양하게 일컫지만 가장 중요한 핵심에 그리스도가 자리 잡고 있다. "성 프란치스코 안에 그리스도가 계셨다." 이것이 프란치스코 영성의 핵심이다. 에릭 도일은 프란치스코 영성의 핵심을 'Unconditional Love for Christ그리스도에 대한 무조건적 사랑'이라고 말한다. 리처드 포스터는 성 프란치스코 영성의 핵심은 모든 영역에서 그리스도를 본받아 실제로 그렇게 살아간 것이라고 말한다. 윌리엄 쇼트는 '거울론'으로 설명한다. 프란치스코의 삶은 그리스도를 거울로 삼는 데서 왔다는 것이다.(고후 3:18) 하나님을 거울로 비춰보면 그리스도가 있고 만물을 거울로 비춰보면 그리스도가 있다. 그리스도 안에 하나님과 만물이 있고 그리스도를 통해서 하나님과 만물을 본다. 우리가 사는 것은 그리스도가 그렇게 했기 때문이고, 그리스도가 그렇게 살았기 때문에 우리도 그렇게 산다. 그에 의하면 프란치스코의 영성은 이렇게 요약된다. "그리스도에게서 모든 사람을 보라. 그리고 모든 사람에게서 그리스도를 보라."

성 프란치스코는 일생 가난하게 살았다. 가난할 뿐 아니라 아예 가난 자체를 아내로 삼았다. 그러나 그는 가난을 위해 가난하게 살지 않았다. 그가 가난했던 것은 그리스도가 가난했기 때문이다. "가서 네 소유를 팔아 가난한 자들에게 주라."(마 19:21) "여행을 위하여 아무 것도 가지지 말라."(눅 9:3) "누구든지 나를 따르려거든 자기를 부인하고."(마 16:24) 이 세 본문이 프란치스코 가난의 성경적 기초다. 따라서 그의 가난은 해방신학적 가난이 아니다. 그가 추구했던 것은 사회적 가난이 아니라 복음적 가난이었다.

사랑의 사람, 프란치스코

프란치스코는 교회를 사랑했다. 그는 하나님의 집을 수축하라는 음성을 듣고 세 교회를 수리했다. 성 다미아노 교회, 포르티운쿨라 교회 그리고 성 피에트로 교회이다. 그는 종종 교회를 무시하고 교회를 떠난 교회사의 다른 인물들처럼 한 번도 교회를 떠나지 않았다. 그것은 교회가 완전해서가 아니라 교회가 지상에 현존하는 그리스도의 몸이라고 믿었기 때문이다. 그에게 교회와의 단절은 곧 교회 안에

아시시 마을에서 본 성 프란치스코 대성당

현존하시는 그리스도와의 단절을 의미했다. 교회는 그리스도가 죄인들을 위해 매일 죽고 세상의 악으로부터 매일 승리하는, 그리스도의 십자가와 부활의 성육신적 몸이다. 따라서 우리는 교회를 사랑하고 교회에 순종해야 한다. 그가 쓴 『유언』의 한 부분이다. "형제들은 서로 사랑해야 한다. 우리의 거룩한 성녀인 청빈을 언제나 사랑하고 지켜야 한다. 또한 거룩한 어머니 교회와 그 종(성직자)들에게 충실하고 순명해야 한다." 프란치스코는 또한 사람과 자연을 사랑했다. 그 이유는 사람은 성육신하신 그리스도와 육체적 영적으로 유사한 존재일 뿐 아니라 하나님의 형상으로 지음 받았기 때문이다.

"모든 사람은 하나님 안에서 한 형제다. 이 믿음이 프란치스코를 좁고 어두운 수도원에서 끌어내어 세계를 수도원으로 만든 힘이다."라고 리처드 포스터가 말했다. 선교는 이러한 신앙고백의 자연스런 결과로 나타났다. 프란치스코는 그의 생애 동안 이슬람을 비롯하여 많은 지역에 선교를 시도했다. 그리고 1314년에는 프란치스칸 선교사들이 당시만 해도 지구의 끝이라 여겨졌던 중국을 향해 선교를 떠났다.

반제도적이며 반권위적인 개인주의, 어지러운 포스트모더니즘의 시대에 프란치스코 영성은 우리에게 무엇을 말하는가? 우리는 어떻게 그리스도 중심적 영성을 회복하고 무너진 교회를 수축할 것인가? 프란치스코의 말대로 우리는 더 이상 다른 것을 소원하지 말고, 더 이상 다른 것을 바라지 말고, 오직 한 분 거룩하신 예수 그리스도를 전부로 삼아야 한다.(수도회규칙: 1209) 그것이 우리 신앙과 영성의 시작이고 끝이다.

14 라 베르나 산의 오상伍傷 체험

프란체스코의 몸에 피가 흐른 까닭을 묻다

라 베르나 산

성 프란치스코가 우리를 끄는 힘 중의 하나가 바로 영적 체험이다. 그는 라 베르나 산에서 교회 사상 유례를 볼 수 없는 신비한 체험을 했다. 소위 오상伍傷 체험이다. 예수님처럼 두 손과 두 발, 그리고 옆구리에 상처가 나고 실제 피가 흐른 것이다. 아시시에서 라 베르나 산까지 가는 사이 많은 생각이 스쳐갔다. 만일 프란치스코처럼 하나님의 불이 임한다면 나는 어떻게 될까? 루돌프 오토의 말대로 하나님의 불은 우리에게 매혹적이면서 또한 두려운 체험이 아닐 수 없다. 누구나 두려워하면서도 누구나 속으로 바라는 신비로운 체험. 버스 안에서 연신 두려움과 기대가 함께 섞였다.

라 베르나 산은 아펜니노 산맥의 한 부분으로 1283m에 이르는 높은 산이다. 성 프란치스코와 관련된 지역은 해발 1128m로 빼어난 경관을 자랑한다. 라 베르나 산은 원래 이 지방의 지주였던 오를란도 카타니 백작의 소유였다. 프란치스코가 이 지역을 지나갈 때 몬테펠

지오토, 〈성흔을 받는 성 프란치스코〉(1294~1304) 성 프란치스코 성당 안에 있다.
여섯 날개를 가진 스랍이 프란치스코에게 오상을 남기고 있다.

트로라는 마을에서 설교를 했는데 그 설교를 감명 깊게 들은 카타니 백작이 이 산을 프란치스코에게 선물했다. 프란치스코는 형제들을 보내어 답사하게 한 후 이 산이 기도생활에 적합하다고 판단하여 받아들였다.

라 베르나 산에 도착하면 너른 광장이 나오고 광장을 지나면 아시시 대성당과 비슷한 교회가 나온다. 몇 개의 건물을 지나 한참 올라가면 갈라진 바위가 나오는데 프란치스코가 기도하고 그리스도의 수난을 묵상하던 곳이다. 거기서 얼마 안 되는 곳에 프란치스코가 오상을 체험했던 곳이 있다. 그곳에는 13세기 말에 만들어졌다는 육각형의 대리석 표시가 있고 그 위에 고딕체로 다음과 같이 새겨져 있다. "천상의 광채가 빛났고, 새로운 태양이 빛났으며, 바로 여기에 세라핌 천사가 나타나 프란치스코에게 마음과 말과 행동으로 십자가를 지고 가기를 청하면서 그의 손과 발과 옆구리에 상흔을 박아주셨도다."

프란치스코의 기도

프란치스코가 이곳에 와서 기도를 시작한 것은 1224년 여름이었다. 그는 여기서 성 미카엘 대천사 축일을 맞이하여 40일간의 기도를 시작했다. 그가 거기서 두 손을 높이 들고 기도할 때 두 가지 빛이 그 영혼에 비추었다고 한다. 하나는 창조주를 아는 빛이요, 다른 하나는 자신을 아는 빛이다. 그가 하나님께 "주님, 나는 누구입니까?"라고 물었을 때 그는 자신의 무가치함과 비참함을 알았고, "당신은 누구시기에 이처럼 천하고 더러운 벌레를 방문하십니까?"라고 기도할 때 화염 속에 계신 하나님이 불 가운데 말씀하시는 것을 들었다.

다음 날 프란치스코는 새벽 동이 트기 전 얼굴을 동쪽으로 향하고 계속 기도하기 시작했다. "나의 주 예수 그리스도시여, 당신께 간구하오니 제가 죽기 전에 두 가지 은혜를 허락해주옵소서. 첫째는 생애 동안 제 영혼과 육체가 가능한 한 많이, 사랑하는 당신께서 당한 가장 고통스러운 수난의 고통을 느끼게 하여주옵소서. 둘째는 하나님의 아들이신 당신께서 우리 같은 죄인을 위하여 고통을 당하셨던 그 크신 사랑을 저로 하여금 할 수 있는 한 많이 느끼게 하여주옵소서." 그때 하늘로부터 불타는 여섯 개의 날개를 가진 한 스랍 천사가 내려왔다. 그 천사는 그리스도의 형상을 지녔으며 여섯 개의 날개 중 두 날개는 머리를 가리고 두 날개는 날 수 있도록 펼쳐져 있으며, 다른 두 날개는 온몸을 감싸고 있었다.

이 사건 직후 프란치스코의 몸에는 이상한 흔적이 나타났다. 그의 손과 발에는 못이 관통한 흔적이 생겼고, 못의 윗부분이 발바닥과 발등에, 못의 아랫부분은 반대쪽으로 박힌 것 같은 모양이 나타났다. 손바닥에는 안에서 볼 때는 둥글지만 반대쪽에서는 네모꼴인 흔적이 나타났다. 오른쪽 옆구리에는 창에 찔린 것 같은 네모난 상처가 나타났는데, 그 상처에서 계속 피가 흘러나와 튜닉과 속옷을 적시고 있었다. 처음에 프란치스코는 자신의 상처를 감추려고 노력했다. 그러나 시간이 지나면서 더 이상 감출 수 없게 되자 레오 형제에게만 알리고 그 상처를 돌보아주도록 부탁했다. 레오는 흐르는 피를 멈추게 하기 위해 못자국에 붕대를 감아주었다. 프란치스코의 이 체험은 이미 유명하던 그의 이름을 높여주었을 뿐만 아니라 이후 모든 세대에 신비체험의 모델이 되었다.

치마부에, 〈성프란치스코의 초상〉(1270년대 말). 두 손에 못 자국이 선명하다.

불의 하나님

프란치스코의 오상 체험은 우리에게 무엇을 말하는가? 하나님은 불의 하나님이시다. 불은 하나님의 신적 본성과 사랑의 강력한 상징이다. 아브라함은 하나님과 불 가운데 언약을 맺었고, 다른 불을 드린 나답과 아비후는 불 가운데 타죽었다. 엘리야는 바알 종교와 하늘의 불을 두고 다퉜고, 모세는 불꽃 가운데 계신 하나님 앞에 맨발로 섰다. 이사야, 에스겔은 불 가운데 임한 하나님과 스랍들을 엎드려 만났다. 그리고 사도 요한은 밧모섬에서 환상 가운데 빛난 주석 같은 인자 앞에 죽은 자처럼 엎드렸다.(계 1:15~17)

불은 교회 역사에서 하나님과의 신비로운 체험을 추구하는 모든 성도의 영적 갈망의 표상이었다. 신신학자라고 불리는 시므온(949~1022)이 그중 하나다. 그는 하나님 체험을 '빛의 도취', '불의 움직임', '내 속에 있는 불꽃의 소용돌이'라고 불렀다. 그는 성령을 하나님의 영광에서 오는 불과 동일시했다. 성령은 곧 마음의 불이다. 하나님은 불의 원천이며 사람이 하나님과 연합될 때 빛의 공유자가 된다. 그가 지은 찬송가의 한 부분이다. "나는 불길에 휩싸였네. 나는 불탔네. 내 모든 존재 불에 타고 있었네……. 그분이 갑자기 거기 계셨네. 불이 철로 나를 녹이듯이, 빛이 크리스털로 나를 녹이듯이, 그분은 나를 온통 불로 만드셨네."

거룩한 상흔

철봉이 뜨겁게 달궈지면 불이 되는 것처럼, 공기가 햇빛으로 빛날 때 조명을 받는 것처럼, 성도의 내면에 하나님의 불이 임하면 그것이 녹아서 하나님과 하나가 된다. 불은 하나님과의 신비로운 연합에 대한 강력한 상징이다. 무엇보다도 불은 우리 안에 있는 불순물을 제거한다. 금을 용광로에 집어넣으면 금은 가만히 있고 불순물만 제거되는 것처럼 하나님은 불순물이 소멸될 때까지 우리 영혼을 불속에 두신다.

기도는 바로 하나님의 불 앞에 서는 것이다. 사막 교부들의 글에 나오는 이야기다. 아바 요셉이 아바 롯에게 찾아가 말했다. "아바, 나는 내가 할 수 있는 만큼 기도와 금식, 침묵과 묵상을 하면서 평화롭게 살고, 내가 할 수 있는 만큼 내 생각을 순결하게 정화시키고 있습니다. 이제 무슨 일을 더 해야 합니까?" 아바 롯이 자리에서 일어나서 두 손을 하늘을 향해 쳐들었다. 그때 그의 손가락은 마치 화염처럼 되었다. "그대가 원한다면 그대의 몸 전체가 화염이 될 수 있소." "내가 불을 땅에 던지러 왔노니 이 불이 이미 붙었으면 내가 무엇을 원하리오."(눅 12:49) 이 불이 우리 가운데 붙었다면 얼마나 좋을까? 2000년 교회 역사는 곧 불의 역사였다. 이 불이 붙은 시대에는 하나님의 영광이 나타났고 그렇지 않은 시대에는 영적 흑암이 지배했다. 우리에게도 이 불이 있는가? 이 불로 인해 우리 안에 예수 그리스도의 거룩한 상흔이 있는가?(갈 6:17)

15 성녀 클라라

평생 가난 속에서 주님을 찬미한 인생을 들여다보다

프란치스코의 제자, 클라라

 사람이 다른 한 사람을 변화시킬 수 있다면 사람은 어디까지 변할 수 있는가? 아시시를 떠나기 전에 갑자기 이 질문이 떠오른 것은 클라라 때문이다. 프란치스코가 남긴 충성스러운 여제자 클라라를 두고 아시시를 떠날 수는 없었다. 아시시에서 프란치스코를 만났다면 클라라도 만나야 한다. 서둘러 프란치스코 대성당에서 빠져나와 길을 걷기 시작했다. 아담하고 예쁜 중세풍의 집들이 눈앞에 나타났다. 집들 사이로 난 벽돌 보도블록을 따라 계속 걸었더니 꼬무네 광장이 나타나고 미네르바 신전이 나타났다. 그곳을 지나 좁고 반질반질한 골목으로 들어섰다. 언젠가 한 번쯤 와본 것 같은 긴 골목을 지나자 드디어 작고 아담한 교회가 나타났다. 성녀 클라라를 기념한 키아라 교회다. 800년 전 이곳에서 프란치스코의 이상을 가장 강하고도 아름답게 실현했던 성녀 클라라가 살았다.

 영성의 역사에는 남성 말고도 탁월한 여성들이 많다. 빙엔의 힐데 가르트(1098~1179)는 다양한 분야에서 천재성을 발휘하며 독일 신비주의의 새벽을 열었다. 아빌라의 테레사(1515~1582)는 우리 안에 있는 내면의 성으로 그리스도를 만나기 원하는 순례자들을 안내했다. 기용 부인(1648~1717)은 이른 나이에 과부가 된 후 상상할 수 없는 핍박과 고난 속에서 그리스도를 닮은 제자의 삶을 살았다. 이블린 언더힐(1875~1941)은 신비주의 연구로, 시몬 베이유(1909~1943)는 철학자요 사회운동가이며 신비가로, 그리고 마더 테레사(1910~1997)는 인도 캘커타의 성녀로 각각의 이름을 남겼다.

클라라도 여성 영성가의 역사에서 빼놓을 수 없다. 그녀는 1193년 아시시의 한 귀족 가문에서 태어나 어머니의 신앙적 영향 가운데 믿음으로 자랐다. 그녀의 운명은 단 한 번 우연히 듣게 된 성 프란치스코의 설교로 결정되었다. 어느 날 기도하러 성 루피노 성당에 들어갔는데 성 프란치스코가 설교를 하고 있었다. 자비하신 하나님 아버지의 사랑과 인간의 타락성에 대해 프란치스코가 설교할 때 클라라에게는 하나님의 은혜에 대한 전광석화와 같은 깨달음이 임했다. 이것이 구도의 삶의 출발이었고, 그 후로 그녀는 한 번도 그 길을 떠나지 않았다.

클라라의 소명

단 한 번으로 영혼을 사로잡은 설교는 어떤 것일까? 설교의 영광이 사라진 이 시대에 설교자는 그런 영광을 다시 한 번 꿈꿔 볼 수 있지 않을까? 한 번의 설교로 죽어가는 사람을 살릴 수 있다는 사실을 안다면 어떤 설교자도 자기 길을 쉽게 포기하지 않으리라.

클라라는 그 길로 편안한 삶을 뒤로 하고 모험의 길로 나섰다. 프란치스코 성당에 도착한 클라라는 제단 앞에 무릎을 꿇었고 프란치스코는 그의 머리를 자르고 수도복에 허리띠를 해주었다. 가족들이 그녀를 붙잡으려고 달려왔지만 그녀는 제단으로 달려가 이미 밀어버린 자기 머리를 보여줌으로써 자신은 더 이상 이 세상 사람이 아님을 선언했다. 그날부터 그녀는 일생 십자가 지신 그리스도와 자신의 영원한 스승 프란치스코를 따랐다.

다만 클라라가 프란치스코와 달랐던 것은 그녀의 스승과는 달리 밀폐된 공간에서만 기도하며 살았다는 것이다. 그녀가 살았던 성 다미노 수도원은 처음부터 엄격한 봉쇄의 장소였다. 아마도 그녀는 초기 교회에서부터 있어온 봉쇄 수도원의 전승을 이어받은 것 같다. 그 속에서 그녀가 실현하고자 했던 것은 철저한 가난이었다. 그것은 가난을 부인 삼은 스승 성 프란치스코를 따르는 길이며 또한 그리스도를 모방하는 길이기도 했다.

클라라의 영성

그녀에 의하면 모든 것은 하나님께 빌려온 삶이요, 이 세상 삶은 나그네의 삶이다. '클라라 회칙' 3, 6~9에 의하면 그녀는 매일 허리를 끈으로 묶는 허름한 수도복을 입었고, 사시사철 맨발로 다녔으며, 삭발한 머리에는 흰 두건과 검은 수건을 쓰고 다녔다. 또한 1년 내내 단식도 했을 만큼 음식은 아주 간소하고 소박했다. 잠자리는 맨바닥 위의 요였고, 베개는 나무토막이었으며, 함께 자는 공동침실은 춥고

성 클라라 성당으로 가는 아시시 골목

적막했다. 그리고 잠자리는 긴 벽을 따라 일렬로 배치된 크고 누추한 방이었다. 식사는 대개 하루에 한 끼만 먹었고 주일과 성탄절에만 두 끼를 먹었다. 고기와 포도주는 언제나 금했고, 주로 빵과 채소를 먹었다. 계란이나 우유가 생기면 병자들에게 주었다.

그녀는 다른 수도자보다 훨씬 엄격하게 자신을 관리했다. 매주 월요일과 수요일 그리고 금요일에는 프란치스코가 먹으라고 명할 때까지 아무것도 먹지 않았다. 그녀의 관심은 온통 가난하신 그리스도에 대한 사랑이었다. 그녀는 그리스도가 육신적으로 가난하고 무력하게 사신 것이 인류가 영적으로 빈궁하여 영원한 가치를 빼앗겼기 때문이라고 생각했다. 그리스도는 인간에게 영적인 부요를 가져다주시기 위해 스스로 가난하게 되었다. 그러므로 영적 생활은 완전한 가난에 자신을 맡김으로써 그리스도와 자신을 일치시키는 것이다. 그리스도를 닮아가는 영성의 길은 하늘나라로 가는 좁은 문의 길이다. 그리하여 그녀는 가난을 '그리스도인의 특전'이라고까지 불렀다.

가난과 함께 하나님께 나아가는 길은 지속적인 기도의 생활이다. 클라라는 말년에 자주 탈혼 상태에 빠졌으며 특히 금요일에는 그리스도의 고통에 깊이 심취되었다. 그녀와 함께 살았던 자매들은 그녀의 기도생활에 대하여 이렇게 증언했다. "어머니 성녀 클라라는 밤낮으로 꾸준히 기도를 하셨다. 클라라 어머니는 저녁 끝기도 후 긴 시간 기도에 머물면서 눈물을 흘리며 기도를 하곤 했다."

톰마소 디 첼라노는 『성녀 클라라의 전기』에서 이렇게 쓰고 있다. "클라라의 얼굴은 눈물로 뒤범벅이 되고 눈물은 애도의 격정 때문에 마를 줄을 몰랐다. 어느 날 마귀가 그녀에게 말했다. '그렇게 너무 울면 못쓴다. 울음을 그치지 않으면 너의 뇌가 눈물로 녹아서 코로 흘러나와 코가 비뚤어질 것이다.' 이에 그녀가 재빨리 응수하였다. '주님을 아는 이는 조금도 비뚤어지는 일이 없다.' 그리고 또 울면서 기도했다."

클라라의 죽음

기도의 사람 클라라도 프란치스코가 죽은 지 30년 만에 죽음을 맞았다. 죽음이 임박한 때 클라라가 가느다란 목소리로 말했다. "나에게 그분이 보이는 것처럼 여러분도 저 영광의 왕이 보입니까?" 감동을 받은 자매들은 복받쳐 오르는 눈물을 흘리며 클라라를 바라보았다. 흐느낌이 지나간 후 짧은 침묵의 순간을 깨뜨리며 클라라가 말했다. "나를 창조하시고 구원해주시고 또 이제 나에게 영원한 생명을 주시는 주님은 찬미받으소서." 그리고 그녀는 하나님께 돌아갔다. 그때가 1253년 8월 11일 석양 무렵이었다. 그 유해가 지금 아시시의 클라라 성당에 있다.

조용히 그녀 앞에 섰다. 작은 이탈리아 마을 아시시를 베들레헴만큼이나 유명하게 만든 두 사람, 성 프란치스코와 클라라. 나도 성 프란치스코처럼 오직 주님만 따르는 제자가 될 수 있을까? 나도 성도들로 하여금 나를 닮아 주님께 헌신하는 클라라 같은 제자가 되라고 말할 수 있을까? 나는 목회자로서 프란치스코처럼 헌신적으로 주님을 따르고 클라라처럼 충성스러운 제자를 만들어내고 있는가? 아시시를 떠나오면서 두 사람의 관계가 눈물 나게 부러워서 그들처럼 되게 해달라고 간절히 기도했다.

16 피렌체의 사보나롤라

종교개혁의 새벽을 열고 피렌체 광장에 순교의 피를 쏟다

개혁의 봉화

　역사는 어떻게 변화하는가? 역사의 개혁은 영성과 어떤 관련이 있는가? 피렌체에서 이것을 묻는 것은 이곳 출신 개혁자 사보나롤라 때문이다. 사보나롤라는 누구인가? 그는 훗날 종교개혁자들이 생각한 대로 개혁의 첫 번째 봉화를 든 사람인가? 사실 오늘날의 피렌체는 이런 심각한 질문을 제기하기에는 잘 맞지 않는 도시 같다. 왜냐하면 도시 전체의 분위기가 비극적으로 죽은 15세기의 순교자를 기억하기에는 너무도 아름답기 때문이다. 그래도 억지로라도 그의 발자취를 더듬기 위해 길을 떠나면 그의 발자취는 피렌체 도처에서 발견된다.

　우선 두오모 성당이 있다. '꽃의 성모교회'라고 불리는 이 교회는 어떤 시인의 말 그대로 "도시의 한가운데 피어난 영원한 구원의 꽃"과 같다. 건축가 브루넬레스키에 의해 1420년 공사에 착수하여 1434년 완성된 이 아름다운 교회에서 사보나롤라는 피를 토하며 피렌체 시민을 향하여 죄로부터 벗어나 하나님을 경외하는 아름다운 성시를 이루자고 호소했을 것이다.

사보나롤라가 피렌체 시민의 회개를 촉구하며 설교했던 두오모 성당

피렌체 광장

발걸음을 옮기면 지금은 시청사로 사용되는 몬테 베키오 궁전이 있고 그 옆에 시노리아 광장이 나온다. 피렌체의 역사가 한눈에 녹아 있는 곳이다. 이 광장에서 가장 먼저 만난 사람은 코시모 1세의 동상이다. 메디치 가문의 일원으로 피렌체를 중심으로 토스카나 대공국을 이룬 군주다.

그 우람한 동상 바로 옆에 작고 초라한 사보나롤라의 화형터가 있다. 사보나롤라는 이곳에서 1498년 5월 23일, 한때 그의 열렬한 팬이었으나 훗날 무서운 적대자로 돌아선 성난 피렌체 군중들이 지켜보는 가운데 화염 속에서 순교했다. 그리고 그의 뼈는 광장 옆을 가로지르는 아르논 강에 산산이 뿌려졌다. 그의 화형터 앞에 잠시 서서 물었다. 개혁은 무엇인가? 그리고 역사는 무엇으로 바뀌는가? 사보나롤라는 훗날 칼뱅이 제네바에서 했던 것처럼 피렌체를 하나님이 통치하는 모범적인 복음 국가로 만들려고 했을 것이다.

당시 피렌체는 유럽 르네상스의 중심이었다. 이곳에서 르네상스의 3대 거장인 레오나르도 다빈치, 미켈란젤로, 보티첼리가 자신의 전성기를 바쳤으며,『신곡』을 쓴 단테와『군주론』을 쓴 마키아벨리도 이곳에서 활동했다. 이 무렵 피렌체에서 가장 영향력이 큰 가문은 메디치Medici 가였다. 메디치 가문은 13세기에 금융업으로 이름을 날렸고 그로 인해 막대한 부를 쌓았다. 14세기에 이르러 메디치 가문은 정치 쪽으로도 영향력을 넓혀 살베스트로가 처음으로 피렌체의 지도자가 되었고 뒤를 이은 조반니가 정치적 입지를 크게 넓혔다. 그리고 그의 아들 코시모에 이르러 영토는 크게 확장되고 드디어 최초의 피렌체 왕국으로 선포된다.

메디치 가문

그러나 세속의 역사에는 반드시 어떤 공식이 있는 것이 아닌가 하는 생각이 든다. 돈은 정치권력과 결탁하고 결국 권력 중에서도 최고인 종교권력과 야합한다는 공식이다. 불행하게도 메디치 가문에 이것은 정확하게 적용된다. 메디치 가문은 결국 세속권력과 함께 종교권력을 장악하였고 그 열매는 그 가문이 배출한 두 명의 교황 조반니와 알레산드로를 통해서 나타난다. 조반니는 훗날 교황 레오 10세가 되었고, 알레산드로는 교황 클레멘스 7세가 되었다. 메디치 가문이 역사에 아무런 유익도 남기지 않은 것은 물론 아니다. 르네상스의 예술을 후원하고 진작시키는 데 있어서 메디치 가문보다 더 큰 공을 세운 가문이나 권력도 없다. 미켈란젤로, 라파엘 등을 후원한 결과 현재 우피치 미술관에 남겨진 수많은 미술 작품들은 메디치 가문의 지원에 힘입은 것들이다.

사보나롤라가 피렌체의 산 마르코 수도원에 파견된 것은 메디치 가문의 권력이 정점으로 치닫던 바로 그 무렵(1481년)이었다. 그는 부임하자마자 대담하게도 교황과 교회의 부패를 공격하기 시작했고 메디치 가문의 세속적 통치도 강하게 공격했다. 그리고 부자의 교만과 사치 그리고 음란과 방탕함을 강하게 질타했다. 사회적인 도덕을 세우자고 주장하며 경건한 수도생활을 개혁의 방향으로 제시한 사보나롤라에게 민중들은 어두운 중세를 비추는 떠오르는 샛별이었다. 가난과 권력에 눌린 민중들은 여름 한 나절의 소나기 같은 환호를 그에게 보냈다. 그 환호는 1494년, 프랑스 왕 샤를 8세가 이탈리아를 침공하여 사보나롤라가 평민들과 함께 그들을 용감하게 물리쳤을 때

피렌체의 종교개혁을 이끈 사보나롤라

절정에 달했다.

 마침내 수도원장 사보나롤라는 피렌체의 최고 정치적 지도자가 되었다. 1497년 사보나롤라는 강력한 종교개혁을 선포하면서 시 광장에서 보석과 의복 등 화려한 것들과 풍기를 문란케 하는 서적들을 수거, '허영의 화형식'을 가졌다. 그는 세속적인 음악을 금지하고 성가를 보급했으며 행정과 조세 개혁을 단행했다. 그중에서도 가장 강력하게 공격한 대상은 교황 알렉산더 6세였다. 그는 자식을 다섯이나 둔 세속적인 교황으로 자신의 목적을 위해서라면 어떤 수단과 방법도 가리지 않던 인물이었다. 교황은 군중의 인기가 하늘을 찌르는 사보나롤라를 어떻게 복종시킬까 노심초사하다, 설교하지 말도록 지시하기도 하고 다른 방법으로 회유하기도 했으나 사보나롤라의 태도는 확고했다. 추기경 자리로 유혹하는 교황에게 그는 이렇게 선포했다. "내가 원하는 것은 추기경의 붉은 모자가 아니라 오직 교회의 머리이신 주님께서 주신 바, 순교의 피로 물든 붉은 모자입니다."

결국 교황은 반대 무리의 선동을 들어주는 교묘한 방식으로 사보나롤라를 파문했고 화형에 처했다. 그에게 화형이 선고되자 이제껏 그를 지지했던 사람들은 적대자로 돌변했고 사보나롤라는 군중들의 야유와 함께 그가 예언한 대로 순교의 붉은 피를 피렌체 바닥에 쏟았다.

사보나롤라의 개혁

사보나롤라는 어떻게 개혁했는가? 무엇보다 그는 당대에 보기 드문 용기의 사람이었다. 피렌체의 작은 수도원장이 당대 최고 권력의 교황을 상대로 과감하게 교회의 부패와 오류를 지적한 것은 대단한 용기가 아닐 수 없다. 그것은 죄를 지적하는 용기와 함께 자기도 그렇게 사는 용기, 그것을 위하여 자신을 희생하는 용기도 포함한다. 그런 점에서 사보나롤라는 루터가 말한 대로 프로테스탄트 최초의 순교자인지 모른다.

그러나 강압으로 거룩해질 수 있을까? 그 개혁이 영적인 개혁이 되고 사람을 살리는 개혁이 되기 위해서 다만 힘으로 밀어붙인 개혁만으로 충분한가? 거룩은 오스왈드 챔버스의 말대로 단순히 예수님을 모방하는 것이 아니라 예수님의 완전함이 나의 부패한 육체를 통해 나타나는 것이다. 그렇다면 예수로 덧입혀지지 않은 어떤 정치적 개혁이 진정으로 세상을 변화시킬 수 있을까? 그것은 시청광장 앞에서 '허영의 화형식'을 통해서 이루어지는 것이 아니라 그리스도 안에서 자신을 십자가에 못 박는 일을 통해 일어날 것이다.

그러나 도랑이 흐르기 시작하면 강도 흐른다는 자연의 원리도 사실이다. 사보나롤라의 개혁은 존 위클리프(1302~1384)와 요한 후스(1369~1415)로부터 흘러 루터로 이어지는, 그 시대의 거센 도랑소리였다. 새벽은 어느 날 갑자기 오는 것이 아니다. 오랜 시간 길고 어두운 밤과 싸워서 마침내 오는 것이다. 사보나롤라도 역사의 어둠과 싸워 개혁의 새벽을 열었던 개혁의 세례 요한이었다.

17 떼제 공동체 I. 침묵

침묵은 단순히 '말 없음'이 아니라 '말씀 채움'이다

떼제로 가는 길은 멀고 힘들었다. 사람들에게 묻고 물어 프랑크푸르트에서 고속철도인 떼제베TGV를 탔다. 파리까지 4시간 걸렸고 파리 동역에서 리옹 역까지 택시로 15분 걸렸다. 리옹 역에서 다시 떼제베로 갈아타고 마콩에서 내린 후 무거운 가방을 들고 허름한 시골버스 뒷좌석에 앉을 때까지 정말 아무 생각도 없었다.

낯선 이국땅의 정취를 즐기는 것은 그만두고 우선 당장 길 잃어버리지 않는 것이 나에겐 시급한 일이었다. 버스가 도착하자 어디선가 많이 본 듯한 목가적 풍경이 눈앞에 펼쳐졌다. 정겨운 종소리가 뎅그렁거리는 언덕에 들어서자 떼제는 멀기도 하고 가깝기도 하다는 생각이 들었다. 분명 길은 멀었지만 마음은 가까웠다. 처음 왔지만 언젠가 와 봤을 것 같은 마음의 고향, 떼제가 가깝다고 느낀 이유는 또 있었다. 창시자 로제 수사 때문이다.

로제 수사

　로제 슈츠Roger Schutz는 1915년 스위스의 뇌샤텔 근처 프로방스라는 작은 마을에서 개혁교회 목사인 아버지와 프랑스인 어머니 사이에서 태어났다. 그 아버지 역시 로제가 어렸을 때 가톨릭교회에서 기도할 만큼 에큐메니컬한 사람이었다. 로제가 교파를 초월한 화해의 공동체를 만들었지만 그 자신 역시 개신교 출신이라는 것이 왜 그렇게 안심이 되고 자랑스러운지…….

　로제는 제1차 세계 대전과 러시아혁명 이후의 허무주의와 패배주의에 젖은 유럽의 영성적 기후 아래 자랐다. 폐결핵으로 요양하던 중 강력한 하나님의 소명을 받았다. 유럽의 평화와 갈라진 그리스도인의 화해를 위해 아주 작은 공동체를 이루는 것이었다. 오랜 기도와 준비 끝에 25세의 나이로 로제는 스위스를 떠나 전쟁으로 고통 받는 프랑스로 갔다. 공동체를 시작할 집을 찾던 중 고도古都 클뤼니Cluny에 도착했고 근처에 집 하나가 났다는 말을 듣는다. 자전거를 빌려 타고 두리번거리다가 폐허처럼 버려진 집에 들어가 할머니에게 먹을 것을 구했는데 할머니가 음식을 주고 잠자리도 제공했다. 다음 날 길을 떠나려고 집을 나설 때 할머니가 한 말이 로제의 영혼에 부딪혔다. "젊은이, 여기에 머물게. 우리는 너무 가난하고 외롭다네." 그날 로제는 이 말을 하나님의 음성으로 들었다. 그리고 근처에 집을 사 혼자서 기도하며 살기 시작했고 피난민들, 특히 유대인들을 맞이했다. 그 마을의 이름이 떼제였다.

　몇 년 뒤 첫 형제들이 동참했다. 떼제의 생활은 성찰과 나눔의 시간, 매일 세 번의 공동기도 참석, 생활에 필요한 실제적인 노동 등으

떼제 공동체로 들어가는 입구. 종의 모습이 정겹다.

로 이루어진다. 그중에서 가장 중요한 시간은 하루 세 번 드리는 공동기도(예배) 시간이다. 무슨 일을 하다가도 기도 시간이 되면 사람들은 일손을 내려놓고 교회로 모인다. 아침 기도는 8시 15분, 낮 기도는 12시 20분, 저녁 기도는 8시 30분에 시작된다.

떼제의 예배

기도회에서 떼제의 수사들은 한 가운데 흰 기도복을 입고 앉고 그 좌우에는 세계 각국에서 온 수많은 방문객들이 앉는다. 약 40분간 진행되는 예배는 찬양과 성경봉독(각 나라말로), 중보기도, 마침기도 등으로 이어지는데 그 중심에 침묵기도가 있다. 침묵은 8~10분 진행된다. 얼마나 침묵이 중요한지 아예 예배 때마다 입구에 침묵Silence이라고 쓴 표지판을 든 사람들이 서 있다. 예배 때 소란하거나 사진을 찍으면 즉시 달려와 제지한다. 침묵은 떼제에 흐르는 기본적인 영적 분위기다. 소음은 현대인을 이루는 가장 필수적인 요소다. 오늘날의 사람들은 휴대전화 없이 하루도 살 수 없다. 특히 서구 사회에서 침묵은 낯설 뿐 아니라 삶의 방해요소이기도 하다. 부지런히 말하고 설득해야 성공하는 세상에 스스로 말을 중단한다는 것은 성공을 포기한 것과 같다.

떼제의 침묵은 예배시간에만 있는 것이 아니다. 성 에티엔 샘이라는 정원은 그야말로 침묵의 섬이다. 이곳은 침묵하기 원하는 사람들을 위해 하루 두 번 개방한다. 아름다운 숲이 있고 오솔길이 있다. 계단을 따라 내려가면 작은 못이 있고 다리가 있다. 사람들은 여기저기

눕거나 걸으면서 침묵으로 기도한다. 침묵은 처음에는 답답하지만 적응될수록 자유롭다. 길게 자신을 변호하거나 장황하게 자신을 광고할 필요가 없기 때문이다. 몇 시간 동안 침묵하며 앉아 있을 때 테레사의 말이 떠올랐다. "기도는 침묵으로 시작한다. 기도를 하려면 우선 들을 줄 알아야 한다. 하나님은 고요한 마음을 가진 사람에게 말씀하기 때문이다." 테레사의 말이 이어진다. "정말 중요한 것은 우리가 하는 말이 아니라 하나님이 우리에게 또 우리를 통하여 하시는 말씀이다. 나는 그분을 바라보고 그분은 나를 바라보는 것이 가장 완전한 기도이다."

침묵의 의미

토머스 머튼이 『묵상의 능력』에서 말한 대로 성스러운 태도는 본질상 묵상적이며, 세속적인 태도는 본질상 활동적이다. 활동이 잘못되었다는 것이 아니라 내가 활동해야 세상을 살아갈 수 있다는 생각의 기초가 본질적으로 기독교적이 아니라는 말이다. 우리에게 여전히 활동은 필요하지만 우리의 활동이 하나님의 활동을 대신한다고 믿어서는 안 된다. 그런 점에서 기독교는 본질적으로 묵상적이다. 그러나 침묵을 위한 침묵은 묵상적인 것도 아니고 기독교적인 것도 아니다. 그것은 마치 근육을 위해 근육을 만드는 운동선수와 같다.

침묵을 위해 침묵하는 것을 머튼은 정적주의Quietism라 불렀다. 정적주의는 침묵의 형태를 띠고 있지만 그 안에 하나님이 없기 때문에 불교의 선禪과 비슷하다. 정적주의는 마음의 중심에 하나님을 배제하고 고독한 인간으로 서는 것이다. 정적주의는 자기를 비우기는 하지만 비움의 목적은 하나님으로 채우기 위함이 아니다. 침묵은 다만 비우는 상태가 아니라 하나님으로 충만한 상태다. 하나님 없이 무기력한 영적 진공상태로 남아 그 중심에 자기가 자리한 상태를 성경은 침묵이라 부르지 않는다. 정적주의의 근본은 자기 사랑(自愛)이요, 침묵의 근본은 하나님 사랑이다. 정적주의는 하나님과 분리된 공간 안에 자기가 사는 것이고, 침묵은 하나님과 연합된 상태로 그리스도가 사는 것이다. 하나님과의 연합이 성경적 침묵이냐 아니냐의 시금석이 된다. 침묵은 본회퍼의 말같이 다만 말 없음이 아니라 말의 성찬, 말의 넘침이다. 영혼 깊숙한 곳에 들려오는 하나님의 세미한 음성이다. 침묵은 또한 무언 이상의 삶의 태도이다.

로제 수사가 즐겨 사용했던 말 중에 잠정적이란 말이 있다. 잠정적인 것의 반대는 항구적인 것이다. 우리는 이 세상에서 항구적인 것을 좋아한다. 그러나 영적인 삶에서 가장 잠정적인 것이 가장 항구적인 것이요, 가장 불확실한 것이 가장 확실한 것이다. 침묵은 말없이 하나님의 잠정성을 받아들이는 삶의 고요한 태도이다. 침묵은 말없이 하나님의 불확실성을 받아들인다. 그래서 떼제에 화해의 교회를 확장하면서 지은 공간은 콘크리트로 짓지 않았다. 언제나 허물 수 있고 언제나 증축할 수 있는 임시적인 칸막이로 지었다. 부분이 모이면 전체가 되고 전체도 언제나 부분이 될 수 있는 것, 그것이 잠정성이다.

떼제 공동체 여기저기에 '침묵' 표지판이 있다.

침묵을 배우자

우리에게 침묵은 가능한가? 특히 개신교 전통을 가진 우리는 침묵을 못 참는 경향이 있다. 실제 떼제에서 처음 몇 시간은 예배 때마다 졸았다. 침묵이 너무 길고 지루했기 때문이다. 그러나 우리가 침묵에 생소한 것은 우리가 다른 방식으로 기도하기 때문이 아니라 내 방식대로 기도했기 때문이다. 우리는 기도할 때 하나님께 기도한다고 하지만 나를 향해 기도한 적이 많다. 또한 은혜를 베푸시는 하나님보다 내 기도에 더 열심일 때가 많다. 그것이 통성기도라면 그것은 사실 기도가 아니다. 기도는 하는 데 힘만 들고 하나님의 음성은 들리지 않는다면 내 기도가 하나님께 나아가는 수단인지 기도 자체가 목적인지를 생각해보아야 한다. 기도를 도구로 삼지 않고 목적 삼을 때 하나님의 음성을 들리지 않는다. 기도 자체에 '올인'하다가 기도의 목적을 잃어버릴 때도 있다. 마치 부모보다 부모가 주는 선물에만 관심하는 아이에게 부모의 음성이 들리지 않는 것과 같다. 하나님은 언제나 우리를 도우시지만 우리가 호출하면 언제나 달려오는 파출부가 아니다. 『주님은 나의 최고봉』에서 오스왈드 챔버스가 말한 대로 우리는 자기 열심에 겨워 하나님을 잃어버리는 불쌍한 기도자가 되어서는 안 된다.

기도할 때 하나님의 음성이 들리지 않는 이유는 하나님 앞에 자신을 있는 대로 드러내지 않고 자신을 착한 존재로 포장했기 때문이다. 다윗처럼 "내 죄가 항상 내 앞에 있나이다." 하고 말해야 한다. 침묵기도는 이런 점에서 자신을 있는 대로 드러낸다. 소리소리를 지르며 자신의 존재를 과장할 필요도 없다. 자신은 다만 기도만 할 뿐이지 응답하는 존재는 아니라고 굳게 믿어야 한다. 침묵기도는 기도의 모든 인간적 요소를 내려놓고 하나님의 음성을 듣는 기도이다. 기도에서 중요한 것은 내 말이 아니라 하나님의 음성이기 때문이다. 그리고 서로 사랑하면 말이 필요 없다. 침묵은 사랑하는 사람끼리 나누는 사랑의 밀어密語이다. 침묵은 하나님을 신뢰하고 사랑할 때 가능하다. 그리고 우리가 침묵하면 하나님은 더 자주 말씀하신다.

18 떼제 공동체 Ⅱ. 찬양

침묵은 단순히 '말 없음'이 아니라 '말씀 채움'이다

영혼의 찬양

　영혼을 울리는 찬양은 어떤 것일까? 예배가 하나님의 쉐키나에 들어가는 것이라면, 찬양은 그 쉐키나 속에서 들려오는 하늘의 음성이다. 우리의 영이 속에서 간절히 바라는 것은 가슴을 적시는 임재의 예배가 아닐까? 그 가슴 절절한 예배를 단 한 번이라도 드릴 수 있다면 우리의 혼은 독수리같이 날개 치며 하늘을 날 것이다. 떼제의 생명력은 예배에 있다. 하루 세 번 드리는 예배는 세상의 모든 것을 내려놓고 하나님께 달려가고픈 거룩한 기대를 갖게 한다. 떼제 예배는 곧 찬양의 예배다. 예배 속에 찬양 프로그램이 있는 것이 아니라 예배가 곧 찬양이요, 찬양이 곧 예배다.

　먼저 예배는 묵상적인 분위기가 담긴 찬양 한두 곡으로 시작한다. 그런 다음 시편을 찬양한다. 한 사람 혹은 두 사람이 시편을 한 구절씩 읽거나 아니면 독창으로 노래한다. 그러면 모두가 "할렐루야"라고 응답한다. 찬양하는 사이에 몇몇 사람이 촛불을 손에 들고 미리 준비된 등잔이나 촛대에 가서 불을 붙인다. 그 불은 침묵 가운데 타올라 그리스도의 영원히 꺼지지 않는 사랑을 상기시킨다.

그런 다음 성경을 읽는다. 성경 구절은 주로 긴 설명이 필요 없을 만큼 짧고 쉬운 것으로 택한다. 말씀을 읽은 후 묵상의 노래를 하나 부른다. 그리고 침묵기도가 시작된다. 찬양은 침묵으로 이어지고 침묵은 찬양을 낳는다. 마치 어린아이가 엄마에게 몸을 맡기듯 침묵은 예배자를 하나님의 품에 안기게 한다. 침묵은 찬양을 깊게 하고 찬양은 침묵의 샘에서 더 맑아진다. 침묵은 곧 청원의 기도(혹은 중보기도)로 이어진다.

한두 사람이 돌아가면서 청원(중보)의 기도를 드리면(주로 수사들) 사람들은 "주여, 들어주소서."라고 응답한다. 청원의 기도가 끝나면 사람들은 각자 마음에서 나오는 자유로운 기도를 드린다. 물론 이 기도는 하나님을 향해 드리는 짧은 마음의 기도이다. 하나의 기도가 끝날 때마다 사람들은 "주여 자비를 베푸소서(키리에 엘레이손).", "주여, 들어 주소서." 등으로 응답한다.

찬양의 예배

우리 예배와 비교하면 떼제의 예배는 몇 가지 특징이 있다. 우선 예배의 중심이 설교가 아니라 찬양이라는 것이다. 설교는 성경읽기와 침묵기도가 대신한다. 성경은 수사석 뒤편의 연단에서 읽고 성경을 읽을 때 사람들은 그쪽으로 몸을 돌려 하나님의 음성을 경청한다. 주로 프랑스어, 독일어, 영어로 읽고 가끔 다른 나라의 언어로도 읽

촛불을 밝히고 드리는 떼제의 저녁 예배

지만 본문은 그다지 길지 않다. 왜냐하면 본문의 양이 너무 많으면 충분히 묵상하기 어렵기 때문이다.

떼제 찬양에는 떼제만의 독특한 아름다움이 있다. 가톨릭 미사곡이 중후하지만 너무 무겁다면 개신교 찬양은 자유스럽지만 조금 가벼운 느낌이 있는데, 떼제 찬양은 이 양 극단을 보완했다. 초기에는 프랑스 작곡가 자크 베르티에Jaque Berthier가 대부분을 작곡했다. 베르티에가 곡을 쓰면 공동체 안에서 먼저 불러보고 익숙해지면 공식적인 찬양으로 올렸다고 한다. 떼제 찬양은 단순하다. 대부분 한두 소절의 반복이요, 내용은 물론 성경적이다. 찬양의 내용은 주로 '경배Adoration'이다. 인간의 요구를 위한 찬양은 거의 없다. '키리에', '할렐루야', '글로리아' 등 직접 하나님을 찬양하는 내용이 대부분이다.

떼제 찬양은 오직 하나님께만 드려지는 찬양을 지향한다. '하나님에 대한' 찬양과 '인간을 위한' 찬양에 익숙한 사람들은 순전히 '하나님을' 찬양하는 찬양에 잘 적응하지 못하지만 점차 그 속에서 하나님의 깊은 임재를 체험한다. 그렇다, 하나님을 향해 직접 말하는 찬양이 우리에게 필요하다. 떼제 찬양은 반복한다. 찬양을 반복하는 이유는 처음에 가사가 주로 프랑스어나 라틴어로 되어 있기 때문에 외국인에게 도움을 줄 목적으로 그렇게 했다고 한다. 그러나 시간이 지나면서 반복이 찬양에 도움이 되고 반복 자체가 찬양의 본질임을 알면서 한 곡을 보통 대여섯 번, 아니 스무 번 이상 부른다. 처음에는 진부하게 느끼지만 같은 내용을 반복하면 가사의 내용이 화선지에 먹물이 배듯 심령에 배어와 자기도 모르게 눈물이 쏟아진다. 그것은 분명 여러 가지 다양한 찬양을 많이 불러야 좋은 찬양이라고 인식하는 우리의 찬양과는 다르다.

우리의 찬양은 가사가 갖는 깊은 영적 의미보다 찬양의 감성적 선율에 더 지배를 받는 경향이 있다. 그러나 떼제 찬양은 기교가 없고 단순하다. 일체의 당김음, 가성도 없다. 선율은 서양의 이지적 선율도 아니며 동양의 구슬픈 가락도 아니다. 고도의 절제된 균형미와 축제의 기쁨이 배합된 노래로, 감성적 파토스Pathos를 뛰어넘어 영혼을 해방시키는 깊은 영성의 경지에 이른다. 우리의 찬양에서 흔히 발견되는 고양된 감정, 자기 연출, 의도적 기획 등을 볼 수 없다. 소란스러운 악기 연주를 통해 공연 분위기를 조성하는 것도 물론 없다. 조용한 것이 반드시 경건한 것은 아니며, 시끄러운 것이 반드시 경건하지 않은 것은 아니지만 일단 시끄러우면 집중이 안 되는 것도 사실이다.

찬양의 의미

우리는 보통 예배를 두 종류로 나눈다. 경건한 예배와 축제적인 예배다. 전통적인 예배는 경건성을 지향하고 현대적인 예배는 축제성을 지향한다. 두 예배의 차이는 예배신학의 차이는 물론, 하나님 성품의 차이에서 나온다. 경건성을 지향하는 예배는 초월적인 하나님, 즉 하늘 높은 보좌에 앉아 계신 크고 두려우신 하나님을 강조하고, 축제성을 지향하는 예배는 내재적인 하나님, 즉 우리와 가까이 함께 하시며 친밀하신 하나님을 강조한다. 나이든 세대는 주로 경건성이 익숙하지만 젊은 세대는 축제성에 익숙하다. 그래서 교회마다 어떤 예배는 경건한 전통예배, 어떤 예배는 현대적인 축제예배로 구분하기를 좋아한다.

떼제 찬양을 배우는 시간. 오후에 원하는 사람들이 모여 배운다.

이러한 모습들은 예배의 다양성을 추구하고 예배자들의 기호를 만족시킬 수는 있을 것이다. 그러나 그러한 인위적인 구분이 예배를 받으시는 하나님의 입장에서 어떤 의미가 있을까? 그것이 예배를 드리는 예배자들에게는 유익이 있을지 모른다. 그러나 우리가 그렇게 함으로써 예배를 수요자 중심의 상품으로 전락시키는 것은 아닌가? 과연 예배자가 좋아하는 예배를 드린다는 의미가 하나님께 무엇일까?

떼제 찬양은 특별한 사람에 의해 지배되지 않는다. 지휘자도 없고 앞에 나가서 특송을 부르는 사람도 없다. 청중을 감동시키는 특별 연주나 찬양자도 없다. 이름 있는 성악가의 특별출연도 물론 없다. 모든 회중이 십자가나 성화, 제단 쪽을 바라보고 함께 찬양하며 선창자도 회중 가운데 있다. 처음 예배에 참석한 사람은 인도자가 없음에도 불구하고 일사불란하게 예배를 드릴 수 있는 것에 신기해한다. 찬양의 형태는 거의 유니송이고 대부분은 4부 합창 혹은 윤창으로 부른다. 물론 좋은 예배를 위해서 떼제는 매일 오후 자원자들을 중심으로 찬양을 배우도록 한다.

하나님께 드리는 예배는 중요한 만큼 잘 준비되고 기획되어야 한다. 그러나 예배를 기획하면서 우리의 예배가 점점 생명력을 잃어가는 것은 아닐까? 혹시 우리는 예배의 영성보다 예배의 감성을, 모두의 예배보다 특별한 사람의 예배를, 예배 속에 임재하는 하나님의 쉐키나보다 예배를 위한 인간적 준비를 더 중요하게 여기지 않는가? 한국교회 예배, 떼제가 그중 한 대안이다.

떼제 공동체 Ⅲ. 환대
세상의 모든 나그네와 이야기 나누다

떼제의 나그네들

떼제가 주는 은혜는 거기 모인 사람들이 모두 환대받는다고 느낀다는 것이다. 떼제에 있는 사람들은 소수의 수사들을 제외하고 모두가 나그네들이다. 많을 때는 매주 5천 명까지 오고 1년에 10만 명이 온다. 매주 토요일 저녁, 주일 오후는 오는 사람, 가는 사람으로 북새통을 이룬다.

내가 만난 스웨덴 거주 한인 이숙일 씨도 스웨덴의 스톡홀름에서 버스로 33시간이나 걸려 왔다고 한다. 이곳을 찾는 사람들의 국적은 프랑스, 독일, 영국, 이탈리아를 비롯, 전 유럽을 망라한다. 유럽은 말할 것도 없고 미국, 아시아, 아프리카 등 전 세계에서 온다. 떼제의 은혜는 거기 모인 사람들이 서로 나그네이면서 마치 오랫동안 함께한 형제와 같다는 데 있다. 처음 만나도 어디선가 많이 본 사람인 듯 한 번 보고 싱긋 웃기만 하면 금방 친구가 된다.

왜 처음 만난 사람끼리 그렇게 가깝게 느끼는 것일까? 떼제에서는 이곳에 여러 번 왔다는 사람들을 많이 만난다. 매년 가족과 함께 온다는 사람도 있다. 그래서 왜 그렇게 자주 오느냐고 물으면 공통된 대답이 있다. "잘 모르겠지만 환영받는다는 느낌 때문인 것 같아요." 누가 떼제에서 환영하는가? 누가 떼제의 주인이고 나그네인가? 모두가 나그네이다. 그럼에도 불구하고 환영받는다고 느낀다면 그 실체가 무엇일까? 우선 환대의 중심에 수사들이 있다. 수사들은 기도 외에 나그네를 섬기는 일이 그들의 중요한 사역인 것처럼 산다. 이들이 나그네들을 섬기는 방식 중의 하나가 그들의 이야기를 들어주는 것이다.

나그네의 행복

매일 저녁예배가 끝나면 사람들은 수사들 앞에 선다. 그들은 무슨 이야기를 나누는 것일까? 분명 시간으로 보아 길고 복잡한 이야기를 나누지는 않을 것이다. 그러나 한 가지는 분명하다. 그들 인생에 관한 이야기를 나눌 것이다. 인생의 본질적인 질문에서부터 내일 아침부터 시작할 인생의 실제적인 여정에 관한 이야기 말이다. 젊은이는 아마도 자신의 불확실한 미래에 대해, 나이든 사람은 아마도 자신이 처한 어떤 영적 상황에 대해 물을 것이다. 그렇다고 수사들이 길게 답변해주는 것 같지는 않다. 머리에 손을 얹고 안수해주지도 않는다. 그들은 그냥 들어줄 뿐이다. 기껏해야 손을 잡아주거나 어깨를 토닥여준다. 그러면 그다음 날 나그네들은 조금 더 밝은 얼굴로 자기 길로 떠난다. 길을 가면서 길을 물을 수 있다면 얼마나 행복할까? 나그네 길에서 누군가가 내 이야기를 들어줄 수 있다면 얼마나 든든할

제네바, 초교파로 드린 떼제 화해와 일치의 예배

까? 사람들이 교회를 찾는 이유가 그것이 아닐까?

그렇다. 신앙의 길은 순례의 길이다. 그것은 천국까지 가는 은혜의 길을 걷는다는 일반적인 순례의 의미 이상의 순례의 길이다. 신앙이란, 언제나 익숙한 길만 가고자 하는 우리 자신에게 익숙한 길을 떠나 최상의 길을 걷게 하는 순례의 길이다. 신앙은 천국이라는 목적지를 향해 가지만 다만 목적지에 도착하기 위해서가 아니라 목적지에 이르는 길고 긴 과정을 더 많고 즐기고 간다는 점에서 순례의 길이다. 낯선 곳에서 새로운 것을 보기 위해 떠난다는 의미의 순례가 아니라 낯선 곳이든 익숙한 곳이든 새롭게 보기 위해 길을 떠나는 순례의 길이다.

교회, 나그네의 집

신앙이 순례의 길이라면 교회는 나그네의 집이다. 순례의 집에 필요한 것은 나그네를 위한 정성스러운 환대와 그들의 허기를 채울 떡과 생수다. 지금도 이스라엘 유다 광야의 베두인 촌에 가면 베두인들이 이렇게 환영한다. "알란 왈 살란(당신은 우리의 가족입니다)." 그리고 차와 요구르트와 양고기를 내놓는다. 옛날 예루살렘에서는 지나가는 나그네를 대접하기 위해 집에 깃발을 꽂아둔 집이 있었다. "음식을 준비했으니 와서 먹으시오."라는 뜻이다.

교회는 광야의 피곤한 나그네들을 향해 지붕 위에 높이 깃발을 꽂고 "여기 음식이 있으니 아무나 오시오."라고 말할 수 있어야 한다. 교회는 세상을 위하여 언제나 식탁을 준비해야 하며 먹고자 하는 자에게 거절하지 말아야 한다. 교회는 마치 『천로역정』에 나오는 '뷰티풀 저택'과 같다. 피곤한 크리스천이 고개를 넘었더니 크고 아름다운 집이 나타났다. 뷰티풀 저택이었다. 문을 두드렸더니 주인이 나와 반갑게 영접했다. 곧이어 신중, 경건, 분별, 자선의 이름을 가진 아가씨들이 나왔다. 그들은 크리스천에게 최선의 대접을 하며 고된 나그네의 길에서 피곤에 지친 그의 여독을 말끔히 씻어주었다. 새벽녘까지 깊이 자고 일어난 크리스천이 만족해서 이렇게 노래했다. "여기가 어디인가? 나그네 같은 인생을 위해 베푸시는 예수님의 사랑과 보살핌이 가득한 곳, 주님이 예비하신 그 곳, 죄를 용서받은 이 몸, 이미 천국 문턱에 사네."

이것이 바로 교회다. 우리가 교회에서 중요하게 생각하는 자원들은 나그네를 환대하고 사랑하기 위해 있다. 유진 피터슨이 히브리서 13장 1~3절을 『메시지 성경』에서 이렇게 풀었다. "사랑이 붙드는 가운데 서로 화목하게 잘 지내십시오. 필요에 따라 식사와 잠자리를 준비해 두십시오. 어떤 사람들은 자기도 알지 못하는 사이에 천사들에게까지 환대를 베풀었습니다." 탈무드도 환대의 정신을 이렇게 말한다. "손님을 대접하는 일은 회당에 공부하러 가는 것보다 낫고 나그네를 구제하는 것은 성전에서 예배하는 것보다 낫다."

교회가 나그네의 집이라면 목회자는 마치 나그네를 맞이하는 사마리아 여관의 주인과 같다. 떼제의 환대의 중심에 수사들이 있지만 그렇다고 수사들만 환대하는 것은 아니다. 떼제의 환대의 조금 더 깊은 곳에는 떼제의 기본정신인 화해가 있다. 떼제의 창설자 로제의 마음에 불탔던 것은 화해의 정신이다. 그는 제2차 세계 대전 이후 분열된 교회, 분열된 사회를 살면서 이 화해의 필요성을 절감했다. 그의 마음이 있었던 것은 분열된 개신교, 가톨릭, 정교회를 형제로 품고 분열된 유럽을 치유하고 싶은 갈망이었다. 심지어 그는 그의 집에 유대인까지 숨겨주었다.

화해의 교회

그래서 떼제 대예배당의 이름도 '화해의 교회'다. 이 교회는 1962년 독일의 '쉬넨 차이넨(화해의 표징)'이라는 기관이 보낸 기금으로 지어졌다. 교회당 밖에는 네 나라의 언어로 이렇게 쓰여 있다. "여기 들어오는 모든 이가 화해하게 하소서. 아버지와 아들이, 남편과 아내가, 신자와 불신자가, 갈라진 그리스도인 형제들이 서로 화목하게 하소서."

떼제 공동체의 정신은 화해와 일치다. 떼제의 환대 정신은 바로 화해의 정신에서 오는 것이다. 그래서 떼제 규칙에는 이런 말이 있다. "우리가 맞이하는 손님은 곧 그리스도다." 왜 그렇게 많은 사람들이 떼제를 찾는가? 왜 그렇게 많은 젊은이가 떼제로 몰리는가? 분열과 갈등 속에 사는 세상의 상처 속에서 화해와 환대가 필요한 것이다. 그렇다. 우리는 교회의 다양성을 인정해야 한다. 우리 교회, 우리 교단, 우리 신학이 중요한 것이 아니라 그리스도의 공동체성이 더 중요하다. 신학자 올리버 클레멘트의 말이다. "우리는 핵심이 아닌 작은 부분을 인정할 때 서로 화해할 수 있다." 우리는 서로의 다양성을 인정하는가? 우리가 화해와 환대의 정신을 잃고 우리 생각, 우리 이데올로기에 집중할 때 사람들은 점점 교회로부터 등을 돌린다는 것을 기억해야 한다. 화해가 환대를 낳고 환대가 사람을 낳는다.

20 떼제 공동체 Ⅳ. 일상의 영성
평범한 일상에서 비범한 하나님을 만나다

떼제의 이상

　삶의 현장을 떠나지 않고 거룩해질 수는 없을까? 서구 수도원의 역사는 거룩을 위해 현실을 떠나는 역사였다. 3세기의 성 안토니부터 시작하여 6세기의 베네딕트를 거쳐 현대의 트라피스트 수도회에 이르기까지 수도원은 분리를 통해 거룩함에 이르는 길을 택해왔다. 분명 분리는 거룩에 이르게 하는 길 중 하나이다. "가서 네 독방에 앉으라. 네 골방이 너에게 모든 것을 가르치리라." 사막 교부의 이 말은 분리를 통해 거룩을 찾는 수도원적 거룩을 단적으로 표현한 말이다. 누가 복잡한 현실을 떠나고 싶지 않겠는가? 그러나 그것은 쉬운 일이 아니다. 그래서 현실에서 거룩을 찾을 수 있다면, 평범 속에서 비범을 발견할 수 있다면 우리는 그 길을 찾아야 한다.

　떼제가 시도한 것이 그것이다. 어떻게 이집트 사막이나 유다 광야에 가지 않고도 거룩에 이를 수 있을까? 그나마 혼자가 아니라 공동체로 함께 그 길을 갈 수 있을까? 이것이 떼제가 던졌던 질문이다. 그

떼제에서 만난 사람들. 떼제는 세상과 분리되어 있으나 사람들은 서로 연합되어 있다.

래서 떼제는 우리와 멀리 떨어져 있지만 수도원은 아니다. 우리는 떼제에 모여서 기도하지만 그렇다고 사막의 깊은 동굴로 가야 하는 것은 아니다. 떼제의 이상은, 세상으로부터 분리되어 있으나 세상과 연합된 공동체를 어떻게 만들 것이냐 하는 것이다. 평범한 일상 속에서 비범한 하나님을 만나는 것, 그것이 떼제의 이상이다. 이런 눈으로 보면 떼제에는 우리가 실천할 수 있는 많은 거룩의 부스러기들이 있다.

떼제는 일단 전통적인 수도원 형태를 가지고 있다. 기본적인 삶은 철저한 공동 소유와 자급자족을 원칙으로 한다. 처음부터 떼제는 자신들을 위해 어떤 기부나 선물도 받지 않았다고 한다. 뿐만 아니라 토지도 소유하지 않으며 자본도 축적하지 않는다. 떼제 공동체의 회원이 되는 중요한 조건은 공동체 안에서 형제로 살 수 있는가 하는 것이다. 그렇게 3~5년 정도 살아보면 자신이 공동체의 한 지체가 될 수 있다는 확신이 든다. 그때 종신서원하면 된다. 그러나 이러한 공동체의 규율은 전통적인 수도원 규칙과는 차이가 있다. 공동체 규율은 공동체를 유지하기 위한 최소한의 규칙이지 사람을 속박하기 위한 법적 조항은 아니다. 떼제는 아무도 붙잡지 않으며 아무도 구속하지 않는다. 떼제는 마치 옹달샘과 같다. 누구든지 목마르면 와서 갈증을 풀고 가면 된다. 자원봉사가 있지만 원하는 만큼만 하면 되고 힘들면 쉬어도 된다. 어떤 강제규정도 어떤 종파적 규율도 없다. 창설자 로제 수사의 말이다. "하나님은 힘센 방법으로 겁을 주어 자신을 우리에게 강요하지 않는다."

거룩은 강압으로 되지 않는다

"거룩은 결코 강압으로 이룰 수 없다." 공동체를 공동체답게 만드는 것은 규율이 아니라 오히려 자유다. 강압으로 거룩해지는 방법은 없다. 자유가 규율보다 중요하다.『떼제로 가는 길』을 쓴 제이슨 브라이언 산토스는 이 자유를 '침투할 수 있는 경계'라고 불렀다. 그동안의 전통적인 영성운동은 침투할 수 없는 경계를 만들어놓고 그 밖으로 나가지 못하게 했다. 그렇게 해서 얻은 영성은 일상의 영성이 아니라 전문가의 영성이었다.

오늘날의 교회에 대해서 일반인, 특히 젊은이가 갖는 느낌이 그런 것이 아닐까? 우리 교회 안에는 침투할 수 없는 경계가 너무 많은 것이다. 전통, 혹은 정통이라는 이름으로 규격화되어 있는 숨 막히는 부자유 속에서 강요되는 거룩은 자발성도 없고 생명력도 없다. 물론 자유에는 한계가 있다. 떼제에서도 마찬가지다. 예를 들면 알코올을 비롯한 음료수를 팔지만 제한된 곳에서 제한된 시간 안에 팔고 그나마도 제한된 양만 판다. 예배 때도 아무 때나 사진을 찍어서는 안 되고 숙소에도 밤 11시까지는 반드시 돌아와야 한다. 침묵의 정원도 아무 때나 열지 않는다. 그러나 이러한 책임을 소중히 여기기만 하면 누구나 풍성한 자유를 누릴 수 있다. 예배는 중요하지만 틀에 박힌 예배 형태는 없다. 찬양-성경봉독-응송-침묵-중보기도-응송-찬양의 전체적인 순서 안에서 자유롭다. 일상의 영성은 신성한 여유에서 나온다. 전문적인 수도사가 되지 않을 사람에게 규격화된 예배, 조금도 예외가 없는 규율, 규칙과 훈련은 영성의 생명을 빼앗아 간다. "신성한 여유란 한계를 침투하는 자유다."(산토스) 우리 교회에도 분명 침투하지 말아야 할 한계가 있다. 그러나 너무 무거운 한계 때문에 사람들이 영성이 아닌 종교성으로 묶여 있지는 않은가?

단순성의 행복

떼제가 보여준 일상적 영성의 생명은 단순성이다. 우선 식사가 단순하다. 아침은 그야말로 작은 빵 한 덩어리와 커피 한 잔이다. 처음에는 사발 하나를 주기에 무언가 했다. 그 사발에 커피, 차, 우유 등을 알아서 타 먹으면 된다. 점심, 저녁은 조금 낫지만 그렇다고 잘 먹는 것은 아니다. 여행하면서 호텔에서 먹는 간단한 아침 식사만으로도 떼제에서는 세 끼 식사가 된다. 오후에 간식을 한 번 주는데 마시는 음료 하나와 비스킷 하나가 전부다. 수사들이라고 더 잘 먹는 것

소박한 아침식사. 빵 한 조각, 초콜릿, 커피 한 잔이 전부다.

도 아니다. 없어서 단순한 것이 아니라 있어도 단순하다. 그렇다고 누구도 먹는 것 때문에 불평하지 않는다.

잠자리는 어떤가? 대부분의 젊은이들은 텐트에서 자거나 몇 명씩 같이 잔다. 자기 방, 자기 침대가 있는 현대인에게 여간 불편한 것이 아니다. 그러나 이 역시 불평하는 사람이 없다. 나는 한국인 신한열 수사의 도움으로 작은 방 하나를 얻을 수 있었다. 2평 정도 되는 공간에 1, 2층으로 마련된 침대방이다. 아내는 1층에서 자고 나는 계단을 타고 2층으로 올라갔다. 단순성의 행복이다. 자유 안에서 나누는 교제가 행복을 가져온다. 그것은 하나님과의 교제든 사람과의 교제든 마찬가지다. 로제가 『샘에서 생기를』에서 한 말과 같다. "우리는 똑같은 확신을 가지고 있다. 우리가 하나님과 친교를 이루며 살아갈 때 비로소 각자 울타리를 벗어나 세상 사람들의 고통을 덜어주려 애쓰게 된다는 것이다."

일상의 영성

진정한 자유는 하나님과 진실한 기도를 하게 한다. 마더 테레사의 말이다. "정말 중요한 것은 우리가 하는 말이 아니라 하나님이 우리에게, 또 우리를 통하여 하시는 말씀이다." 그래서 그는 완전한 기도를 이렇게 정의했다. "나는 그분을 바라보고 그분은 나를 바라보는 것이 가장 완전한 기도이다." 이것도 깊은 자유에서 나오는 일상의 기도다. 떼제의 오후는 성경공부, 노동, 침묵, 찬양 배우기, 상담 등으로 이어진다. 이것들은 우리가 떼제에 가지 않아도 매일 만나는 영적인 메뉴들이다. 다만 우리는 그것을 교회에 와서 엄숙히 진행하는데 떼제에서는 그것을 생활 속에서 한다.

  돈 벌기 위해서 일하는 것이 아니라 행복한 오후, 콧노래 부르며 일할 수 있다면 세상은 얼마나 아름다워질까? 성가대원이기 때문이 아니라 하나님의 백성이기 때문에 아침, 저녁으로 찬양할 수 있다면 우리의 일상은 얼마나 행복해질까? 우리는 수도사가 되기 위해 태어난 것이 아니라 하나님의 사람이 되기 위해 태어났다. 거룩은 거룩한 공간에서 나오는 것이 아니라 거룩하신 하나님에게서 온다. 하나님의 임재를 일상 속에서 체험하는 것이야 말로 성경 최고의 영성이다. 떼제가 보여준 이상은 세상과 분리되면서 동시에 연합하는 일상의 영성이다. 우리는 삶 속에서 언제라도 그것을 실천할 수 있다. 그래서 떼제는 우리 삶 어디에나 있다.

21 잔느 기용 I. 자기 포기

모든 것을 빼앗긴 빈자리에 예수님을 채우다

예수님의 사람, 기용

떼제를 떠나 독일로 가는 길은 아름다웠다. 낮은 언덕에서 한가하게 풀을 뜯는 초원의 양떼, 소담스러운 포도원의 풍경은 이곳이 바로 프랑스의 아름다운 전원임을 일깨워주었다. 독일 칼스루에까지 여섯 시간, 그러나 그 6시간이 나에게 좋은 시간만은 아니었다. 프랑스에 오면 반드시 찾아보고 싶은 인물 하나를 놓고 가기 때문이다.

잔느 기용. 오래전 한국의 어느 서점에서 우연히 그가 쓴 『예수 그리스도를 깊이 체험하기』(원제: 기도의 방법, 1685)를 읽었다. 그때 300년 전 프랑스에 이런 사람이 있었는가 하고 깜짝 놀라고 기용의 열렬한 팬이 되었다. 그리고 언젠가 프랑스에 가면 반드시 그의 발자취를 더듬어 보리라 마음먹었다. 그러나 바쁜 일정상 그럴 수 없었다. 아쉬운 마음을 뒤로하고 프랑스에 가면 읽으리라 생각한 기용의 책들을 다시 꺼냈다. 정말 기용만큼 인생의 고난을 많이 겪은 사람이 있을까? 아마도 성경의 욥을 제외하고 그만큼 인생고를 많이 겪은 사람은 드물

것이다. 고난만 많이 겪은 것이 아니라 고난의 풀무불에서 열정적으로 예수님을 만난 사람, 그래서 정금같이 단련된 사람. 그는 정말 예수로 살고 예수로 죽은 사람이었다.

기용의 고난

기용은 1648년 프랑스 파리 몽타르지에서 귀족의 딸로 태어났다. 7개월 조산아로 태어난 기용은 평생 연약한 몸으로 살아야 했다. 그의 본격적인 불행은 16세의 나이에 22살이나 연상인 귀족 자크 기용과 결혼하면서 시작되었다. 결혼 첫날부터 기용은 남편의 병 수발과 괴팍한 시어머니의 학대를 견뎌내야만 했고 곧 무서운 전염병으로 두 아들과 딸을 잃어야 했다. 설상가상으로 남편이 죽자 재산까지 다 빼앗기고 만다.

그러나 기용의 가장 큰 고난은 그를 이단으로 몰아 감옥에 가둔 사람들 때문에 왔다. 1695년 그는 루이 14세에 의해 이단으로 정죄되고 체포돼 악명 높은 바스티유 감옥에 수감되었다. 7년간의 수감 생활을 마치고도 기용은 다시 붙잡혀 프랑스 중부 블루아 지역에서 아들과 함께 길고 긴 유배 생활을 해야만 했다. 그

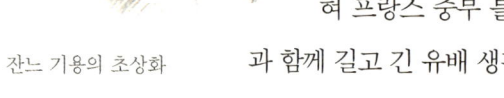
잔느 기용의 초상화

러나 죄가 많은 곳에 은혜가 넘치는가?(롬 5:20) 말할 수 없는 고난과 핍박, 오해와 정죄 속에서도 하나님을 향한 그의 순전한 사랑은 깊어만 갔다. 그는 글쓰기를 게을리하지 않았고 침묵과 묵상을 통해 주님과 만나는 일을 쉬지 않았다. 결국 그는 고난을 이겨내고 교회사를 빛내는 순금 같은 인물이 되었다.

기용의 자기 포기

1717년 6월 9일, 기용은 한 많은 세상을 뒤로하고 그가 그토록 사랑했던 주님의 품에 안겼다. 칠흑 같은 고난을 통해 기용이 발견한 첫 번째 진주 같은 영적 보화는 '자기 포기'였다. 처음에는 어쩔 수 없이 자신을 포기해야만 했다. 자기 포기는 처음부터 그가 선택한 것이 아니었다. 그는 사는 동안 어쩔 수 없이 여러 가지를 빼앗기며 살았다. 어릴 때는 동생에게 어머니의 사랑을 빼앗겼다. 결혼한 후에는 오해와 불신으로 남편과 시어머니의 사랑을 빼앗기고 살았다. 병으로 자녀를 빼앗기고, 재산을 빼앗기고, 감옥에 갇혀 자유롭게 살 권리도 빼앗기고, 무엇보다 마음껏 하나님과 교제할 수 있는 영적 자유를 빼앗겼다.

그러나 시간이 흐르면서 자기 포기는 그에게 행복한 은혜의 선택이 되었다. 그가 하나님 앞에서 자기를 포기해야만 했던 이유는 우선 그 자신 안에 있는 '죄성' 때문이었다. 그것은 마치 쭉정이에서 분리된 알곡과도 같았다. 곡식은 음식이 되기 위해서 쭉정이와 분리된 후 잘게 부서지고 빻아진다. 하나님의 사람도 쓰임받기 위해 자신의 모든 소유를 잃어버려야 한다.

기용이 7년간 갇힌 바스티유 감옥. 1789년 프랑스 혁명으로 지금은 존재하지 않는다.
그림은 〈바스티유 감옥의 함락〉, 작자미상.

어떻게 이런 일이 가능할까? 매일 죽는 법을 배움으로써만 가능하다. 우리의 옛 자아는 항상 자기 죽음을 거부하는 경향이 있지만 일단 죽으면 영은 자아로부터 벗어나 하나님께 나아간다. 성경은 이것을 '죽음'이라고 말한다. 자기 포기 자체가 목적이 아니다. 자기 포기는 우리가 주님이 임재하시는 성전이 되기 위해 필요하다. 주님이 임재하는 성전에 들어가기 위해 굳게 닫힌 문을 여는 열쇠가 곧 자기 포기다. 따라서 자기 포기란 곧 자기의 모든 염려를 던져버리는 것이다. 자기 포기란 모든 필요, 모든 문제를 떨쳐버리는 것이다. 자기 포기란 자신의 모든 영적인 문제들을 영원히 옆으로 제쳐놓는 것이다. 자기 자신에 대해서 완전히 무관심해질 수 있는 수준에 이르는 것이 자기 포기다.

자기 포기의 보화

기용은 『예수 그리스도를 깊이 체험하기』에서 자기 포기를 이렇게 정의한다. "자기 포기는 자기 자신에 대하여 완전히 잊어버리는 것이다. 과거의 자신을 하나님 앞에서 잊어버리고, 미래의 자신을 하나님께 맡겨버리고, 현재의 자신을 하나님께 바치는 것이다. 그리고 어떤 상황에서도 그 순간의 하나님에 대해 만족하는 것이다."

그렇다고 자기 포기가 단순히 비이기적 존재가 되는 것은 아니다. 비이기적인 존재가 되는 것이 아니라 하나님의 사랑의 품에 안기는 것이다. 과거의 자기 포기는 '비이기심'과 같은 것이었다. 그러나 성경에서 답을 얻는다면 자기 포기는 하나님의 사랑으로 들어가는 것이다. 비이기심은 내가 하나님을 소유한 사람이 되는 것이 아니라 내 안에 내가 없이 지내는 것이다. 내가 나 없이 지낸다고 하나님을 소유한 것은 아니다. 하나님을 소유하는 데는 더 많은 시간이 필요하다. 그것은 하나님을 소유하려는 우리 마음에 우리 자신을 사랑하는 본성이 아직도 남아 있기 때문이다. 이러한 본성 때문에 자기를 죽이는 과정은 오랜 시간을 필요로 한다.

그래서 우리는 한꺼번에 변화될 것을 기대하지 말아야 한다. 자기 포기를 위해 필요한 것은 어린아이와 같은 단순함이다. 자신의 눈을 하나님께 고정시키는 것이다. 자신이 많은 사람이 기대하는 사람이라는 생각조차 포기해야 한다. 심오한 것들뿐만 아니라 겸손하고 단순한 것에 즐거워해야 한다. 모든 자의식과 불안이 자기 사랑에서부터 온다는 것을 알아야 한다. 어떤 사람도 비난하지 말아야 할 뿐 아니라 자기 자신의 내면에서 들리는 어떠한 변명의 소리에도 귀 기울이지 말아야 한다.

기용은 그의 책에서 자기 포기를 이렇게 표현했다. "우리가 하나님 안에서 해야 할 것은 오직 자아의 죽음뿐입니다." "우리의 육체는 모두 죽습니다. 다만 우리에게 하나님에 대한 신뢰가 부족하기 때문에 육체의 죽음을 거부하는 것입니다." "나는 여러분이 하나님 외에는 아무것도 추구하지 않고 여러분 자아의 죽음을 통해서만 그분을 소유하길 갈망합니다." "자기애를 통해서 어떤 것도 소유하려 하지 않을 때 모든 것을 얻게 됩니다." "나에게 채찍과 핍박과 불명예와 천함과 자아의 죽음은 나에게 요구된 하나님의 영적 결혼 지참금입니다." "십자가를 사랑하지 않으면서 하나님을 사랑하는 것은 불가능합니다. 십자가는 자기 포기의 다른 이름입니다." 그렇다. 자기 포기는 하나님의 성소에 들어가는 첫 번째 관문이다. 기용은 고난에 찬 삶의 모든 역정을 통해 자기 포기의 보화를 우리에게 선물했다.

22 잔느 기용 Ⅱ. 깊은 기도
아기가 엄마 품에서 젖을 빨듯 기도하다

　고난은 우리를 기도로 내몰고, 기도는 우리에게서 고난을 내모는가? 잔느 기용의 삶을 통해, 고난은 그리스도인에게 최종적으로 그리고 필연적으로 유익을 준다는 것을 볼 수 있다. 기용은 어떻게 그 많은 고난 속에서 하나님께 가까이 나아갈 수 있었을까? 그가 겪은 많은 고난들은 그의 자서전적 고백 『순전한 사랑』에 잘 나타난다. 이 책에서 기용은 그의 삶이 한마디로 고난을 통해 하나님께 나아간 축복된 것이었다고 고백한다. "내 기도의 영은 기도를 방해하는 것으로부터 에너지를 공급받고 더욱 성장해갔습니다."

　말하자면 고난은 그를 하나님께 가까이 가게 한 힘의 원천이었다. 그것은 마치 추운 겨울과도 같았다. 누구나 겨울을 좋아하지 않지만 겨울은 새 봄을 잉태하는 계절이다. 『영적 성장 깊이 체험하기』(원제: 변명)에서 기용은 이렇게 말한다. "겨울은 순례길을 걷는 우리에게 축복의 계절이다. 왜냐하면 겨울은 우리의 불완전함을 제거해주는 정화작업을 하기 때문이다. 겨울은 나무의 외면을 위축시킨다. 이를 통해 나무 깊은 곳에 있는 생명이 더 이상 쓸데없이 소진되지 않도록 돕는다. 대신 나무의 생명은 가장 깊숙한 줄기와 보이지 않는 뿌리 부분으로 모여든다."

기도의 출발, 묵상

그는 삶의 긴 겨울을 통해 자기 포기를 배웠고 자기 포기는 곧 기도로 이어졌다. 자기 포기는 마치 추운 겨울에 잎사귀가 떨어지는 것과 같다. 나무 입장에서는 힘들겠지만 잘 참고 견디면 머지않아 무성한 잎으로 옷 입혀진 자기 자신을 볼 수 있다. 기용의 기도는 먼저 성경으로 시작한다. 그는 간단하면서도 실천적인 방법으로 우리를 기도로 안내한다.

기도할 때 먼저 짧은 성경 구절을 읽어라. 성경을 많이 그리고 빨리 읽는 것이 중요한 것이 아니라 소화하며 읽는 것이 중요하다. 성경을 읽다가도 종종 잠시 중단할 필요가 있다. 그 이유는 자신의 지성을 내면에 두지 않고 하나님께 고정시키기 위해서이다. 성경을 읽을 때 감동이 오면 곧바로 성령님께 집중하라. 이것이 묵상이다. 묵상은 오랫동안 하나님께 나아가는 중요한 길이었다. 묵상은 성경을 읽고 그 속에서 말씀하시는 하나님의 음성을 듣는 것이다. 그것은 말씀의 통로를 따라 그리스도가 계신 보좌로 나아가는 것이다. 묵상에서 중요한 것은 성경의 길이가 아니라 성경의 내용이다. 또 배우기 위해서 읽는 것이 아니라 사랑하기 위해 읽어야 한다.

프란시스 드 살레St. Francis de Sales(1567~1622)가 좋은 말을 했다. "단순히 배우기 위해서가 아니라 사랑에 불붙이기 위해서 하나님의 말씀을 생각할 때 우리는 그것을 묵상이라고 한다." 묵상은 성경을 읽되 분석하기 위해서 읽는 것이 아니라 받아들이기 위해 읽는 것이다. 우리는 우리가 사랑하는 사람의 말을 분석하지 않는다. 다만 그의 말을 있는 그대로 느끼고 받아들인다. 성경 말씀도 마찬가지다. 마치 마리아가 주님 발 앞에서 말씀을 있는 대로 받아들인 것처럼 받아들이라. 그것이 묵상이다.

묵상의 방법도 중요하지만 묵상과 기도의 목적도 중요하다. 묵상을 통해 우리가 얻는 것이 무엇인가? 『예수 그리스도를 깊이 체험하기』에서 기용은 이렇게 말한다. "왜 기도합니까? 왜 주님께 나아갑니까? 주님 앞에서 얻는 감미로움 때문입니까? 주님의 임재의 즐거움 때문입니까? 내가 더 고상한 길을 제시하겠습니다. 기도하기 위하여 주님께로 나아갈 때 순결한 사랑, 즉 그 자체를 위해서는 아무것도 구하지 않는 사랑으로 나아가십시오. 주님으로부터 아무것도 구하지 말고, 다만 그분을 기쁘게 하며, 그분의 뜻을 행하기 원하는 마음으로 나아가십시오."

유혹이 올 때

기도에는 반드시 영적 즐거움과 행복이 있지만 그것이 목적이 되면 기도는 단지 수단이 되고 하나님은 인간의 행복을 위한 방편에 지나지 않게 된다. 기용은 많은 기도의 경험을 통하여 우리가 기도할 때 겪는 실제적인 문제를 다룬다. 기도할 때 집중이 잘 안 되고 산만해지면 어떻게 할 것인가? 우선 당황하지 말고 기도를 잠시 쉬는 것이 좋다. 기도할 때 생각이 흐트러지고 복잡해지면 그 원인을 찾거나 문제를 해결하려고 하지 말아야 한다. 그렇게 되면 기도는 자신의 생각에 집중되어 하나님으로부터 멀어질 수 있기 때문이다. 그러면 유혹이 올 때는 어떻게 하는가? 우선 기도하는 나에게 유혹이 올 수 있다는 사실을 인정해야 한다. 가장 중요한 것은 유혹이 올 때 유혹과 맞붙어 싸우지 말아야 한다는 것이다.

그는 그의 영적 멘토 페네롱의 말을 인용한다. "아이들이 늑대나 곰을 보았을 때 가장 좋은 방법은 어머니의 품으로 달려가는 것이다." 그렇다. 아이는 자기를 향해 무서운 존재가 달려올 때 그를 쳐다보지 않고 재빨리 엄마의 품으로 달려간다. 마찬가지로 유혹이 올 때 우리는 유혹과 싸우지 말고 하나님께로 즉시 달려가야 한다. 그 이유는 기도는 본질적으로 '이루는 것 Achieve'이 아니라 '받는 것 Receive'이기 때문이다.

누가복음 18장에 나오는 두 사람이 보여주는 기도의 패러다임이 있다. 먼저 바리새인은 짓지 말아야 할 죄에 집중한다. 그는 매일 범하지 말아야 할 죄의 목록을 점검한다. 그러나 죄인은 그것을 할 용기조차 없다. 그는 죄를 점검한다고 죄를 짓지 않는 것이 아니라는 것을 경험적으로 안다. 그래서 차라리 하나님께 나아가는 길을 택한다. 그는 하나님 앞에 피함으로써 자기를 죄에서 보호한다. 매일 죄와 싸운 바리새인은 분명 죄 속에 허우적거리는 죄인과 다르다. 그러나 그도 역시 하나님을 바라보지 않았다는 점에서 죄인과 다를 바가 없다. 그래서 개리 토마스 Gary L. Thomas가 말했다. "죄를 피하는 데만

잔느 기용이 기도의 은유로 많이 사용한 젖먹이 아이그림은
레오나르도 다빈치의 〈리타의 성모〉

집중하는 바리새인도 사실 매일 죄에 집중하고 산 것이다. 그래서 본질적으로 그는 죄 가운데서, 탐욕 가운데서 산 사람과 다를 것이 없다. 두 사람 다 죄에 사로잡혀 있기는 마찬가지다. 하나는 죄를 피하는 일에 집중하고 다른 하나는 죄 속에 사는 일에 집중한다. 그들에게 공통적으로 없는 것은 하나님이다."

영적 메마름

영적 메마름은 어떤가? 영적 메마름이 중요한 것은 기도하는 사람에게 종종 찾아오는 현상이기 때문이다. 왜 영적 메마름이 찾아올까? 기용의 말이다. "하나님께서 당신에게 영적으로 메마른 시기를 허락하시는 목적은 영적인 게으름으로부터 당신을 깨우기 위함입니다. 하나님께서 자신을 숨기시는 목적은 당신으로 하여금 하나님을 구하도록 하기 위함입니다."

영적 메마름이란 하나님이 우리를 떠나 잠시 숨어 있는 상태다. 우리가 영적 포만감에 젖어 자만해 있을 때, 우리가 영적 부요의 타성에 젖어 감사를 잃어버릴 때 엄마가 아이를 떠나 잠시 장롱 뒤에 숨는 것처럼 하나님도 우리를 떠나 숨으신다. 그러나 이때 알아야 할 것은 하나님이 안 계신 것이 아니라 안 보일 뿐이라는 것이다. 하나님이 부재하신 것이 아니라 침묵하신 것뿐이다. 그렇기 때문에 영적 메마름이 올 때 우리는 인내하고 기다려야 한다. 절대 조급해하거나 낙심하지 말아야 한다.

언젠가 호주산 '나도'라는 음식을 먹어본 적이 있다. 분말로 빵을 만들었는데 밀가루 빵과 구별할 수 없었다. 그런데 '나도'에는 영양분이 없었다. 그래서 빵처럼 먹을 수는 있어도 배고픔은 해결되지 않았다. 영적으로 남들보다 더 많은 일을 하거나 더 부지런하게 산다고 언제나 좋은 것도 아니다. 영적 탐식으로 인한 영적 잡식은 헛배를 부르게 한다. 헛배가 부르면 반드시 우리 영은 메마른다. 영적 만족을 감각에서 찾으려고 할 때도 영적 메마름이 온다. '좋은 예배'와 '좋은 느낌'은 항상 동일하지 않다. 드 살레가 말한 대로 "좋은 예배가 우리를 항상 눈물 나게 하는 것은 아니며 어떤 영적 활동에서 달콤함이나 기쁨이나 위로나 부드러움을 얻었다고 그것이 진정한 영적 만족은 아니다." 감각적인 위로와 만족만 찾으면 하나님은 그를 영적 아이 상태에서 벗어나게 하기 위하여 젖을 떼신다. 기용의 말대로 하나님은 우리에게서 숨으신다. 세속적 기쁨으로 영적 만족을 얻으려고 할 때도 영적 메마름에 빠질 수 있다. 하나님 앞에 겸손하지 않고 영적 영웅처럼 행동할 때도 마찬가지이다. 그러나 영적 메마름이 다 나쁜 것은 아니다. 영적 메마름을 통해 얻는 최고의 유익은 그것을 통해 우리가 주리고 목마른 마음으로 하나님께 나가는 것이다.(마 5:6)

기도의 비유

기용의 기도에서 중요한 것은 하나님 은혜와 인간 노력의 조화다. 이 경우, 좋은 것이 아기와 엄마의 비유이다. 아기가 배가 고프면 엄마 품으로 들어간다. 젖이 필요한 것이다. 그 순간 엄마에게도 젖을 주고자 하는 마음이 생긴다. 엄마 품에 있는 아기는 드디어 입을 벌려 젖을 빤다. 엄마 품에 안겼다고 젖이 자동적으로 나오는 것이 아니다. 아기가 입을 벌려 젖을 빨아야 한다. 그러나 일단 아기가 젖을 빨면 젖은 절로 나오기 시작한다. 이 사실이 기도의 신비를 보여준다. 그리고 일단 젖이 나오면 아기는 더 이상 노력을 하지 않고 단지 흘러나오는 젖을 삼키기만 하면 된다. 젖을 삼키는 아기는 행복감에 취하게 되고 곧 엄마 품에서 잠들게 된다. 이것이 기용이 우리에게 가르친 탁월한 기도의 진수다. 여기에 언제라도 아기에게 젖을 주려는 하나님의 마음과 그 품에서 입술을 벌려 기도해야 하는 인간의 노력이 잘 조화를 이루고 있다.

또 하나의 비유가 있다. 돛단배의 비유다. 강과 바다의 이미지는 기용이 자주 사용하는 영적 이미지다. 돛단배가 바다로 항해할 때 먼저 강에서 노를 저어야 한다. 배가 돛으로 가던 시절, 배는 노를 저어 강에서 출발해야 했다. 그것은 힘든 출발이지만 또한 희망의 출발이기도 했다. 좁은 강을 저어 한참 나가면 바다가 나오고 사공은 그때부터 돛을 편다. 그 순간 바람이 불어 돛을 움직이고 배는 망망대해를 향해 나간다. 듣기만 해도 그림처럼 펼쳐지는 이 비유를 통하여 기용이 말하고자 한 것은, 기도는 내면의 작은 갈망에서 시작된다는 것이다.

기도는 처음부터 망망대해에서 펼쳐지는 것이 아니다. 망망대해를 향하는 배는 좁은 강에서부터 노를 저어야 한다. 노를 젓지 않으면 망망대해도 없다. 그러나 일단 배가 강을 지나 바다에 이르면 돛이 스스로 움직인다. 그때부터는 배는 사공의 힘이 아니라 바람의 힘에 의해 움직인다. 그리고 사공이 바람에 자신을 잘 맡기는 한, 배는 곧 망망대해에 이르게 된다. 기도의 사람, 잔느 기용. 그가 칠흑 같은 고난 속에서 깨닫고 발견한 깊은 기도로의 초청이 얕은 물가에서 서성대는 우리의 기도를 더욱 더 깊은 곳으로 나아가게 한다.

23 잔느 기용 Ⅲ. 하나님과 연합

강물이 바다에 합쳐지듯, 자아를 버리고 하나님께 예속되다

기도의 최종목적

잔느 기용의 자기 포기가 기도에 이른 것처럼 그의 기도가 최종적으로 도달한 곳은 하나님과의 연합이었다. 하나님과의 연합은 고난 속에서 오로지 하나님 외에는 다른 희망이 없었던 기용에게 피할 수 없는 영혼의 지순한 지향점이었다. 『순전한 사랑』에서 그는 이렇게 말한다. "하나님의 의지와 연합된 인간의 의지는, 혼을 하나님께 예속시키고 그분이 기뻐하시는 것을 기뻐하며 자아의 뜻을 점차 버리게 합니다. 결국 하나님과 연합된 의지는 마침내 혼의 본성과 힘을 점차 없앱니다. 이것을 보통 혼적인 힘의 소멸이라 부릅니다. 그 힘은 여전히 남아 있지만 사랑이 가득 차고 불타오르는 만큼 혼은 우리에게서 소멸됩니다."

언제부터 그리스도인은 하나님과 연합될까? 기용은 그리스도인이 회심하는 순간부터 연합이 시작된다고 한다. 회심은 교회에 출석하는 것이나 세례 받는 것과는 다르다. 회심의 진정한 의미는 우리의

기용이 하나님과 연합의 비유로 말했던 강과 바다

혼이 중심에 계신 하나님께 돌아가는 것이다. 죄로부터만 돌아서는 것이 아니라 마음과 성품이 하나님의 중심으로 돌아가는 것이다.

하나님과의 연합이 시작되는 시점은 인간의 시점에서 영혼이 성령 안 생명의 방향으로 돌아서기 시작할 때다. 누가 언제 하나님께 방향을 돌렸는지를 아무도 모르기 때문에 결국 하나님과의 연합 여부를 아는 분도 하나님밖에 없다. 그러나 한 가지는 분명하다. 하나님은 우리를 그의 중심으로 이끄신다. 하나님에게는 자석과 같이 우리를 끄는 힘이 있다. 그분은 계속해서 우리를 자신의 중심으로 끌어들이신다. 그분이 우리를 끌어들이실 때 그분에게 속하지 않은 모든 부정한 것은 여지없이 소멸된다. 불순물이 제거되고 방해물은 축출된다. 그것이 힘들어 하나님과의 연합에서 멀어진 사람들도 있다. 그때 우리는 하나님의 침묵, 하나님의 심판, 무서운 하나님을 경험하며 우리의 영혼은 한없이 침체하고 메말라간다. 그러나 그것을 잘 견디면 우리는 하나님의 중심에 더 가까이 다가갈 수 있다.

거룩한 연합

기용은 하나님과의 연합을 주제로 많은 글을 썼다. 아마도 그것이 오해가 되어 루이14세가 그를 바스티유 감옥에 가두었을 것이다. 당시 의식적인 종교인들에게는 기용의 살아 있는 믿음이 신비적이며 이단적으로 보였으리라. 그러나 그것은 그에게 생명과도 같은 믿음이었다. 그 믿음이 오늘날 우리가 접하는 『하나님과의 연합』, 『영혼의 폭포수』 등에 남아 있다.

『하나님과의 연합』에서 기용은, 연합은 인간의 노력으로 되는 것이 아니라 하나님 자신의 행하심으로만 된다고 강조한다. "거룩한 연합, 이것은 단지 우리의 체험만으로는 일어날 수 없는 사건입니다. 묵상이 거룩한 연합을 가져다주는 것도 아닙니다. 사랑이나 예배, 경건한 생활이나 희생도 그렇게 할 수 없습니다. 또한 주님께서 당신에게 얼마나 많은 빛을 비추어주시는가 하는 것도 문제가 되지 않습니다. 궁극적으로 이 연합이 실현되기 위해서는 하나님의 행하심이 있어야 합니다."

그렇다고 우리의 기도가 필요 없는 것은 아니다. 다만 기도는 하나님과의 거룩한 연합이 이루어질 수 있도록 하는 준비 과정이다. 하나님 편에서 우리를 준비시키며, 우리 편에서도 하나님을 위해 준비하는 상호적 과정이다. 모든 기도는 우리로 하여금 하나님 앞에 수동적인 상태가 되게 한다. 또한 모든 묵상도 마찬가지다. 인간의 모든 활동은 준비 과정일 뿐이며, 그 자체가 목적은 아니다. 인간은 준비할 뿐 그것을 이루시는 분은 하나님이시다. 그리고 그 모든 준비가 도달하는 최종 목표는 하나님과의 연합이다.

기도는 연합의 준비 과정

기용은 기도 자체를 하나님과의 연합에 대한 조건이 아니라 단지 준비 과정이라고 말함으로써 기도 신비주의의 함정에서 벗어난다. 다만 기도를 통해 하나님이 의도하신 것은 그의 거룩한 연합에 맞지 않는 우리의 '자아'를 깨뜨리는 것이다. "예를 들면 먼지의 더러움이 순금의 깨끗함과 연합할 수는 없는 것입니다. 여기서 찌꺼기를 제거하고 금을 깨끗한 상태로 남게 하기 위해서는 불이 개입해야 합니다. 이 부정함의 실체는 무엇일까요? 자아입니다. 자아는 모든 불결함의 원인이며, 불결함은 정결하신 하나님과의 어떤 연합도 방해합니다. 태양광선은 진흙 위에 비칠 수 있으나 진흙과 섞일 수는 없습니다. 불순물이 있는 금은 값비싸고 정제된 순금과 섞이지 않습니다. 이때 연금술사는 불순물이 섞여 있는 금을 불로 처리합니다. 그 후에, 오직 그 후에야 두 가지 금이 하나로 연합되고 섞입니다."

기도가 필요를 위한 도구나 교제를 위한 수단이 아니라, 하나님과의 연합을 위한 거룩의 준비 과정이라면 우리는 기도를 통하여 얼마나 더 하나님께 가까워질 수 있을까? 기도가 축복의 수단이 된 현대에 있어서 거룩을 위한 기도는 더욱 필요하지 않을까? 그것은 또한 예수님이 최후의 만찬에서 한 기도의 정신과도 부합한다. "또 그들을 위하여 내가 나를 거룩하게 하오니 이는 그들도 진리로 거룩함을 얻게 하려 함이니라."(요 17:19)

하나님과 하나 되는 길

기도 자체가 하나님과의 연합은 아니지만 그렇다고 기도 없이 하나님과의 연합에 이를 수 있는 것은 아니다. 하나님과의 연합은 기용의 평생에 걸친 소원이었다. 그 소원은 그의 표현대로 좁은 강물이 넓은 바다에 합쳐지듯, 감나무가 고염나무에 접붙여져 고염나무에 감이 맺히듯, 그리고 바울이 로마서에서 말한 대로 "그와 함께 죽으면 그와 함께 사는"(롬 6:8) 신비를 체험하는 하나님께 나가는 은혜의 관문이다.

기용은 그 간절한 소원을 바스티유 감옥에서 남긴 시 한 편에 담았다. 제목은 「사랑이 나로 하여금 죄를 범하게 했다」이다. "사랑이 나로 하여금 죄를 범하게 했네. 이 때문에 그들이 나를 이곳에 가두었고, 나는 내가 그렇게 소중히 여기는 그분을 위해 이렇게 오랫동안 갇혀 있다네. 하지만 나는 이곳에 들어올 때처럼, 여전히 거룩한 불꽃에 복종한다네. 아! 어떻게 하면 더 성장할 수 있을까? 어떻게 하면 내 마음으로부터 날아갈 수 있을까! 나를 가둔 그들은 참사랑이 결코 꺼지지 않는다는 것을 알아야 해. 그렇다, 참사랑을 밟고 짓눌러 보라! 그것은 다시 살아서 타오르겠지. 그분이 항상 내 눈앞에 계시네. 내 안에 불을 지피신 그분은 그 불을 항상 밝게 하신다네. 이것 때문에 그들이 나를 때리고 비난한다네. 내가 사랑하는 것을 멈출 수 없기 때문에. 어떤 능력이 그 광채를 흐리게 할 수 있을까? 영원한 생명은 결코 썩지 않을 것이네. 하나님이 사랑의 생명이라네. 오직 생명의 근원이 끊어질 때에만, 빛이 더 이상 비추지 않겠지."

무엇이 고난에 찬 가냘픈 한 여성을 그토록 강하게 만들었을까? 무엇이 한 이름 없는 연약한 여인을 그토록 빛나는 보석 같은 믿음으로 연단했을까? 하나님과의 연합이 준 은혜 때문이다. 그렇다, 우리의 최고의 소원은 하나님과 연합되는 것이다. 초에 불이 붙듯이, 부지깽이에 장작불이 붙듯이, 내가 그 안에 있고, 그가 내 안에 있음으로써, 나를 통해 예수님이 세상으로 흘러가고 나를 통해 세상이 예수님께 오는 은혜, 그 은혜의 근원을 우리는 사모해야 한다.

24 스토테른하임, 무서운 하나님

무서운 하나님에게서 벗어나 은혜로운 하나님을 찾다

루터의 길

잔느 기용의 고향 프랑스를 거쳐 독일에 도착하자 밤이 되었다. 하이델베르크에 내려 아름다운 고성을 바라보며 하룻밤을 지낸 후 새벽에 일어났다. 아직도 안개에 덮인 라인 강변을 아침 일찍 걸으며 문득 독일에서의 첫날이 새벽과 함께 시작된 것이 의미 있다고 생각했다. 5백여 년 전 이 땅에서도 개혁의 새벽이 밝았기 때문이다. 1500년 동안 유럽의 밤하늘을 덮고 있던 어두운 중세는 16세기와 함께 여명을 맞았다. 그렇다, 오늘부터는 마르틴 루터와 함께 가는 길이다.

루터의 길을 출발하면서 가장 먼저 도착한 곳이 에르푸르트였다. 젊은 루터가 청운의 꿈을 안고 법학을 공부한 곳, 그러나 하나님은 이곳에서 아무도 상상치 못한 일을 통하여 2000년 교회사를 바꾸어 놓았다. 서둘러 에르푸르트의 외곽 지역에 있는 스토테른하임으로 향하였다.

스토테른하임의 벼락

1505년 7월 2일, 루터는 친구와 함께 부모님 집에 다녀오다가 이 들판을 걷고 있었다. 그때 갑자기 폭우가 쏟아지면서 벼락이 내리쳤다. 루터는 벼락에 맞아 그 자리에 쓰러졌고 친구는 즉사하고 말았다. 그것은 루터에게 충격적인 사건이었다. 당황한 루터는 깜짝 놀라 수도사가 되겠다고 서원했고 곧이어 에르푸르트에 있는 아우구스티누스 수도원으로 들어갔다. 스토테른하임에는 현재 그것을 기념한 약 2m의 돌비가 세워져 있다. 돌비의 맨 위에는 '거룩한 땅'이라 쓰여 있고 그 밑에는 '종교개혁운동으로의 전환점'이라고 쓰여 있다. 그리고 그 밑에는 '하늘로부터 오는 번개 속에서 이곳에 있던 젊은 루터를 향하여 그 길이 제시되었다'고 기록되어 있다. 그리고 맨 밑에는 당시 루터가 외쳤던 말이 선명하게 새겨져 있다. "Hilfe, Du Sankt Anna, ich will ein Monch werden도우소서, 성 안나여, 나는 수도사가 되겠나이다." 이 충격적인 경험이 젊은 루터에게 어떤 영향을 주었을까? 그때까지 루터의 마음에 있던 하나님은 무서운 하나님이었다. 루터가 하나님을 무섭다고 생각했던 이유는 우선 엄한 가정환경 때문이었다. 루터의 아버지 한스는 본래 농부였으나 광부로 전향했고, 어머니 마가레타는 부지런한 성격의 소유자였다. 그러나 그들은 미신적인 중세 가톨릭교회의 신앙에 따라 매우 엄격하게 살았다. 훗날 루터가 쓴 대로 어머니는 그가 호두 한 개를 훔쳤다고 피가 나도록 회초리로 때렸고, 아버지도 무슨 일로 루터를 때려 그가 무서워 도망친 적도 있었다.

루터가 받은 교육 또한 그의 마음을 무겁게 했다. 그는 학교에서

루터가 벼락에 맞고 수도사가 된 스토테른하임의 돌비

아무 이유 없이 15대의 회초리를 맞은 적도 있었다. 그러나 무엇보다 당시의 종교적 상황과 교회의 가르침이 루터의 마음을 공포에 잠기게 했다. 당시 독일에는 미신 사상이 만연해 있어서 사람들은 숲과 바람과 물속에 요정, 귀신, 유령, 마녀가 산다고 믿었다. 교회는, 지옥의 공포와 아울러 성례와 면죄부를 통해 사죄가 주어진다는 것을 미신처럼 믿으며 하나님은 무서운 분이라고 가르쳤다. 그리스도도 때로는 무서운 심판자로서 성모 마리아와 성 안나를 통해 겨우 그 진노를 무마시킬 수 있다고 믿었다.

무서운 하나님

루터는 심판자 그리스도의 모습 앞에서 완전히 공포에 사로잡혔다. 그것은 수도원에서도 마찬가지였다. 그가 수도원에 들어간 것은 하나님의 소명에 대한 순종이라기보다는 죽음에 대한 공포 때문이었다. 그는 수도원에서 엄격한 규칙에 따라 살았다. 그는 매일 자신의 의지를 죽이고, 적은 음식을 먹고, 남루한 옷을 입으며, 밤에는 기도하고 낮에는 일하며, 육체를 죽이고, 가난의 치욕과 구걸의 수치를 당하며 살았다. 그는 사제로서 첫 미사를 집행할 때 제단 위의 빵과 포도주가 사제의 성례 집행으로 실제 그리스도의 살과 피로 바뀐다는 사실에 무서워 떨었다. "나는 티끌과 재이며 죄로 가득한데 어떻게 감히 살아계시고 영원하시고 참되신 하나님을 대면할 수 있는가?"

이와 같은 번뇌와 시련은 오랫동안 그의 여린 영혼을 사로잡았다. 그는 이 두려움을 이기기 위해 최선을 다했다. 때로 3일간 금식을 하기도 하고 자신의 몸을 혹독하게 괴롭히기도 했다. 그러나 그의 모든 노력이 그에게 평안을 주지는 못했다. 또한 산상수훈의 말씀을 너무 지키기 어려워 자신은 아무것도 할 수 없다는 무력감 때문에 괴로워하기도 했다.

1510년, 때마침 에르푸르트의 아우구스티누스 수도원에서 논쟁이 생겨 그에 대한 교황의 급한 대답을 구할 필요가 생겼다. 이때 루터는 로마로 파송되었고 로마에 머무르는 동안 교황의 자문뿐 아니라 성자의 공로를 힘입어 자기의 영혼을 구원하는 일에 온갖 정력을 쏟았다. 그는 로마의 라테란 성당을 찾아가 그곳에 있는 'Scala Sancta', 곧 28계단으로 된 빌라도의 계단을 무릎으로 올라갔다. 예수님이 빌라도 앞에서 올

루터가 무릎으로 올라간 로마 라테란 성당의 빌라도 계단

랐다고 전해지는 이곳을 주기도문을 외우면서 한 계단 한 계단 올라가면 연옥에서의 형벌이 감해진다고 사람들이 믿었기 때문이다. 입을 맞추며 28계단을 올라갔으나 그에게는 아무런 마음의 변화도 없었다. 그때 그가 부르짖었다. "이것이 나와 무슨 상관이란 말인가?"

그는 부푼 기대를 가지고 로마를 찾았으나 실망과 환멸만 안고 떠났다. 그리고 마음으로 다짐했다. "로마여 안녕, 거룩한 삶을 살기 원하는 자들은 모두 로마를 떠날지어다. 로마에서는 모든 것이 허용되지만 정직한 사람이 되는 것은 허용되지 않는다." 이러한 루터의 체험은 중세적 신앙과 영성으로 살아온 그로 하여금 새로운 신앙의 길을 찾는 계기를 제공했다.

종교개혁의 뿌리

『종교개혁 시대의 영성』을 쓴 알리스터 맥그라스는 그것을 이렇게 요약했다. "영적이라는 것은 속세에서 탈출하는 것이 아니라 세상에 있으면서 하나님을 지향하는 생명이다." 이미 성 프란치스코가 세상을 수도원으로 삼는 영성을 몸소 실천한 바 있다. 그러나 영성의 개혁은 그것만으로 충분하지 않았다. 영성의 중심에 성직자가 아닌 평신도가 있어야 하며, 공간적 중심도 수도원에서 일상생활로 전환되어야만 했다. 그나마 그것도 무서운 하나님으로 짓눌린 의무감과 종교심만으로는 안 되는 것이었다. 영성은 곧 하나님에 대한 믿음의 결과로 나타난 삶의 문제다. 무서운 하나님을 믿으면 두렵고 떨리는 삶을, 은혜로운 하나님을 믿으면 행복하고 자유로운 삶을 살 수밖에 없다. 어떻게 하면 이 무서운 하나님으로부터 자유로울 수 있을까?

하나님은 법학도 루터를 어느 날 벼락 가운데 부르고 율법적인 수도원과 부패한 로마를 통해 새로운 개혁의 길로 인도하고 있었다. 그러나 개혁은 먼저 루터 자신의 마음의 변화를 통과해야 하는 것이었다. 루터의 전기작가 베인톤 교수가 쓴 『내가 여기 있나이다』에 그 변화의 조짐이 나타난다. "성자의 이름을 부른 이 청년이 나중에는 성자 숭배를 배격하게 되었고, 수도사가 되겠다고 서약한 이 청년이 나중에는 수도원 제도를 거부하게 되었고, 가톨릭교회에 충성을 바치겠다고 하던 이 청년이 나중에는 중세 가톨릭주의의 구조를 깨뜨려 버렸고, 교황에 대한 헌신을 다짐했던 이 청년이 나중에는 교황을 적그리스도라고 부르게 되었다."

그렇다, 모든 영성의 뿌리는 하나님이다. 하나님에 대한 개념이 영성의 방향을 결정한다. 루터의 역사는 곧 무서운 하나님으로부터 은혜로우신 하나님으로 전환되는 역사였다. 그러나 루터에게 그것은 항상 전격적으로 일어난 일은 아니었다. 스토테른하임에서 벼락으로 나타난 하나님은 그를 점진적 회심의 길로 이끌었다. 회심은 그리스도인의 삶의 마지막이 아니라 시작이다. 하나님은 어느 날 벼락을 통해 우리를 부를 수 있지만 매일 그렇게 하지는 않는다. 은혜로 부름받은 이후의 우리 삶은 끝까지 그리스도를 따르는 것이다. 루터가 훗날 한 말과 같다. "인생은 의가 아니라 의 가운데 자라는 것이며, 다 된 상태가 아니라 되어가는 과정이고, 안식이 아니라 훈련이다. 우리는 완성에 아직 이르지 못했으나 완성을 향하여 자라고 있으며, 그 과정은 아직 끝나지 않았다. 우리는 종착역이 아니라 여전히 여정에 있다." 아마도 스토테른하임에서 만난 하나님은 루터에게 일생 잊을 수 없는 스티그마였을 것이다. 그때 만난 무서운 하나님이 은혜로운 하나님이 된 것은 또한 평생에 걸친 하나님의 은혜였을 것이다. 우리도 지금 루터가 갔던 회심과 성화의 길을 매일 간다.

25 바르트부르크, 강하신 하나님

영적 불안을 걷어내고 찬양을 노래하다

개혁의 배경

　루터의 궤적을 따라 아이제나흐Eisenach로 발걸음을 옮겼다. 바흐의 고향이기도 한 이곳은 루터가 프리드리히 선제후의 도움으로 신약성서를 번역한 곳이다. 또한 '내 주는 강한 성이요 방패와 병기되시니'의 찬송가 가사를 쓴 곳이기도 하다. 시기적으로 루터가 이곳에 온 것은 1521년 5월로 비텐베르크 95개조 선언 발표(1517년) 이후지만 이 성은 시기와 관계없이 루터의 일생에 중요한 전환과 상징을 제공한다.

　루터가 일생동안 품고 있었던 신학적 고민은 무엇이었을까? 신학자 커Hugh T. Kerr는 '의로운 하나님'과 '은혜로운 하나님' 간의 갈등이었다고 한다. 의로운 하나님은 누구일까. 인간의 선행과 노력으로 하나님을 만족시키려는 인간적 하나님이다. 믿음과 삶의 표준이 하나님의 완전에 있기 때문에 인간 편에서는 언제나 부족하고 불완전한 하나님이다. 그 완전과 불완전 사이에 괴리가 존재하고 그 괴리가 불

바르트부르크 성. 루터가 10개월 동안 피신하여 신약성경을 번역했다.

안을 가져온다.

폴 틸리히는, 중세의 영적 핵심은 불안이었고 이 불안이 곧 종교개혁의 출발점이었다고 한다. 그러면 중세의 사람들은 이를 어떻게 해소하려고 했는가. 사람들은 양심의 가책에서 해방되기 위해, 그리고 완전하신 하나님을 만족시키기 위해 온갖 노력을 다했다. 성지를 무릎으로 순례하기도 하고(예루살렘, 스페인 산티아고 데 콤포스텔라, 영국의 켄터베리 등), 거룩한 성물을 수집하고 숭배하기도 하고(프리드리히 선제후도 5천 점의 성물을 소유하고 있었다), 빈번하고 화려한 예배의식과 기도생활을 하고(예배가 없어서 종교개혁이 일어난 것이 아니다), 과도한 봉헌(기부)을 하거나 속죄권을 구입하기도 하고, 금욕적인 자기 고행을 일삼거나, 우람한 교회 건축과 예술 작품을 봉헌하기도 하며 하나님을 만족시키려고 했다. 이 불안은 루터에게도 또 사람들에게도 있었다. 로마에서 돌아온 루터가 수도원에서 고민한 문제가 이것이었다. 죄로 고뇌하는 루터를 보고 수도원장 슈타우피츠가 이렇게 말했다. "하나님은 그대에게 화를 내지 않는데 그대는 어째서 하나님에게 화를 내는가?" 그러나 슈타우피츠의 조언과 필사적인 참회 그리고 고행은 루터를 평안하게 하지 못했다.

탑 속의 체험

그러다가 1514년(혹은 1513년) 가을, 수도원 탑 안에 있는 서재에서 소위 '탑 속의 체험'을 경험한다. 그때 루터는 시편 22편을 읽고 있었다. "내 하나님이여, 내 하나님이여, 어찌 나를 버리셨나이까. 어찌 나를 멀리하여 돕지 아니하옵시며, 내 신음하는 소리를 듣지 아니하시나이까." 루터가 이 성경을 읽으면서 마음에 그린 것은 자신의 비참한 모습이었다. 그러나 다음 순간 이 시편이 자기 자신의 비참한 모습을 묘사한 것이 아니라, 그리스도의 고난의 모습을 묘사한 것이라는 것을 깨달았다. 그래서 부르짖었다. "어째서, 어째서 하나님의 아들 예수 그리스도가 버림을 당해야 한단 말인가. 나 자신이 버림을 당하는 것은 당연한 일이다. 그러나 그리스도는 죄도 없고 불경하지도 않은데…… 어째서, 어째서!"

다음 순간 루터는 벼락에 맞은 듯한 충격에 사로잡혔다. "하나님으로부터 끊어짐을 당할 수밖에 없는 나 대신 그리스도가 친히 하나님으로부터 끊어졌다. 죄 없으신 그리스도가 내 대신, 내 죄를 담당하셨다." 그 순간 루터 앞에 나타난 그리스도의 모습은 더 이상 무서운 심판자가 아니었다. 십자가에 달려 하나님의 진노를 대신 받은 구원자의 모습, 그것은 사랑과 자비의 하나님이었다. 그래서 우리가 할 일은 완전하신 하나님을 만족시키는 것이 아니라, 완전하신 하나님이 그리스도를 통해 우리에게 다가올 때 믿음으로 그것을 받아들이는 것밖에 없다는 것을 깨달았다.

하나님의 의

이 발견은 그 후 로마서 연구를 통해 더욱 분명해졌다. 로마서 1장 17절에 '하나님의 의'라는 말이 나온다. 이 '하나님의 의'는 하나님을 만족시켜야 하는 우리의 의가 아니라 죄인인 우리를 의롭게 하시는 하나님 자신의 의라는 것을 깨달았다. 루터는 이것을 깨달았을 때 마치 새로 태어나는 것 같았다. 마치 천국의 문이 열리고 그 속으로 힘차게 뛰어 들어가는 것 같았다. 그러자 그의 삶은 180도 바뀌었다. 전에는 '하나님의 의'가 무거운 짐같이 느껴졌으나 이제는 달콤한 사랑으로 다가왔다.

그 이후로 루터는 한 번도 흔들리거나 넘어지지 않았다. 1521년 1월, 교황이 루터를 이단자로 규정하고 출교 처분을 내리자 독일 정부와 교회가 보름스로 루터를 소환했다. 독일 정부는 루터에게 신변 안전을 보장하겠다고 약속을 했지만 프리드리히 선제후는 요한 후스를 상기시키면서 강력하게 만류했다. 그러나 루터는 말했다. "보름스의 지붕 기왓장만큼이나 많은 마귀들이 자리를 잡고 있다고 해도 나는 그곳에 가겠다."

보름스에서 의회가 그의 주장과 사상을 철회하라고 요구하자 그는 이렇게 말했다. "성경의 증거와 이성에 어긋나지 않는 한 나는 아무것도 철회하지 않을 것이며 철회할 수도 없습니다. 양심에 거슬러 행동하는 것은 안전한 것도, 옳은 일도 아니기 때문입니다. 나는 어떤 다른 방도를 취할 길이 없습니다. 제가 여기 섰으니 하나님이여 도와 주소서. 아멘." 루터가 보름스를 떠날 때 독일 정부는 군사들로 하여금 호위하게 했지만 로마교회는 루터를 살해하기 위하여 교활한 음모를 꾸몄다. 이를 눈치챈 프리드리히 선제후가 기사들을 보내 루터를 납치하는 형식으로 바르트부르크 성에 피신시켰다. 루터는 이 성에서 융거 에코라는 이름으로 10개월을 보내면서 에라스무스의 헬라어 신약성경을 12주만에 독일어로 번역했다.

천천히 바르트부르크 성을 걸어 루터가 남긴 발자취를 더듬었다.

루터가 성경을 번역했던 '루터의 방'이 아담하게 보존돼 있었다. 이 방은 사실 교황이나 왕에게 잘못을 저지른 사람들을 가둔 죄수의 감옥이었다. 죄수의 감옥을 루터는 자유의 방으로 바꾸었다.

내 주는 강한 성이요

산 아래 아이제나흐 도시가 펼쳐졌다. 루터는 바로 이곳에서 '내 주는 강한 성이요 방패와 병기되시니'의 가사를 썼다. 그렇다. 무엇이 우리를 두렵게 하는가. 모든 두려움의 근저에 하나님에 대한 불신이 있다. 하나님에 대한 두려움은 인간의 종교적 본심일 수 있으나 성경적 신앙은 아니다. 하나님은 두려운 분도 무서운 분도 아니다. "믿음은 우리가 (하나님을 기쁘시게 하는) 어떤 값어치 있는 행동을 하는 것이 아니라 우리가 하나님께 값 없이 받아들여졌다는 것을 받아들이는 것이다."(폴 틸리히)

루터가 발견한 하나님으로 돌아가야 한다. "믿음의 효험은 우리가 믿는 믿음의 강도에 달린 것이 아니라 우리가 믿는 그분이 신뢰할 만한 분인가에 달려있다. 중요한 것은 우리 믿음이 위대하다는 것이 아니라 우리가 믿는 하나님이 위대하시다는 것이다. 비록 내 믿음이 연약해도 나는 여전히 다른 사람과 똑같은 보배, 똑같은 그리스도를 가지고 있다는 것을 아는 것이 중요하다. 그것은 마치 두 사람이 각자 100굴덴(화폐단위)을 갖고 있는 것과 같다. 한 사람은 그것을 종이 주머니에 담아놓을 수 있고 다른 한 사람은 쇠로 만든 금고에 보관할 수 있지만 두 사람은 똑같은 보배를 소유하고 있는 것이다. 당신과

루터의 책상

내가 소유하고 있는 그리스도는 당신과 나의 신앙이 강한가 약한가에 상관없이 똑같이 은혜로운 분이시다."(루터) 무엇이 우리를 강하게 하는가? 우리의 믿음, 행위가 아니라 그리스도 자신이다. 그렇다, 내 주는 강한 성이요 방패와 병기되신다.

26 비텐베르크, 은혜의 하나님

용감했던 개혁자이자 '은혜 받은 거지', 루터를 만나다

루터하우스

　루터 여행은 종착역을 향하고 있었다. 최종 목적지인 비텐베르크로 가는 길에 아이슬레벤에 들렀다. 아이슬레벤은 루터가 태어나고 세례 받고 죽은 곳이다. 우리나라 읍내 장터 정도의 작은 시장을 지나 루터가 세례받은 교회, 루터가 태어나고 살았던 집, 그리고 어린 루터가 다녔다는 교회에 들렀다.

　어린 루터는 어떤 모습이었을까. 드디어 비텐베르크에 도착했다. 차에서 내리자 도시가 주는 무게가 느껴졌다. 비텐베르크는 멜랑히톤과 함께 루터가 묻힌 곳, 무엇보다 종교개혁의 봉화를 높이 든 95개 조항이 새겨진 곳이다. '루터하우스'에 들어갔다. 루터가 1508년부터 살고 활동했던 곳으로 1883년부터 루터박물관으로 활용되고 있다. 루터박물관에는 루터에 관한 1000여 점의 원본들이 전시돼 있다. 그중에서도 몇 가지 중요한 것이 눈길을 끌었다. 종교개혁의 도화선이 된 면죄부 통, 루터가 직접 설교했다는 강단(이 강단에서 루터는 면죄부를 비판하는 등 2000회 이상 설교했다고 한다), 1524년까지 마지막으로 입었던 루터의 수도복, 루터가 번역한 독일어 성경 초판, 그리고 지하에 있는 루터의 부인 카타리나 폰 보라의 발자취 등이다. 또 루터박물관에는 루터가 한 중요한 말들이 새겨져 있었다. "Wo Christus ist, geht er allzeit wider den Strom.(Where Christ is, there he always goes against the flow그리스도가 계신 곳에는 언제나 시대의 흐름에 역행하는 일이 있다.)" "The true treasure of the Church is the most holy gospel of the glory and grace of God교회의 진실한 보화는 하나님 영광과 은혜의 가장 거룩한 복음이다."(루터가 쓴 95개항 중 62번 논제) "Trust in God, and do whatever you want하나님을 믿고 네가 하고 싶은 일을 하라."

우리는 거지다

그러나 가장 도전적인 루터의 말은 루터가 임종하기 직전에 한 말이다. "We are beggar, it is true우리는 모두 거지이고, 그것은 사실이다." 왜 루터는 자신을 '거지'라고 했을까. 임종을 앞둔 시점에서 그가 거지라고 한 이유가 무엇인가. '거지'라는 단어가 하루 종일 머릿속에서 맴돌았다. 그러다 문득 깨달았다. "아, 거지는 은혜받은 자의 표상이다. 거지는 남의 도움을 받지 않고는 살 수 없다." 루터는 사람 앞에는 용감했던 개혁자였지만 하나님 앞에서는 보잘것없는 거지였던 것이다. 먼 길을 돌고 돌아 루터는 자신이 하나님에게서 은혜받은 거지임을 깨달았다.

루터가 평생에 걸쳐 발견한 은혜의 하나님, 그 하나님은 사랑받을 만하기 때문에 사랑하는 것이 아니라 우선 우리를 사랑하고 사랑받을 만한 자로 만드는 하나님이시다. 사람들은 자신을 의인으로 보지만 하나님 앞에는 누구나 죄인이다. 반면 하나님의 사람들은 자신을 죄인으로 여기지만 하나님의 눈에는 누구나 의롭다. 하나님은 죄인을 있는 그대로 받아들이시지만 그들을 받으신 후 그가 원하시는 모습대로 그들을 만들어가신다. "우리는 받아들여질 수 없음에도 불구하고 하나님에 의해 받아들여졌다." 이것이 은혜다. "하나님이 받아들인 나를 내가 받아들인다." 이것이 믿음이다. 이 은혜와 믿음은 십자가를 통하여 우리에게 온다. "그리스도의 십자가는 모든 것을 내버리고 오직 그리스도를 향해 심중의 믿음을 붙잡고 있는 바로 그것이다. 그래서 십자가에 못 박힌 사람이 아니면 누구도 그리스도인이 아니다. 따라서 오로지 십자가만이 우리의 신학이다."(루터) 그리스도 덕에 십자가에서 아무 공로 없이 받아들여졌기 때문에 우리는 아무 방해 없이 하나님께 직접 나갈 수 있다. 루터가 가톨릭의 성례전을 거부한 것은 이 때문이다. 하나님이 은혜로 우리를 받으셨기 때문에 우리도 오직 은혜로 하나님께 나아간다.

다른 중보자는 없다

하나님께 나아가는 곳에는 어떤 다른 장애물 혹은 중보자가 있을 수 없다. 그리스도 외의 다른 중보자는 없다. 이것을 위해 루터는 『교회의 바빌론 포로』(1520년 10월)를 썼다. 루터는 이 책에서 로마교회의 성례전을 비판하면서, 그것은 그리스도인의 삶을 요람에서 무덤까지

종교개혁의
도화선이 된 면죄부 통

교회가 동행하며 통제하는 수단으로, 모든 중요한 행동과 사건을 사제의 권위 아래 두는 제도라고 말했다. 루터는 이 제도를 현대판 바빌론의 '포로Captivity'로 비유했다. 성례전의 오류와 남용으로부터 교회를 지키기 위해 루터는 일곱 가지 성례 중 세례와 성찬만 받아들이고 다섯 가지(견신례, 혼례, 안수례, 고해성사, 종부성사)는 받아들이지 않았다. 사제의 배타적 중재권은 당연히 거부된다. 금욕적 고행주의도 마땅히 받아들일 수 없다. 평신도 그리스도인의 우위성과 만인제사장주의는 그 대안으로 제시된다.

그렇다면 루터의 은혜는 모든 인간적 노력과 훈련을 불필요한 것으로 여기는가? 그렇지 않다. 루터의 은혜와 자유가 역사적으로 육신적인 사람들에게 무절제의 구실이 된 것은 사실이다. 육신적 인간들이 은혜를 남용하여(롬 6:1), 자유를 육체의 기회(갈 5:13)로 삼은 것이다. 그 결과 개혁의 반율법주의적 경향과 공중도덕의 퇴보, 심지어 폭력적인 농민전쟁까지 발생했다. 교파의 난립과 분열, 개인주의적 경향도 개혁의 과정에서 피할 수 없는 부작용으로 드러났다. 그것은 지금까지 세계교회 특히 한국교회를 망치는 가장 큰 원인이 되고 있다. 그러나 루터가 그렇게 가르쳤기 때문은 아니다. 그것은 '권위'의 원리에 의해 지배되던 로마교회에 대하여 '자유'의 원리를 새로운 지배의 원리로 제시한 개혁의 비고의적 결과였다.

은혜, 믿음, 선행

그나마 그것은 루터교회만 그런 것이 아니다. 초대교회부터 있었고 로마교회에서도 충분히 나타난 문제였다. 루터의 은혜는 그리스도 안에서의(In) 자유에서 오는 것이지 그리스도로부터의(From) 자유에서 온 것이 아니다. 그리스도 없는 은혜는 생각할 수도 없다. 믿음은 은혜의 자녀이지만 동시에 선행의 어머니이다. 선행은 칭의의 조건이지만 또한 그것의 필연적 증거이기도 하다. "그리스도 예수 안에서는 할례나 무할례가 효력이 없으되 사랑으로 역사하는 믿음뿐이니라."(갈 5:6)

우리는 믿기 때문에 의롭게 되는 것이 아니라 우리의 믿음을 통하여 의롭게 된다. 그러나 그렇다고 해서 선행과 훈련이 필요 없는 것이 아니다. 좋은 뿌리에서 좋은 열매가 나오듯이 좋은 믿음의 뿌리는 반드시 좋은 선행의 열매를 낳는다. 뿌리 안에 열매가 있듯 믿음 안에 선행이 있다. 루터의 말이다. "믿음은 선행을 해야 하느냐고 묻지 않는다. 그렇게 묻기 전에 이미 선행을 행할 뿐만 아니라 항상 선행을 하고 있다. 믿음과 선행을 분리시키느니 차라리 불과 빛을 분리시키는 것이 낫다."

그가 『그리스도인의 자유』(1520년 10월)에서 했던 말이 결론이다. "그리스도인은 자기를 위해서 살지 않고 그리스도와 이웃을 위해서 산다. 그는 믿음으로 자기를 넘어(Above himself) 하나님에게 이르고 그리고 사랑으로 하나님으로부터 자기보다 아래로(Below himself) 내려간다." 진실로 우리는 거지다. 우리는 하나님의 은혜가 아니면 한순간도 살 수 없다. 그것은 루터에게뿐 아니라 우리에게도 사실이다. 그리고 그 은혜 안에 모든 믿음과 사랑이 있다.

95개 조항을 써붙인 비텐베르크 교회 내부. 여기에 루터의 무덤이 있다.

27 루터의 아내, 카타리나 폰 보라

거룩한 가정을 꾸려 세상을 성스럽게 하다

가정과 영성

"건강한 가정 없이 건강한 영성이 가능할까?" 이는 가정 사역자 찰스 셀의 질문이다. 영성이 관계성을 근거로 한다면 이 질문은 사실 피하기 어렵다. 그런 까닭에 루터의 길을 살펴보면서 계속 궁금했던 것이 루터의 가정은 어떠했을까 하는 점이었다. 루터의 아내는 누구였을까. 루터의 가정은 행복했을까. '루터하우스'에 들어가자마자 질문의 답을 얻었다. 정원 입구에 루터 아내의 청동상이 서 있었기 때문이다. 키는 크지 않으나 눈매는 매섭고 부지런하다는 인상을 준 여자, 마치 바쁜 걸음으로 어딘가를 향하여 걷고 있는 것 같은 이 여인이 루터의 아내 카타리나 폰 보라Katherina von Bora(1499~1552)이다.

우선 동상의 위치에 놀랐다. 루터의 그 많은 유적들을 모은 박물관 앞에 카타리나가 마치 손님들을 맞이하는 느낌으로 서 있다. 누가 설계한 구도일까. 이는 아마도 이 집에서 루터가 35년간 살았고 또 카타리나와 결혼해 21년을 살았기 때문일 것이다. 루터가 아내의 동상을 만들지 않은 것은 분명하다. 하지만 루터의 의도와 무관하게 만들어지지도 않았을 것이다. 루터의 긴 개혁의 역사에서 카타리나와의 결혼만큼 중요한 사건은 없기 때문이다. 루터는 처음부터 성직자의 결혼을 지지하지 않았다. 그는 가능한 독신의 서원을 지키고 싶어했다. 그리고 결혼으로 종교개혁이 방해를 받을까 염려했다. 실제로 그는 결혼으로 인해 로마교회의 많은 비판을 받았고 실제 상당수의 지지자를 잃기도 했다.

루터의 결혼

카타리나는 본래 수녀였다. 1523년 4월, 아홉 명의 수녀가 근처 수녀원에서 탈출하여 비텐베르크로 피신한 뒤 루터에게 보호와 도움을 요청한 일이 있었는데 그중에 카타리나가 있었다. 그는 본래 귀족 출신이었으나 가난했고 루터보다 15살 연하였다. 외모나 교양이 특출하지 않았으나 건강하고 총명하고 생각이 깊었다. 처음에 루터는 그를 다른 사람과 맺어주려고 했으나 카타리나의 마음은 처음부터 루터에게 있었다.

두 사람은 드디어 사랑의 결실을 맺어 1525년 6월 13일, 역사적인 결혼을 했다. 당시 루터의 결혼은 교회와 세상에 엄청난 파장을 일으켰다. 그것은 1059년 라테란 회의에서 사제의 결혼을 금지한 로마교회 법을 정면으로 어긴 것이기 때문이다(사실 멜랑히톤이 루터보다 먼저 결혼했다). 교회역사의 처음 2세기까지는 교회 안에 독신제도가 없었다. 3세기 수도원운동이 시작되면서 자발적 독신운동이 일어났고 중세

루터의 아내, 카타리나 폰 보라

로 오면서 성직자의 독신주의가 의무화됐다. 초기 교회의 수도원운동이나 중세교회의 성례전적 정결이 '선행'이라는 믿음에 기초한 것은 부인할 수 없다. 부부가 함께 살면서 하나님을 섬기는 것보다 혼자 하나님을 섬기는 것이 훨씬 더 하나님을 기쁘게 한다는 선행적 사고가 그 밑바닥에 깔려 있는 것이다.

아우구스티누스의 원죄론도 독신주의 형성에 영향을 주었을 것이다. 아우구스티누스는 자신의 경험을 바탕으로 인간의 원죄는 성적 행위에서 온다고 믿었기 때문이다. 중세의 독신주창자 피터 다미안 Peter Damian(1072년 사망)에 의하면 예수님의 어머니 마리아도 동정녀였고 예수님도 일평생 독신으로 살았으니 그의 몸인 떡을 만지는 사제도 당연히 독신이어야 한다고 주장했다.

루터의 가정

이런 상황에서 루터가 결혼을 결심한 것은 쉬운 일이 아니었다. 우선 중세에 널리 퍼진 미신적 신앙을 극복해야 했다. 중세인들은 배교한 수도사와 도망친 수녀 사이(영적인 근친상간)에서는 반드시 적그리스도나 장애아가 태어난다고 믿고 있었다. 과연 루터의 아이는 정상적으로 태어날 수 있을까. 다행히도 (그리고 당연히) 루터의 큰아들 요하네스Johannes는 건강하게 태어났다. 만약 루터의 아이가 장애아로 태어났다면 종교개혁은 어떻게 되었을까. 아마 더 큰 핍박의 이유를 제공했을 것이다.

루터의 결혼은 다만 한 남자와 여자의 감정적 결합이 아니었다. 그

루터와 카타리나가 함께 살았던 루터의 집 내부

것은 하나님의 부르심(소명)에 대한 응답이었다. 루터에 의하면 하나님의 부르심은 단지 교회만이 아니었다. 그것은 가정을 대표로 하는 세상으로의 부름이었다. 교회와 가정은 하나님 안에서 배타적 영역이 아니라 한 하나님이 다스리는, 한 하나님의 나라였다. 독신주의가 개인을 '성인聖人'으로 만든다면 가정은 세상에 '성화聖化'를 가져온다.

이 믿음으로 가정을 이룬 루터와 카타리나는 21년간 같이 살았다. 그들의 집은 늘 사람들로 넘쳐났다. 방문이나 도움을 구하기 위해 온 수많은 사람들, 학생, 성직자, 동료, 고아가 된 친척, 방문객들에게 카타리나는 따뜻한 어머니의 환대를 제공했다. 카타리나는 자신의 네 아이뿐 아니라 고아가 된 여섯 명의 친척 아이를 길렀고, 1527년 비텐베르크에 흑사병이 덮쳤을 때는 자신의 집을 구호소로 바꾸어 환자들을 치료하고 섬겼다. 루터와 카타리나는 여섯 명의 자녀를 두었다. 딸 셋(두 딸은 어려서 죽음)에 아들 셋이었는데, 아들들의 이름은 한스(요한)와 마르틴, 파울이었다. 루터와 카타리나는 개신교의 목회와 윤리에 잘 맞는 이상적인 목회자 가정을 이루었다.

루터는 저녁식사 이후 친구들 및 자녀들과 어울려 음악을 즐겼다. 독일어 및 라틴어 찬송과 세속음악을 함께 연주하며 불렀다. 그는 시, 회화와 모든 순수 예술을 좋아했다. 그는 음악을 신학 다음 자리에 두었다. 음악이야말로 우울증을 몰아내고 마귀의 유혹을 물리치는 가장 효과적인 무기라고 생각했다. 루터는 자연의 아름다움을 즐겼고, 나무와 꽃들을 사랑했고, 호기심 가득한 눈으로 벌집을 관찰했다. 또 새들이 지저귀는 소리를 즐거워했고, 다시 찾아온 봄으로 젊음을 회복했고, 어디를 가든 자연을 지으신 하나님의 선하심을 앙모했다. 루터는 집안일에는 전혀 신경을 쓰지 않고 모든 일을 현명하고 검소한 아내의 손에 맡겼다. 자신에 대해서는 태만하고 무심한 가장으로 평가했으나 아내에 대해서는 높이 평가했다.

　아내가 적은 소유에 만족하며 근검절약으로 가정과 자녀들을 돌본 것에 늘 감사했다. 그의 말년에 가정을 주신 하나님께 이렇게 말했다. "하나님의 말씀 다음으로 거룩한 결혼보다 더 소중한 보물이 없다. 하나님께서 지상에 내리신 가장 큰 선물은 경건하고 활달하고 하나님을 경외하며 가정을 지키는 아내이며, 그런 아내와는 서로 화목하게 살면서 재산과 몸과 생명을 맡길 수 있다."

성인聖人이냐 성화聖化냐

　루터의 결혼은 어쩌면 그가 비텐베르크에 내건 95개 조항보다 위대했는지 모른다. 그것은 교회 안에 있었던 성직자 중심의 영성이 가정을 중심으로 세상에 퍼져나가는 출발점이 됐기 때문이다. 우리가 개인적으로 '성인'이 되려는 것이 아니라 세상의 '성화'를 위해서라면 반드시 가정을 가져야 한다. 가정은 하나님 나라의 변두리가 아니다. 창조의 완성이 가정이었듯이 종교개혁의 완성도 가정이었다.

　루터의 긴 일정을 따라가면서, 그리고 '루터하우스'를 떠나면서, 루터와 카타리나가 아름다운 가정으로 종교개혁을 완성하고 행복한 가정의 모범을 통해 훗날 모든 개신교 가정(훗날 츠빙글리, 칼뱅, 존 녹스 등도 결혼했다)의 귀감이 됐다는 사실에 참 감사했다. 그리고 기도했다. 하나님, 우리의 가정도 루터와 카타리나의 가정처럼 하나님이 다스리는 세상의 성화 한복판에 있게 하옵소서.

28 스페너의 '경건한 소원'

꺼져가던 루터의 개혁에 경건주의의 불을 지피다

역사는 반복되는 것일까? 루터로부터 시작된 개혁의 주제는 그 이후에도 이어졌다. 때는 17세기 중엽, 루터가 죽고 100년 후의 독일교회는 생명력을 잃고 있었다. 루터가 잘못해서가 아니라 루터로부터 시작된 생명의 역사가 정통주의로 화석화되었기 때문이다. 성직자들은 사변적 교리 논쟁에 열을 올린 나머지 목회에는 별 관심이 없었고 교인들은 길고 지루한 설교에 영혼이 잠들어 있었다. 영적 각성이 필요한 시대였다. 이때 하나님이 또 한 번의 은혜의 소나기를 부어 교회를 새롭게 했는데 그것이 경건주의운동이다.

프랑크푸르트, 경건주의의 태동

경건주의운동은 독일의 지리적 중심지 프랑크푸르트에서 시작되었다. 프랑크푸르트의 주요 볼거리는 다행히도 중앙역 근처에 몰려 있었다. 중앙역 근처에서 잠을 자고 아침 일찍 배낭을 메고 출발했다. 뢰머 광장과 대성당을 지나 괴테의 생가를 지났다. 괴테가 이곳에서 『파우스트』와 『젊은 베르테르의 슬픔』을 썼다고 한다. 괴테의 집을 지났더니 영화 〈쉰들러 리스트〉의 주인공 오스카 쉰들러가 살았던 집과 『안네의 일기』의 주인공 안네 프랑크가 살았던 집이 나왔다. 그 집들을 지나자 바울 교회가 나타났다. 바울교회는 스페너가 교회 개혁의 열망을 품고 사역했던 곳이다. 교회 한쪽 명판에 '스페너는 교회와 사회의 개혁자였다'고 씌어 있었다.

스페너는 누구인가? 스페너는 1635년, 스트라스부르 근처에서 태어나 그곳에서 자라 루터교 목사로 안수를 받았다. 그리고 1666년, 프랑크푸르트로 자리를 옮겨 19년 동안(1666~1685) 그곳에서 목회하면서 경건주의운동을 태동시켰다. 스페너가 목회하면서 만난 프랑크푸르트 시민들은 대부분 사치와 부도덕, 그리고 불경건의 삶을 살고 있었다. 그래서 그는 루터가 지폈던 개혁의 불을 다시 한 번 점화하기 시작했다. 처음에 시민들은 큰 반응을 보이지 않았다. 그러다가 1670년, 스페너가 마태복음 5장 20~26절을 본문으로 철저한 회개와 산 믿음의 필요성을 역설하자 반응이 나타나기 시작했다. 사람들은 주일과 수요일마다 스페너의 집에 모여 성경을 공부했고 말씀에 대한 열띤 토론과 함께 뜨거운 기도운동이 시작되었다.

독일 프랑크푸르트에 위치한 성 바울 교회 벽에 새겨진 필립 야콥 스페너의 명패. 명패 왼쪽 상단에는 그의 저서 『경건한 소원Pia Desideria』이 소개되어 있다.

'경건한 소원', 경건주의의 불꽃

이 운동은 1675년, 스페너가 쓴 『경건한 소원Pia Desideria』이 출판되자 폭발하기 시작했다. 스페너 이전에도 개혁을 주장하는 사람들이 있었지만 『경건한 소원』은 개혁을 열망하는 뜻있는 사람들에게 시의적절했고 대담했으며 또한 개혁의 종합적인 내용을 담고 있었다. 『경건한 소원』은 당시 교회의 불경에 대한 탄식으로 시작된다. "오늘날 교회의 영적 비참상은 비록 사람들의 눈에는 크게 드러나지 않는다 하더라도 너무나도 심각하고, 위태롭고 불쌍한 형편이다." 무엇이 교회를 불쌍하게 만들고 있는가? 가장 큰 문제는 성직자들의 타락이다. 성직자들은 세속적 풍습에 빠져 있고 육체적 쾌락과 안목의 정욕에 빠져 있었다. 무엇보다 자기 부정의 삶을 살고 있지 않았다. 성직자들은 인간적인 노력으로 성경의 문자와 올바른 교리를 배웠지만 성령의 능력으로 그것들을 실천하지는 못하고 있었다.

스페너가 집중적으로 관심을 촉구했던 것도 올바른 믿음이 아니라 올바른 실천이었다. 올바른 믿음은 종교개혁의 결과로 우리에게 이미 주어진 것이 아닌가? 문제는 그 올바른 믿음이 올바르게 실천되지 않고 있다는 것이었다. 적어도 그 시대에는 정통적 교리Orthodoxy보다 정통적 실천Orthopraxis이 더 중요했다.

바른 교리보다 바른 실천

루터 이후 교회는 로마교회의 바빌론 포로로부터 자유로워진 것에는 만족하면서도 정작 자신들은 그것을 실천하지 못하고 있었다. 그래서 스페너는 이렇게 물었다. "우리가 바빌론에서 빠져나온 것을 자랑하면서 우리 또한 새로운 바벨탑을 쌓고 있다면 우리가 로마 가톨릭교회로부터 탈퇴한 것을 자랑할 수 있는가?" 답은 자랑할 수 없다는 것이었다. 루터의 올바른 믿음은 올바른 행함으로 실천했어야 하는 것이었다.

그런데 그 일에 앞장서야 할 성직자들이 세상 유행을 따르고 온갖 세속적 정신과 추문으로 가득 차 있으니 교회는 위험하고 심각한 상태에 빠진 것이다. 빌립보서 2장 21절 말씀이 목회자들의 상황을 잘 설명하고 있었다. "그들이 다 자기 일을 구하고 그리스도 예수의 일은 구하지 아니하되." 어쩌면 이 경고가 오늘 우리 시대의 교회에도 해당되지 않는가? 그래도 희망은 있다. 인간의 죄악이 있는 곳에 하나님의 은혜도 있기 때문이다.(롬 5:20) 그러나 값싼 은혜는 힘이 없다. 은혜가 비싼 만큼 우리도 비싼 대가를 지불해야 한다.

경건한 삶의 실천

그래서 스페너는 이 책의 마지막 부분에서 교회개혁을 위한 여섯 가지 방안을 제시한다. 첫째, 하나님의 말씀인 성경으로 돌아가야 한다. 우리는 우리 속에 선한 것이라고는 아무것도 없음을 알아야 한다. 설교자는 성경을 선포해야 하며 신자는 주야로 성경을 읽어야 한다. 둘째, 우리는 모두 영적 제사장임을 알아야 한다. 모든 영적 기능을 성직자들에게만 부여한 것이 중세 교회의 큰 실수였다. 셋째, 신앙은 지

경건한 삶의 실천을 강조한 스페너
(1635~1705)의 모습

식이 아니라 실천이다. 그리스도인
은 신앙에 대한 지식을 소유한 사
람이 아니라 그것을 실천하도록
명령받은 사람이다. 넷째, 논쟁을
피하고 오류에 빠진 자를 사랑으로
권면해야 한다. 불신자를 보거나 이단
과 논쟁할 때 우리가 취할 태도가 이것이
다. 그들을 가르치고 좋은 본을 보여줄 뿐 아니라 가슴에서 나오는 사
랑을 실천해야 한다.

스페너의 기본 메시지는 그가 존경했던 요한 아른트John Arnt에서 왔
다. 아른트가 『진정한 기독교』에서 한 말을 그는 항상 마음에 품었다.
"교리와 하나님 말씀의 순수성은 논쟁이나 많은 책을 저술함으로써
가 아니라 진정한 회개와 거룩한 생활에 의해 유지된다." 다섯째, 교
회 및 신학교육의 개혁은 적절한 사람이 맡아야 한다. 적절한 사람이
란 참 신자요 신학적으로 잘 훈련받은 사람이다. 여섯째, 설교는 신앙
과 열매를 맺게 하는 목적으로 준비되어야 한다. 강단은 사람의 지식
이나 재주를 나타내는 곳이 아니다. 강단은 주님의 말씀을 단순하고
능력 있게 전파하는 곳이며 그 말씀을 실천하도록 선포하는 곳이다.

스페너의 『경건한 소원』은 17세기 독일교회 상황을 통해 오늘날 한
국교회 상황을 보여준다. 이 책이 요즘 한국교회에서 쓰여진 것이 아
닌가 착각할 정도이다. 그렇다, 우리는 우리가 옳은 교리와 올바른
교회에 속해 있다고 자만하지 말아야 한다. 유진 피터슨이 말한 대로

영성의 삶은 올바른 믿음과 함께 올바른 기도, 올바른 삶이 함께 가야 한다. 올바른 기도가 토양이라면, 올바른 믿음은 나무, 올바른 삶은 그 열매다. 올바른 기도가 골짜기라면, 올바른 믿음은 높은 산, 그리고 올바른 삶은 산위에서 비치는 세상의 빛이다. 루터가 올바른 믿음을 위해 싸웠다면 경건주의는 올바른 삶을 위해, 그리고 영성가와 신비주의자들은 올바른 기도를 위해 살았다. 그동안 한국교회는 열심 있는 기도와 올바른 믿음으로 성장의 축복을 받았다. 이제는 삶의 실천이다. 실천 없는 믿음은 죽은 믿음이 아닌가?

 뷔르츠부르크의 〈에케 호모〉

가시관 쓰신 예수님 그림이 청년의 영성에 불을 지피다

루터를 잇는 독일 경건주의의 발자취를 더듬을 때 반드시 거쳐야 할 도시가 프랑크푸르트(스페너)와 할레(프랑케)이다. 그리고 스페너와 프랑케에 이어 경건주의를 꽃피운 진젤도르프(1700~1760)를 이해하기 위해 반드시 빼놓을 수 없는 곳이 뷔르츠부르크이다.

〈에케 호모〉

뷔르츠부르크는 프랑크푸르트 밑에 위치한 아름다운 마인 강의 도시다. 이곳은 독일의 문호 헤르만 헤세가 "내가 만일 다시 태어난다면 뷔르츠부르크에서 태어나고 싶다."고 할 정도로 아름다운 도시다. 바로 이곳에 있는 한 작은 그림이 독일의 평범한 젊은이의 영성에 불을 질렀다. 그가 진젤도르프다.

이탈리아 출신의 무명 화가
도메니코 페티가 그린 〈에케 호모〉.
그림의 내용은 빌라도가 예수님을
재판하면서 "이 사람을 보라."고
소리치자 예수님이 피를 흘리며
말없이 고개를 떨구고 있는 모습이다.

    마인 강을 가로지르는 알테마인 교를 건넜다. 분위기는 마치 프라하의 카를 교 같았다. 강 주변에 늘어선 고색창연한 건물들이 이 도시의 역사성을 보여주었다. 다리를 건너자 대성당이 나왔고 대성당을 지나자 '레지덴츠'라는 옛날 대주교의 집이 나왔다. 유네스코 세계문화유산으로 지정된 곳이다. 대주교의 부와 명성이 얼마나 화려했으면 그 많은 그림들과 화려한 가구들이 남았을까. 2층으로 올라가자 한쪽 구석에 그 유명한 그림이 걸려 있었다. 이탈리아 화가 도메니코 페티(1589~1624)가 그린 〈에케 호모Ecce Homo〉라는 그림이다. 그림의 내용은 빌라도가 예수님을 재판하면서 "이 사람을 보라(에케 호모)." 하고 소리치자 예수님이 말없이 고개를 떨구고 있는 모습이다. 아무도 이 그림에 주목하지 않을 때 하나님은 한 사람을 그 앞에 무릎 꿇게 하여 교회의 역사를 새롭게 했다.

이 그림을 그린 도메니코 페티는 이탈리아 출신의 무명 화가였다. 사실 그는 〈에케 호모〉를 두 장 그렸는데 하나는 뷔르츠부르크에 있고 또 하나는 이탈리아 우피치 미술관에 있다. 흥미로운 것은, 오래 정성을 기울여 그린 우피치 미술관의 〈에케 호모〉보다 뷔르츠부르크의 그림이 더 유명하다는 점이다. 아마 진젤도르프 때문인지 모르겠다.

하나님의 은혜가 부어지다

진젤도르프가 이 그림 앞에 선 것은 1719년 19세 때였다. 당시 진젤도르프는 많은 가능성을 가졌지만 아직은 어린 젊은이였다. 그는 독일 드레스덴에서 고관의 아들로 태어나 슈페너의 경건주의 영향을 받은 할머니의 신앙교육 아래 자랐다. 할레 학교(1710~1716)를 통해서는 프랑케로부터 많은 교훈과 감동을 받았다. 어릴 때부터 남다르게 자란 그는 할레 학교 시절 소년단을 조직해 사랑의 실천에 힘쓰고 할레 출신 선교사들의 영향을 받아 선교에도 큰 관심을 보였다. 특히 그가 4세 때 경건주의의 아버지 슈페너로부터 머리에 손을 얹는 축복기도를 받은 것은 그에게 잊을 수 없는 영적 추억이었다. 그렇다고 그가 위대한 하나님의 사람이 되리라는 예약은 없었다. 그는 그저 그 시대 여느 젊은이와 다름없는 19세의 젊은이였을 뿐이었다. 열심은 있었으나 아직은 어리고, 추진력은 있었으나 아직은 감정에 휘둘리는 젊은이였다. 누구

진젤도르프 백작의 초상.
〈에케 호모〉를 본 그에게
하나님의 은혜가 부어져
모라비안 형제회를 조직하고
본격적인 경건주의 운동을 전개했다.

나 어릴 때 총명하다고 장래가 보장되는 것은 아니며, 어릴 때 착했다고 해서 끝까지 하나님의 쓰임을 받는다는 보장도 없다. 타고난 태생과 교육 못지않게 하나님의 은혜가 부어져야 한다.

진젤도르프가 그날 그 그림 앞에 섰을 때 하나님의 놀라운 은혜가 그에게 부어졌다. 그가 그 그림을 바라보고 있을 때 그 영혼에 음성이 들렸다. "나는 너를 위하여 이 일을 하였건만 너는 나를 위하여 무엇을 하느냐." 이 글이 당시 그림 앞에 쓰여 있었다고 전하는 사람도 있고, 다만 음성이 진젤도르프에게 들렸던 것이라고 전하는 사람도 있다. 어느 쪽이든 상관은 없다. 글이 있었든 없었든 그에게 하나님의 감동이 임했다는 것이 중요하다. 바울을 바꾼 다메섹 체험, 루터를 부른 벼락 사건이 진젤도르프에도 임한 것이다.

나도 그 그림 앞에 섰다. 오래전 독일의 한 젊은이를 불렀던 그림은 나에게 낯설지 않았다. 십자가 앞에 선 예수님의 모습은 흔히 볼 수 있는 모습이요, 그 주제로 그려진 그림도 한두 점이 아니다. 그러나 그 그림은 특별했다. 그림 자체가 특별해서 특별한 것이 아니라 그 그림의 주인공이 특별해서 특별했다. 머리에 가시관을 쓰신 예수님, 가시가 머리를 눌러 이미 이마에는 피가 흐르고 예수님의 얼굴은 창백하다. 빌라도가 "이 사람을 보라."고 외칠 때 빌라도는 무슨 의도였을까? "이 사람을 보라."는 소리를 듣고 예수님을 바라보았을 때 사람들은 예수님에게서 무엇을 보았을까? 그때 예수님은 무슨 생각을 하고 있었을까? 시간과 공간을 뛰어넘어 그 그림은 나에게도 묻고 있었다. "나는 너를 위해 피 흘렸건만 너는 나를 위해 무엇을 하고 있느냐." 그 음성은 나에게 조용한 책망으로 그리고 영혼의 깊은 울림으로 들려왔다.

진젤도르프의 변화

예수님의 음성을 들은 진젤도르프는 그 후 고향인 드레스덴으로 돌아가 오로지 하나님께만 집중했다고 한다. 백작으로서 태생적으로 누릴 수 있었던 편안하고 호화로운 삶을 모두 포기하고 자기 집도 예배와 모임의 장소로 내놓았다. 그러던 중 체코에서 종교의 자유를 찾아 이동한 모라비안 교도들을 만났다. 모라비안 교도는 체코의 개혁자 존 후스를 따르는 루터 이전의 개신교도들이었다. 진젤도르프는 그들을 자신의 영지인 헤른후트로 피신하게 해 그곳에 정착하게 했다. 그리고 모라비안 형제회를 조직해 본격적인 경건주의운동을 전개했다. 그 모라비안 운동이 할레 대학과 함께 근대 선교의 불을 일으켰고 1832년 7월, 한국 최초의 선교사인 귀츨라프(1803~1851)를 우리나라 서해안으로 보냈으며, 고아원의 아버지 조지 밀러를 회심시켜 영국으로 보냈고, 감리교를 탄생시켰다. 지금도 헤른후트에 있는 모라비안 교회에 가면 진젤도르프와 감리교 창시자인 요한 웨슬리의 흉상이 나란히 세워져 있다.

모라비안 교도들은 당시 개신교 신자 누구에게서도 인정받지 못하고 있었다. 당연히 옥스퍼드 출신의 웨슬리도 인정하지 않았었다. 그런데 그가 1729년, 미국 선교를 위해 배에 올랐다가 풍랑을 만나 두려워할 때 뜻밖에 평화롭게 찬양하는 모라비안 교도들을 만났다. 두려움에 떨던 웨슬리는 그들에게서 "잠시 후면 영광스러운 주님을 뵙게 될 텐데 뭐가 그리 두렵습니까?"라는 말을 듣고 자신이 아직 구원받지 못했음을 깨달았다. 미국 선교에 실패하고 돌아온 후 영적인 문제로 고민하던 1738년 5월, 런던 올더스게이트의 모라비안 교도 집회에서 웨슬리의 영혼이 거듭났다. 감리교가 탄생하는 역사적인 순간이었다.

이 사람을 보라

한 사람 진젤도르프를 불러 경건주의운동의 기수로 쓰신 하나님이 그 뿌리에서 또다시 요한 웨슬리를 불러 감리교운동을 시작하게 하시고 한국 최초의 선교사까지 보내게 했으니, 그 장한 역사의 뿌리가 한 무명 화가의 작은 그림이었다는 것이 신비하기만 하다. "에케 호모, 이 사람을 보라." 우리는 누구를 보는가. 우리는 누구를 바라보는가.

　이 그림은 그 뒤 또 한 사람을 감동시켰다. 영국의 프란시스 하버갈이다. 그가 독일에 유학할 때 이 그림을 보고 찬송가를 작사했다. 「내 너를 위하여」(찬송가 311장)가 그것이다. "내 너를 위하여 몸 버려 피 흘려 네 죄를 속하여 살 길을 주었다. 널 위해 몸을 주건만 너 무엇 주느냐 널 위해 몸을 주건만 너 무엇 주느냐." 그렇다. 영성은 우리 앞에 십자가 지고 서신 예수님을 바라보는 것이다. 그리고 그 앞에 무릎 꿇고 서는 것이다. 당신도 오늘 예수님을 바라보는가.

30 할레 대학과 귀츨라프 선교사

영성의 물줄기가 한반도까지 흘러오다

　영성은 자기 영혼의 정화만을 위해 있는가. 아니다. 뿌리는 줄기를 낳고 줄기는 반드시 열매를 맺기 때문이다. '영성의 발자취'를 걸으며 그것이 오늘 우리의 삶과 무슨 관련이 있는지 묻는 분들이 있다. 단언컨대 영성의 역사에 불연속이란 없다. 기도의 삶은 믿음의 고백으로 이어지고 믿음의 고백은 삶의 실천으로 이어진다. 삶의 실천은 더 깊은 기도를 요청하고 더 깊은 기도는 더 큰 믿음으로 나타난다. 2000년 영성사는 분명 기도, 믿음, 삶의 은혜가 연속적으로 나타난 역사였다. 루터의 개혁이 그 이전의 영성적 뿌리에서 시작된 것처럼, 그것 또한 경건한 삶의 열매를 잉태했다. 루터 개혁의 영성적 뿌리가 베르나르, 타울러, 독일 신비주의라면 그 열매는 경건주의였다.

귀츨라프가 1832년 7월 25일부터 1832년 8월 12일(19일간)까지 밟은 선교의 땅, 서해안 원산도

할레와 프랑케

비텐베르크에서 할레로 향했다. 할레는 예상보다 우중충한 분위기였다. 동부 독일 특유의 분위기 때문일까. 할레에는 「메시아」를 작곡한 헨델의 흔적, 고아의 아버지인 조지 뮐러의 흔적이 남아 있지만 특히 중요한 것은 프랑케의 흔적이다. 프랑케(1663~1727)는 뤼벡에서 법관의 아들로 태어났다. 그는 어릴 때부터 매우 종교적이었으나 에르푸르트 대학과 키일 대학에서 철학과 신학을 공부하고 졸업하면서 깊은 종교적 고민에 빠졌다. 그를 종교적 회의주의에서 건져내 하나님의 사람이 되게 한 것은 경건주의의 창설자 스페너였다.

프랑케는 1688년 슈페너를 만나 경건주의 감화를 받았고 1689년에는 라이프치히로 돌아가 성경공부 반을 지도하며 경건주의운동에 전념했다. 할레 대학에서의 강의와 목회는 많은 사람에게 큰 감동을 불러일으켰다. 그 결과 그의 사역에 놀라운 경건의 열매들이 맺히기 시작했다. 그는 가난하고 버림받은 어린이들을 위한 학교를 시작하여 많은 고아를 돌봤다. 1696년에 고아들을 위한 '고아의 집'을 세웠고, 1698년에 과부들을 위한 '과부의 집'을 세웠다. 아마도 그 뿌리에서 고아원의 아버지 조지 뮐러가 태어났을 것이다. 1701년에는 병원을 세워 병자들을 돌보았고, 1704년에는 교사 양성 학원과 성경 보급소를 세워 성경을 각국어로 출판한 후 싼값에 보급했다.

프랑케의 관심은 언제나 가난하고 소외된 자들이었다. 그들을 섬겨 세상 전체가 구원받게 하는 것이 그의 일관된 꿈이었다. 그의 경건의 실천은 선교 분야에서도 풍성한 열매를 맺었다. 그는 윌리엄 캐리보다 100여 년 전에 세계 선교의 환상을 보았고, 그 자신이 직접 인도에 나가 선교하기도 했다.

선교사 귀츨라프

이 뿌리에서 태어난 사람이 한국에 최초로 파송된 선교사 귀츨라프였다. 귀츨라프는 1803년 독일의 가난한 가정에서 태어나 할레 대학에 입학했다. 그가 할레 대학에 입학한 것은 아시아, 특히 한국 민족을 향한 하나님의 큰 구원의 섭리였다. 그는 거기에서 신앙의 실천을 강조한 경건주의와 만났고 믿음의 확신과 함께 신앙 실천으로서의 선교에 처음으로 눈을 떴다.

그는 1823년 네덜란드 선교사로 지원해 목사가 됐고 1827년에는 그토록 꿈꾸고 기도했던 아시아 선교를 향해 첫발을 내딛었다. 그가 처음으로 선교의 닻을 내린 곳은 인도네시아와 태국이었다. 그러나 그곳에서 그의 아내 뉴엘이 딸 쌍둥이를 낳다가 죽는 큰 슬픔을 경험했고 그로 인해 중국 동해안을 따라 새로운 선교여행을 시작했다. 그는 인도네시아와 태국에서 익힌 중국어 실력을 발판으로 통역관을 겸하여 암허스트 호를 타고 1832년 2월 마카오에서 출발했다. 그리고 아모이, 타이완, 푸저우, 닝보, 상하이, 웨이하이웨이 등 중국 동해안을 따라 북상한 뒤 7월 17일 처음으로 한반도 서해안에 도착하였다. 말하자면 1832년 7월 17일은 한국 땅에 처음으로 외국인 선교사가 발을 디딘 한국교회 선교의 첫날인 셈이다.

한국 최초의 선교

그의 선교보고인 『귀츨라프 행전』은 1832년 7월부터 8월 사이 한국 서해안을 방문하여 선교한 일정을 자세하게 전하고 있다. 귀츨라프 선교사는 한국에 오기 이전부터 한국에 대한 상당한 지식과 정보를 갖고 있었다. 그는 한문에 통달했고 1653년에 있었던 하멜의 표류 사건도 알고 있었다.

귀츨라프 일행이 처음 상륙한 한국 서해안은 황해도 몽금포였다. 귀츨라프는 배에서 내려 해안에서 낚시하고 있던 어선에 올라갔다. 그리고 거기에 있던 어부 두 명과 필담을 나누면서 책 몇 권과 사자 무늬가 있는 단추를 선물로 주었다. 이때 귀츨라프와 처음 만난 어부는 김대백과 조천의였다. 귀츨라프가 두 어부들에게 준 책은 한문 성경이었다. 이 사실은 조선 정부 문서에 '1832년 7월 17일 오후 5시경

우리나라 최초의 선교사 귀츨라프의 초상

어부 김대백이 외국인으로부터 책을 받고 답례로 농어 세 마리를 주었으나 그 책이 이단좌설로 밝혀져 황해감사 김난순에 의해 불태워지고 그 외국인은 쫓겨났다'고 기록돼 있기 때문이다. 귀츨라프와 한국인의 첫 접촉은 그렇게 끝났다.

 귀츨라프 일행은 어쩔 수 없이 몽금포 앞바다를 벗어나 남쪽으로 기수를 돌렸는데 7월 19일부터 20일까지 계속된 강한 비와 짙은 안개 때문에 해안에 접근하는 것이 불가능해 이틀이 지난 후 충청도 어느 섬에 도착했다. 그곳이 지금의 충남 서천군 비인만 일대의 작은 섬이다. 배는 7월 21일 외연 열도에 정박하고 22일 녹도, 23일 불모도를 지나 24일에는 고대도, 25일에 원산도에 도착했다. 이곳에서 귀츨라프는 8월 12일까지 머물면서 19일 동안 한국 최초의 본격적인 선교활동을 개시했다. 이때 그는 두 가지 방법을 구사했다. 하나는 지역 주민들에게 감자를 보급한 것이다. 그날이 7월 30일이었다. 그는 수많은 원산도 주민과 군관이 지켜보는 가운데 감자를 파종하고 재배하는 방법을 가르쳐주었다. 또 하나는 주민들에게 한문으로 된 주기도문을 주어 그것을 한글로 번역하게 한 것이다. 그가 번역하게 한 한글 주기도문이 지금 남아 있지는 않지만 그는 주기도문과 함께 만나는 사람들에게마다 예수 그리스도를 설명했다.

주께서 열매 맺으소서

그러나 사람들은 그에게 반응을 보이지 않았다. 그때 그가 쓴 일기의 한 대목이다. "우리는 조선인에게 하나님의 아들 예수 그리스도가 우리의 구원자임을 거듭 들려주려 하였지만 그들은 관심을 보이지 않았다. 이 같은 무관심은 조선인의 두드러진 특징처럼 보인다."

시간이 지나면서 귀츨라프는 조선인들과 어떤 책이나 물건도 주고받아서는 안 된다는 접촉 금지령을 받았고 결국 군인들의 협박에 의해 그 땅을 떠나야 했다. 8월 12일 귀츨라프는 "나를 슬프게 한 것은, 고관들이 백성들에게 더 이상 어떤 책이나 물건도 받아서는 안 된다고 금지시킨 일이다……. 이 모든 일들은 내가 늘 기도로써 간구한 결과 하나님의 은혜로운 섭리로 이루어진 하나님의 역사다. 조선 땅에 씨 뿌려진 하나님의 진리가 완전히 소멸될 것인가. 나는 그렇게 믿지 않는다……. 조선 땅에 씨 뿌려진 하나님의 진리는 주님께서 약속하신 때에 열매 맺을 것이다."라고 책에 썼다. 과연 그의 믿음대로 하나님은 34년이 지난 후 토마스 목사를, 그리고 53년 지난 후 아펜젤러와 언더우드를 이 땅에 보내 그가 뿌린 씨앗의 열매를 맺게 하셨다.

귀츨라프의 선교는 우연인가. 그렇지 않다. 중세-루터-경건주의로 이어지는 하나님 역사의 큰 손, 그 속에 흘렀던 영성의 물줄기가 어느 날 한민족의 서해안에까지 흘러온 것이다. 하나님의 위대한 섭리가 아닌가. 영성의 역사는 단절되지 않는다. 누군가 심으면 반드시 열매 맺는다. 그리고 우리는 지금 그 열매를 따먹고 있다. '집에 사는 사람은 그 집을 최초로 지은 사람을 기억하라.'는 말이 있다. 한국교회는 최초의 선교사 귀츨라프를 기억하는가?

에크하르트 I. 존재를 넘어선 하나님

라인 강의 깊은 묵상… 초월해 계신 신비한 하나님과 만나다

강은 영성과 무슨 관련이 있을까. 영성이란 마치 강처럼 자유롭고 부드럽게 흘러 마침내 죽어가는 것들을 살리는 것이라고 말할 수 있다. 루터, 그리고 경건주의의 도시들을 지나 만하임을 벗어났을 때 눈앞에 라인 강이 펼쳐졌다. 강 좌우편에는 포도원이 이어지고 절벽에는 고색창연한 고성이 즐비하게 늘어서 있었다.

라인 강의 영성

라인 강은 생각보다 아름다웠다. 그러나 나에게 더 그리운 것은 이 지역에서 태어나 영성의 역사에 영향을 준, 소위 '라인 강 신비주의자'라고 불렸던 사람들이다. 수 세기(특히 14~15세기) 동안 그들은 이곳에서 태어나 개인적으로는 하나님을 가까이하고 역사적으로는 종교개혁을 비롯한 인류의 역사에 영향을 끼쳤다. 주로 도미니칸 수도회에 소속한 그들의 주요 거점은 스트라스부르와 쾰른이었다.

그들 중 대표적인 사람이 마이스터 에크하르트, 요한 타울러, 하인리히 수소, 요한 로이스브루크, 토마스 아 켐피스 등이다. 이들의 생각이 언제나 동일하게 표현된 것은 아니었지만, 영혼을 하나님과 합일시킴으로써 마음과 생활의 순결을 얻으려는 지난한 노력을 기울였다는 점에서 이들은 하나였다. 훗날 종교개혁도 이들의 토양에서 나왔고, 특히 루터는 타울러를 통해 영향을 받았다. 그리고 타울러의 영적 스승이 바로 에크하르트(1260~1329)였다.

멀리 그리고 가까이 계시는 하나님

에크하르트의 영성을 한마디로 말한다는 것은 쉽지 않다. 그는 하나님을 광범위하게 묵상했고 또한 독특한 방법으로 그것을 표현했다. 그가 살았던 지리적 환경에 빗대어 말한다면, 그 영성의 스케일은 마치 알프스 같고 그 깊이는 라인 강과 같았다. 그가 평생에 걸쳐 관심을 가졌던 주제들에 대해 매튜 폭스의 분석대로 분류하자면 창조세계에 대한 관심, 하나님 앞에 나아가는 자기 부정의 삶, 신비한 하나님 묵상, 그리고 세상에 대한 자비로운 관심이라고 말할 수 있다. 그 모든 것의 근저에는 신비한 하나님이 있다.

에크하르트에 의하면 하나님은 한 가지 방식으로 경험되지 않는다. 내가 하나님을 찾으려고 하면 할수록 하나님은 나에게서 더 멀어진다. 하나님은 저 멀리 계시며 또한 우리보다 가까이 계신다. 그래서 우리가 하나님을 잘 안다고 쉽게 말해서는 안 된다. "내가 쉽게 알 수 있는 하나님이라면, 나는 그를 하나님으로 여기지도 않을 것이다." "하나님은 모든 존재를 넘어서 계시며, 그분 스스로는 어떤 것도 필요로 하지 않지만 모든 것은 그분을 필요로 하는 존재다."

하나님은 스스로 우리 경험세계에 붙잡힐 만큼 겸손하신 분이지만 그렇다고 우리의 경험이 곧 하나님인 것은 아니다. 자연은 창조를 통하여 하나님이 우리와 만나는 하나님의 계시, 하나님의 본가本家, 하나님의 성전이다. 실로 모든 피조물은 하나님의 메아리이다. 모든 존재는 하나님으로부터 나왔지만 또한 하나님 안에 머물러 있다. 하나님은 피조물 가운데에서 경험되고, 우리는 피조물을 통해 하나님을 안다. 그러나 피조물이 곧 하나님은 아니다. "하나님은 모든 피조물 가운데 있지만, 여전히 피조물 너머에 계신다."

'하나님이 모든 피조물 속에 계신다'는 에크하르트의 믿음을 범신론과 혼동해서는 안 된다. 범신론은 '모든 것이 하나님이고 하나님이 모든 것'이라는 주장이다. 범신론은 하나님의 초월성을 부인한다. 그러나 에크하르트는 하나님의 초월성과 불가언성을 누구보다도 강하게 믿는다. 이런 점에서 볼 때 그는 영성의 역사에 있어서 토마스 아퀴나스보다는 아우구스티누스의 맥을 잇고 있다.

거울은 거울이고 태양은 태양이다

그에 의하면 창조는 여전히 하나님 안에 머문다. 대야 속에 거울을 집어넣고, 그 대야를 태양 아래 둔다고 하자. 거울 속에 태양이 비치지만 태양이 비친 거울 자체가 태양은 아니다. 거울은 여전히 거울일 뿐, 태양은 거기에 없다. 하나님도 마찬가지다. 하나님은 모든 존재 안에 있지만 모든 존재가 곧 하나님은 아니다. 영혼에 하나님이 비치지만 하나님은 하나님이고 영혼은 영혼일 뿐이다. 하나님은 초월의 세계에 계시므로 우리가 이성을 통해 피조물 안에 있는 하나님을 발견했다고 해도 내가 발견한 하나님이 곧 모든 하나님이라고 생각하지는 말아야 한다. 하나님은 모든 존재와 인식 너머에 계시기 때문이다. 그래서 우리가 하나님에 대하여 말할 수 있는 최상의 상태는 침묵이다. 이러한 생각은 아우구스티누스의 말과 닿아 있다. "인간이 하나님에 대하여 말할 수 있는 가장 아름다운 것은 내적 풍요의 지혜로 침묵하는 데 있다." 그러므로 침묵하고 하나님에 대하여 말하지 말라. 왜냐하면 하나님에 대하여 우리가 말할 때 우리는 우리도 모르게 거짓말을 하는 죄를 범하기 때문이다.

에크하르트는 여기에서 한걸음 더 나아간다. "그대는 또한 하나님에 대해 아무것도 알려고 하지 말라. 왜냐하면 하나님은 모든 인식을 초월하여 계시기 때문이다. 그대가 하나님에 대하여 무엇인가를 안다 해도 하나님은 그대가 아는 하나님이 아니며 그대는 '하나님에 대하여 무엇인가 알았다'고 하는 무지와 어리석음에 빠져 있는 것이기 때문이다." 언뜻 보면 불가지론 같이 여겨지는 에크하르트의 하나님론은, 하나님을 인간화 또는 수단화하려는 일체의 인간적 시도에 대한 강력한 저항으로 들린다.

유유히 흐르는 라인 강의 줄기에서 종교개혁에 이르는 독일 신비주의가 나왔다.

에크하르트의 초상

하나님을 자유케 하라

오늘날 우리가 믿는 하나님도 그런 하나님이 아닌가. 주인이 아니라 종이 된 하나님, 목적이 아니라 수단이 된 하나님, 존재의 근거가 아니라 존재의 방법이 된 하나님을 우리는 믿지 않는가. 우리는 소위 도구적 하나님을 떠나 본질적 하나님으로 돌아가야 한다. 이 믿음의 회복을 위해 에크하르트는 우리의 머리와 손에 붙잡혀 있는 하나님, 그리고 우리의 주머니, 성공, 행복, 소유 속에 예속된 하나님을 본래의 위치에 돌려놓으라고 말한다. 에크하르트의 이런 생각이 루터의 종교개혁에 영향을 주었다면 과연 어떤 부분일까. 중세의 성례전적 속박에 예속되어 교회화된 하나님을 제자리에 되돌려놓는 '하나님의 자유'가 아니었을까.

　1329년 에크하르트는 당시 교황 요한 22세로부터 이단으로 단죄받는다. 에크하르트에 대해 총 27개 항목으로 쓰인 교황의 문서에서 16개는 '이단적'으로, 11개는 '위험한 것'으로 그를 단죄하고 있다. 교황이 단죄한 사람이 어찌 에크하르트뿐이었겠는가. 아마도 (거의 확실히) 교황의 심기를 건드린 것은 중세적 구조 속에 갇혀 있었던 '하나님의 자유(해방)'가 아니었을까.

　중세의 하나님이란 오직 성직자의 중개Mediation를 통해서만 그 앞으로 나아갈 수 있는 존재였으며, 하나님 앞에 나아가는 구조적 방법이 성례전이었다(7성사). 그러나 에크하르트는 성례전을 통해 하나님께 나아가는 것이 아니라(그가 교회의 존재를 충분히 인정하고 그 안에 평생 소속되었음에도 불구하고) 누구나 하나님께 직접 나아갈 수 있다는 하나님과의 즉각성Immediacy을 강조했으며, 그러한 주장이 성례전과 사제의 중보를 무기로 교회화한 중세 교회와 교권의 심기를 건드린 것이 아니었을까. 에크하르트가 말하고 믿었던 하나님은 우리 시대에도 도전과 경고가 되어야 한다. 우리의 생각과 욕심으로 우리 안에 가두어놓은 하나님, 그 하나님을 본래의 하나님이 되게 하는 것. 인간의 자유보다는 하나님의 자유를 더 회복시키는 것. 그것이 에크하르트와 우리 시대의 공통된 신앙적 과제가 아닌가?

32 에크하르트 II. 버리고 떠나 있음

겸손해야 초월해 계신 하나님께 나아갈 수 있다

겸손, 하나님께 나아가는 길

　에크하르트의 첫 번째 주제가 하나님이었다면 두 번째 주제는 '하나님께 나아가는 사람'이다. 우리는 어떻게 존재를 넘어선 하나님께 나아갈 수 있는가. 에크하르트는 그것을 '겸손'의 언어로 설명한다. 신적인 존재는 겸손한 자요, 겸손한 자는 곧 신적인 존재이다. 겸손한 사람과 하나님은 하나이지 둘이 아니다. 왜냐하면 하나님은 본래 겸손한 분이기 때문이다. 하나님 겸손의 극치는 성육신에서 나타났다. 하나님이 사람이 되셨고 사람이 되실 뿐 아니라 사람의 본성을 취하셨다. 그것은 그분이 보이신 최고의 겸손이다. 따라서 겸손한 사람이 된다는 것은 곧 하나님과 비슷한 존재가 된다는 것이다.

　하나님은 겸손하시기 때문에 오직 겸손한 자에게만 알려진다. 겸손은 하나님의 본성일 뿐 아니라 또한 하나님께 나아가는 길이다. 기도는 내 속에 있는 나를 하나님 앞에 굴복시키는 것이다. 또한 기도의 최고 목표는 하나님 앞에서 나를 겸손하게 세우는 것이다. 초대교

하나님은 겸손하셨다. 성육신으로 우리에게 사랑을 보여주신 십자가의 사건이 대표적이다. 로히드 반 데르 베이덴의 명화 '십자가에서 내려지는 예수 그리스도'

회에 한 수도자에게 마귀가 천사의 모습을 가장하고 나타났다. "나는 하나님이 보낸 가브리엘 천사다." 이 말을 들은 수도자가 그 자리에 납작 엎드렸다. "나는 미천한 종이라 천사의 방문을 받을 자격이 없습니다." 그 순간 마귀가 떠나갔다. 기도의 능력은 소리의 크기에 있지 않고 겸손의 크기에 있다. 겸손은 기도의 태도일 뿐 아니라 기도의 목적이다. 겸손해야 기도가 될 뿐 아니라 겸손해야 기도하는 의미가 있다.

에크하르트에게 겸손의 길은 '버림과 떠남'이다. 하나님께 나아갈 때 우리가 버리고 떠나야 한다. 그렇게 해야만 하는 이유는, 그러하지 않으면 만물의 전체성과 거룩함을 한꺼번에 보지 못하게 되기 때문이다. 우리가 우리를 버리고 그대로 두어야 하는 이유는, 하나님이 광활한 어둠이자 알 수 없는 분이기 때문이다. 우리가 아는 만큼 하나님을 아는 것이 아니라, 우리가 모르는 만큼 하나님을 알 뿐이다. "하나님은 피조물이 끝나는 곳에서 시작한다." 우리의 제한된 지성으로 하나님을 찾으려고 할 때 우리는 결코 하나님을 찾지 못한다. 역설적이게도 우리는 우리가 스스로 하나님을 찾지 않을 때 하나님을 찾을 수 있다. 하나님은 발견되는 분이 아니라 스스로 자신을 나타내는 분이기 때문이다.

영혼의 기능

우리 영혼에는 몇 가지 기능이 있다. 우선 낮은 기능이 있다. 첫 번째 낮은 기능은 구별하는 능력이다. 이 기능에는 교화라는 금반지가 끼워져야 한다. 둘째 기능은 분노라고 한다. 이 반지에는 평화라는 이름의 금반지가 끼워져야 한다. 셋째 기능은 욕망이라고 부른다. 이 기능에 우리는 자족이라는 반지를 끼워야 한다. 영혼의 고차적인 기능도 있다. 먼저 기억하는 능력이다. 삼위일체 안에서 아버지와 짝을 이룬다. 둘째 기능은 지성의 기능이다. 이 기능은 아들 예수 그리스도와 짝을 이룬다. 셋째는 의지의 기능인데 성령님과 짝을 이룬다. 이 모든 영혼의 기능이 우리에게 필요하지만 하나님을 아는 데는 큰 도움이 되지 않는다.

버린다는 것은 그대로 둔다는 것이다. 하나님도 그대로 두어야 한다. 그분을 있는 그대로, 마음 아닌 분으로, 사람 아닌 분으로, 표상이 아닌 분으로 사랑해야 한다. 우리가 무리하게 하나님에게 이름을 붙일 때 우리는 우리도 모르게 하나님을 살해할 수 있음을 알아야 한다. 우리는 하나님 앞에서 모든 것을 비우고, 의도하지 말고, 바라지 말고, 그리고 어떤 것도 가지지 말아야 한다. 하나님을 하나님으로 놓아두는 것, 우리 자신을 우리 자신으로 놓아두는 것, 그리고 다른 사람을 다른 사람으로 놓아두는 것. 이것이 진정한 겸손이다.

하나님 앞에서 가난하다는 것

가난에도 두 종류가 있다. 하나는 외적 가난이다. 외적 가난은 우리 주 예수 그리스도에 대한 사랑 때문에 가난을 자발적으로 받아들이는 것이다. 또 한 종류의 가난은 내적 가난이다. 우리 주님이 '마음이 가난한 사람은 복되다'고 말했을 때 뜻하신 것이 바로 이것이다. 그러면 하나님 안에서 가난한 사람은 어떤 사람인가? 어떤 것도 원하지 않고, 어떤 것도 알지 않고, 어떤 것도 갖지 않은 사람이다.

먼저 아무것도 원하지 않는 사람이 가난한 사람이다. 많은 사람들이 그 의미를 잘 이해하지 못하고 있다. 이들은 자신들이 귀중하게 여기는 참회와 외적인 행사에 빠져 있다. 하나님의 가장 사랑스런 의지를 충족시키고자 원하는 것이 자신들의 의지라고 생각하는 한, 사람들은 진정으로 가난한 사람들이 아니다. 사람들이 참되게 가난하기 위해서는, 이전에 여전히 존재하지 않았을 때의 그처럼 자신에 의해 만들어진 의지를 모조리 버려야 한다.

가난한 사람은 또한 아무것도 모르는 사람이다. 인간은 자기를 위해서도, 진리를 위해서도, 그리고 신을 위해서도 살지 말아야 한다. 가난해지려는 사람은 이 역시 모르는 채 살아야만 한다. 더 나아가서 그는 아는 것에서 아주 벗어나 전적으로 자유로워져야만 한다. 정신적으로 가난하고자 하는 사람은 하나님에 대해서도, 피조물에 대해서도, 또한 자기 자신에 대해서도 모르고 있을 만큼 모든 앎에서 가난하다.

아무것도 갖지 않은 사람이 또한 가난한 사람이다. 많은 사람은 지상의 물질적인 것으로부터 자유로워야 가난한 것이라고 말한다. 진정한 가난은 여기에서 한 걸음 더 나아간다. "인간은 하나님이 작용할 수 있게 하기 위해 어떤 자리에 앉지 말고 또 어떤 자리도 갖지 말아야 한다." 에크하르트에게 가난은 점점 나은 상태로 우리를 이끄는 무엇이다. 아는 것에 대한 가난은 의지에 대한 가난보다 더 나아간 것이며, 가짐에 대한 가난은 아는 것에 대한 가난보다도 더 나아간 것이다.

버림은 '그대로 둠'이다

　에크하르트의 '버림과 떠남'을 바울의 말로 바꾸면 '자기 죽음'(갈 2:20, 갈 5:24)이다. '우리가 십자가에 못 박히고' '예수님과 함께 죽었으므로' 우리 지성과 의지 또한 죽었다고 믿어야 한다. 지성을 버리고 순수한 무지를 경험할 때 우리는 진실로 하나님을 알 수 있다. '하나님 바깥에 있는 것은 모두 무無일 뿐이다.'

　버림은 곧 그대로 둠이다. 하나님을 하나님으로 놓아두는 경험, 신성을 신성으로 놓아두는 경험, 우리 자신을 우리 자신으로 놓아두는 경험, 다른 사람을 다른 사람으로 놓아두는 경험, 사물을 사물로 놓아두는 경험, 하나님을 사물 속에서 하나님이 되게 하는 경험, 사물을 하나님 안에서 하나님이 되게 하는 경험, 안을 그대로 두는 경험, 심지어 자신을 위해서든 진리를 위해서든 하나님을 위해서든 자신이 살고 있다는 것조차 모를 정도로 살아야 한다. "철저한 버림은 참으로 그대로 두는 행위다." 이를 위해 우리의 의지를 버려야 한다. 아우구스티누스가 말했다. "주여, 당신께서는 먼저 당신의 것이 되지 않은 사람과는 함께하지 않습니다." 버림은 하나님이 최종적으로 완성하지만 우리도 매일 우리 자신을 버릴 준비를 해야 한다. 그 준비는 우리가 그 무엇에도 방해받지 않고, 되돌아가지 않고, 입을 다물고 잠잠히 있음으로써 이루어진다. 그러나 버림은 억압이 아니다. 강압으로 거룩해질 수 없듯이 또한 억압으로 버릴 수 없다. "버림은 지혜와 불타는 사랑이지 억압이 아니다."

　에크하르트의 '버림과 그대로 둠'은 우리에게 어떤 의미가 있는가. 우리의 노력, 지성, 의지의 불필요성을 말하는 것이 아니다. 하나님에 대한 집착으로부터 진정한 자유를 얻어야 함을 말한다. 사람이 붙잡는 것 중에 가장 마지막이 하나님이다. 그런데 심지어 하나님조차 놓아버리는 철저한 자기 포기를 할 때, 하나님 소유의 자기 애착을 놓아버릴 때 하나님 안에서 부요한 자가 된다는 역설을 가르치고자 한 것이다. 별세別世가 곧 승세勝世다.

33 에크하르트 Ⅲ. 하나님 아들의 탄생
자기를 비우고 無가 될 때 영혼 안에서 하나님 아들이 태어난다

　자기를 비우고 심지어 하나님마저 놓아버리는 삶이 궁극적으로 다다르려는 목표는 무엇인가? 바로 하나님 아들의 탄생이다. 에크하르트는 매일 자신을 버리고 떠나는 삶의 중요성을 강조한다. "우리가 왕국이나 심지어 온 세상을 놓아버렸다 해도 자기 자신을 붙잡고 있다면 그는 아무것도 놓아버린 것이 아니다." 그러나 자기를 버리고 떠나는 삶은 그 자체가 목적이 아니다.

목표, 하나님의 아들이 태어나는 것

　자기를 버리고 떠나는 삶의 궁극적 목표는 자기 안에서 하나님의 아들이 태어나는 것이다. 자기를 버리는 삶이란 모든 일이나 사물에서 자기를 無로 만드는 것이며, 그때 하나님은 그에게서 다시 태어난다. 에크하르트에게 자기 죽음은 하나님의 아들이 우리 안에 태어나기 위한 준비 과정이다.

에크하르트는 세 가지 탄생에 대하여 말한다. 우리가 신성 안에서 태어나는 것, 하나님이 우리 안에서 태어나는 것, 우리가 하나님의 자녀로 태어나는 것이다. "하나님이 된다는 것은 낳는다는 뜻이다." 세 가지 탄생이 있다. 삼위일체 내에서 성자 하나님의 탄생, 이 탄생은 초시간적이고 영원한 탄생이다. 성육신 사건으로서의 예수님의 탄생, 이 탄생은 유일회적 탄생이요 역사적 탄생이다. 그리고 인간 영혼 안에서 일어나는 하나님 아들의 탄생, 이 탄생은 성령 안에서 매일 일어나는 탄생이다. "하나님은 성령 안에서 나를 자기 아들로, 그것도 똑같은 아들로 낳으신다." 에크하르트는 성육신으로서 예수님의 탄생을 인정하면서도 예수님의 탄생이 나 자신의 탄생이 되지 않는 한 부족하다고 말한다. "정말로 중요한 것은 나 자신이 하나님의 아들로 탄생하고 내가 하나님의 아들이 되는 일이다."

에크하르트는 이를 위해 한 가지 예를 든다. 한 부부가 있었다. 아내가 불행을 당해 한쪽 눈을 잃고 크게 슬퍼했다. 남편이 아내에게 말했다. "부인, 왜 그렇게 슬퍼하오?" 그러자 아내가 대답했다. "내가 슬퍼하는 것은 내가 눈 하나를 잃었기 때문이 아니라 당신이 그 때문에 나를 덜 사랑할지 모르기 때문이에요." 얼마 후에 남편이 자기 눈 하나를 뽑아버리고 아내에게 왔다. "여보, 내가 당신을 사랑한다는 것을 보여주기 위해 나도 당신과 같이 되었소. 나도 이제 눈 하나밖에 없소." 이것이 성육신의 신비다.

에크하르트는 계속해서 묻는다. "하나님은 왜 인간이 되셨는가? 내 안에 똑같은 하나님이 태어나게 하기 위해서이다." 우리는 "내가

조르주 드 라투스가 그린 〈양치기들의 경배〉.
우리 안에서도 하나님의 아들이 태어나야 한다.

내 아버지께 들은 것을 다 너희에게 알게 하였다."(요 15:15)는 말씀을 이해해야 한다. 성부는 성자를 낳지 않을 수 없었고 성자는 성부로부터 태어나지 않을 수 없었다. 마찬가지로 성자는 성령 안에서 우리에게서 태어나지 않을 수 없다. "성부 하나님은 영원히 그리고 끊임없이 신성의 깊이에서 성자 하나님을 낳고, 성자 하나님은 성령 안에서 끊임없이 그리고 영원히 우리를 낳으신다." 그래서 에크하르트의 다음과 같은 파격적인 선언이 나온다. "우리는 하나님의 자녀이자 하나님의 어머니다." 이 말을 글자 그대로 이해하는 독자는 없으리라고 본다. 하나님이 그 아들 안에서 역사에 태어난 것처럼 그의 아들도 우리 안에서 성령으로 태어난다는 뜻이다.

하나님의 아들로 태어날 수 있는 이유

우리 안에서 하나님의 아들이 태어나는 것이 가능한 세 가지 이유가 있다. 하나는 창조의 본성이다. 하나님은 우리를 자신의 형상으로 지으셨다. "우리의 모든 욕망과 죄에도 불구하고 우리 영혼의 근저에 흐르는 생명의 샘은 결코 고갈되지 않는다. 또한 우리 안에 있는 하나님의 형상, 곧 하나님의 아들의 신적 본성의 씨앗은 결코 파괴되지 않는다." 두 번째 이유는 하나님의 은혜다. 하나님은 우리를 지으신 후 무관심하게 내버려 두신 것이 아니라 끊임없이 돌보시고 사랑하신다. 하나님의 가장 큰 은혜는 우리를 그의 신성에 참여하게 하는 것이다.(벧후 1:4)

하나님이 우리를 그의 신성에 참여케 하기 위해 하시는 일이 탈형脫形과 입형入形이다. 탈형은 우리가 하나님의 신성에 참여하기 위해 버려야 할 것이요, 입형은 우리 속에 들어와야 할 것이다. 그런데 탈형이든 입형이든 하나님의 초자연적인 은혜가 필요하다. 하나님 은혜의 도움 없이는 아무것도 가능하지 않다. 물론 영혼의 근저를 덮고 있는 잡다한 상들을 벗겨 내는 데에는 인간의 노력도 필요하다.

돌파, 자기 깨뜨림

에크하르트는 그 점을 설명하기 위해 독특한 단어를 사용한다. 바로 '돌파Durchbruch'라는 단어이다. 에크하르트에 의하면 자기 버림의 극치는 돌파이다. 돌파는 버림으로 시작된 자기 포기를 극단으로 가져가는 지고의 신앙적 노력이며 결단이다. 버림(초탈)은 돌파를 낳고 돌파는 탄생을 낳는다.

비유한다면 이렇다. 버림이란 한 여자로서 한 남자와 결혼하는 것과 같다. 결혼하는 순간 그녀는 세상 모든 남자로부터 단절된다. 모든 남자와의 관계가 끊기고 한 남자에게 매이는 것이 결혼이다. 결혼은 곧 출산으로 이어지고 출산은 반드시 산고의 고통을 동반한다. 누구나 결혼했다고 아기를 낳지는 않는 것처럼 자기를 버렸다고 그 순간 하나님의 아들이 되는 것은 아니다. 기꺼이 산고의 고통을 지불해야 한다. 그러나 산고가 산고 자체를 목적으로 하지 않는 것처럼 '돌파'도 '돌파' 자체가 목적은 아니다. 돌파의 목적은 아기의 탄생이다. '돌파'는 요즘 용어로 '자기 깨뜨림'이다. "조개의 안에 있는 속살이 밖으로 나오려면, 껍데기가 깨져야 할 것이다. 조개의 속살을 얻고자 한다면, 껍데기를 깨뜨려야 한다."

하나님의 아들이 우리 안에 태어나는 데 돌파가 먼저냐, 하나님의 은총이 먼저냐고 묻지 말자. 왜냐하면 돌파는 처음부터 은총의 뒷받침이 있어야 하고 은총은 우리로 하여금 하나님을 찾게 하기 때문이다. 은총은 인간적 노력 이전부터 하나님에 의해 주어진 것이지만, 은총을 받기 위해서는 모든 집착을 끊는 단호한 인간적 결단도 필요하다. 그래도 굳이 어느 편이 중요하냐고 묻는다면 에크하르트는 이렇게 대답한다. "은총이든 자연이든 둘 다 하나님의 것이다." 이런 점에서 그는 기본적으로 토마스 아퀴나스의 제자이다.

마리아, 마르다의 다른 해석

탄생을 중요시하는 그의 강조점은 마르다-마리아 두 자매에 대한 해석을 달리하게 한다. 보통 마르다-마리아 사건의 핵심은 '마리아는 관조적 삶을 대표하고, 마르다는 활동적 삶을 대표한다'고 보는 것이다. 그중에서도 우선적인 것은 마리아의 삶이라고 본다. 그러나 에크하르트는 반대로 해석했다. 동생 마리아는 영혼의 갈망이 있어 예수님 발 앞에 앉았지만 그 안에 있고, 언니 마르다는 관조적 삶에서 벗어나 남을 섬기고 돕는 삶으로 발전했다는 것이다. 마리아는 예수님 앞에 있지만 여전히 그 안에 있는 삶이요, 마르다는 예수님과 함께 있지만 또한 세상 안에도 있는 삶이라는 것이다. 에크하르트가 추구하는 인간상은 이렇게 영적 태중 아이에서 벗어나 하나님의 아들로 힘차게 세상 안에서 사는 삶이다.

신비주의자였으나 하나님과 자신, 그리고 수도원 안에 침잠하는 정적주의, 체험주의, 고행주의적 신비주의자가 아니라는 점에서, 수도원에서 빠져나와 종교개혁을 실천한 루터의 삶과 행동에 그가 어떤 원형을 제공한 것은 아닐까? 하나님께 가깝게, 동시에 하나님의 아들로 태어나 세상 안에서 힘차게 살라고 소리친 에크하르트의 음성이 오늘날과 같은 탈종교 시대에 우리에게 진정한 영성의 뿌리를 말하고 있지 않은가?

베르메르가 그린 〈마르다와 마리아 집에 계신 예수님〉. 에크하르트는 마르다를 더 높게 평가했다.

34 요한 타울러와 독일 신학

독일신학, 인간 영혼의 소중함과 한계에서 출발하다

　에크하르트의 영성은 그의 제자 요한 타울러(1300~1361)를 통해 종교개혁으로 이어졌다. 두 사람은 라인 강(쾰른, 스트라스부르), 도미니칸 수도회, 설교가, 존재의 근원이신 하나님, 자기 부정과 하나님과의 연합이라는 공통적 기반 위에 서 있었지만 강조점이 달랐고 평가 또한 달랐다. 굳이 비교한다면 에크하르트가 창조세계의 중심인 우주적 하나님에 관심했다면 타울러는 예수님을 따라가는 제자도에 관심했다고 할까. 확실히 타울러는 실제적인 예수님을 닮는 성화의 삶에 대해 에크하르트보다 관심이 더 많았다. 에크하르트가 성육신적이라면 타울러는 십자가적이요, 에크하르트가 철학적이라면 타울러는 목회적이었다.

타울러, 독일교회의 아버지

『독일신학』의 원저자가 누구인지 우리는 모른다. 루터도 그 저자는 하나님만 아신다고 말한 바 있다. 그러나 루터가 이 책을 성경과 아우구스티누스 다음으로 유익한 책이라고 격찬하면서 세 차례나 직접 편집, 출판하고 타울러를 '독일교회의 아버지'라고 찬양한 것으로 보아 아마도 타울러를 저자로 생각한 것이 아닌가 생각한다. 타울러가 아니더라도 이 책의 저자는 타울러와 동시대 사람이거나 적어도 '하나님의 친구들' 중 한 사람이었을 것이다. 우리의 관심을 불러일으키는 것은 이 책에 나타난 메시지가 타울러의 분위기와 매우 비슷하고 훗날 루터의 종교개혁에 영향을 미쳤다는 점이다.

『독일신학』은 피조물인 인간 영혼의 소중함과 그 한계로부터 이야기를 시작한다. 피조물은 완전한 것을 알거나 이해할 수 없다. 그 이유는 그의 영혼이 하나님에 의해 만들어졌기 때문이다. 피조물은 오로지 만들어진 성질을 토대로 자신과 사물을 이해하기 때문에 결코 온전한 것을 알 수 없다. 오로지 하나님만 온전하시다. "피조물인 인간은 불완전한 존재, 분리된 존재, 부분적인 존재 그리고 항상 자기 자신만 향하는 존재이다."

죄는 바로 이 피조물의 불완전성에서 나온다. 죄는 피조물의 본성이다. 그럼에도 불구하고 인간이 완전하신 하나님께 나아오지 않고 스스로 하나님을 떠났다는 것이 문제이다. 아담의 죄는 다른 것이 아니라 바로 '타락과 주제넘음, 그리고 자기중심주의'이다. 인간은 피조물적 본성과 거짓 빛의 존재로서, 하나님을 찾지 않고 자기 자신을 찾아 헤맨다. 이것이 인간의 속임수요 미혹이다.

회중에게 설교하는 타울러

1522년 발행된 타울러 설교집

 그렇다면 하나님은 이런 인간을 불필요하게 여기실까. 그렇지 않다. 왜냐하면 하나님 없는 인간도 없지만 인간 없이는 또한 하나님도 없기 때문이다. 하나님은 온전하시지만 인간을 위하여 그렇게 하시고 인간의 불완전도 하나님을 통해서만 완전해질 수 있다. 하나님 없이 인간이 할 수 있는 일은 없고 하나님도 인간과 상관없이 그 일을 명하시거나 행하시지 않는다. 중요한 명제가 여기서 나온다. 그것은 하나님의 인간화와 인간의 신화神化이다. "죄인인 나의 타락은 다른 방법으로 고쳐지지 않는다. 하나님 없이 그 일을 할 수 없고, 하나님 또한 나 없이 그 일을 하시지 않는다. 그 일이 발생하려면, 하나님이 내 안에서 인간화되어야 한다." 이것이 절대타자인 하나님이 인간과 만나는 지점이다.

나를 죽이라는 뜻

이를 위해 우리가 할 일이 있다. 그것은 내 안에 있는 '나'를 죽이는 일이다. 모든 죄는 내 안에 있는 '나'에게서 온다. '나, 나의, 나를'이라는 말이 곧 죄의 특징이요 표식이다. "만일 사람이 하나의 진리에 대한 내적 지식으로 나아오려면, '나'와 '나의 것'은 죽어 없어져야 한다." "만일 내 안의 내가 죽지 않으면 내가 어떤 것을 소유하는 즉시 나도 그것의 소유가 되기 때문이다."

물론 나를 죽이라는 것은 아무것도 하지 않거나 아무것도 소유하지 말라는 뜻은 아니다. 그것은 내가 본래 존재하지 않았던 것처럼 나에 대해서 도무지 생각하지 말라는 뜻이다. 또한 지금도 내가 존재하지 않은 것처럼 나 자신에게 관심을 갖지 말라는 의미이다. 동시에 그것은 세상의 어떤 것도 하나님과 무관하게는 사랑하지 않겠다는 뜻이요, 하나님이 아닌 어떤 것도 하나님보다 더 사랑하지 않겠다는 뜻이다. 이를 가리켜 성경은 '옛사람의 죽음'이라고 말하는데 이는 '옛사람'이 나에게 있어서 영원한 '無'가 되어야 한다는 뜻이다.

자기 죽음의 훈련과 목표

이러한 자기 죽음은 그냥 오는 것이 아니다. 거기에는 적어도 네 가지 훈련과 기술이 필요하다. 첫째, 주님을 위해 예비해야 할 길에 대한 갈망과 부지런함이 필요하다. 갈망이 없는 곳에서는 아무 일도 일어나지 않는다. 둘째, 본받아야 할 본보기가 필요하다. 최고의 본보기는 예수님이시다. 셋째, 교사이신 그분을 끊임없이 믿고, 순종하고, 따라야 한다. 하루 이틀에 되는 것이 아니므로 지속성이 필요하다. 넷째, 그 일을 오늘 바로 시작하고 실천해야 한다. 결코 내일로 미뤄서는 안 된다. 이 네 가지 중 어느 한 가지만 없어도 '거룩'은 이루어지지 않는다. 이렇게 해서 이루어지는 목표는 무엇인가. 온전하신 하나님과 하나 되는 것이다. 사도 바울이 말한 대로 "온전한 것이 올 때에 불완전하고 부분적인 것들이 사라진다."(고전 13:10)

온전하신 하나님과 하나 되기 위해 사람의 영혼 안에 황홀한 상태가 나타나고, 완전하신 선에게 가까이 가고 그와 연합하려는 갈망이 생긴다. 그 갈망이 자람에 따라 영혼 안에 더 많은 것이 계시되고, 그것들이 많아질수록 영혼은 더 많이 갈망하고 더 많이 이끌린다. 그걸 이끄는 분은 아버지이시다. 사람은 누구나 그리스도의 생명을 통하지 않고는 그분과 연합에 이를 수 없다. 그리스도가 하신 두 가지 말씀이 중요하다. "나로 말미암지 않고는(곧 나의 생명을 통하지 않고서는) 아버지께로 올 자가 없느니라."(요 14:6) "아버지가 이끌지 아니하시면 아무라도 내게 올 수 없느니라."(요 6:44) 이것이 온전함으로 나아가는 길이다.

그분과 함께 있는 영광

하나님과의 연합이란 무엇인가? "하나님의 영원한 의지 안에서 접하는 순수하고 단순한 휴식이다." "연합이란, 만들어진 의지가 영원한 의지 안으로 흘러 들어가 거기에서 소멸되고 無의 상태가 되어 영원한 의지만이 우리 내면에서 의도하고 일하고 말씀하도록 만들어진, 축복된 상태이다."

우리의 말이나 행위, 규칙, 노력을 비롯한 모든 피조물의 노력으로는 하나님과의 연합을 이룰 수 없다. 행위, 학습, 능력, 활동으로도 마찬가지이다. 모두 내려놓아야 한다. 온갖 종류의 행위, 말, 규칙, 재치, 뛰어난 기능 등도 하나님과의 연합을 이루는 데 기여하거나 도움을 줄 수 있다고 생각하지 말라. 그렇다고 하나님과의 연합이 그의 노리개가 되거나 부속품이 되는 것은 아니다. 하나님과 연합된 존재는 독립적으로 존재하며 모든 사람과 사물로부터 자유로운 존재가 되는 것이다. 그는 하나님으로 인해 영원한 자유를 누린다. 하나님도 세상과 자아로부터 분리되어 자유롭게 존재하시기 때문이다.

"'신화神化된 사람, 또는 성화된 사람은 어떤 사람입니까?'라고 묻는다면, 나는 영원하신 하나님의 빛을 전하고 발산하며 그분의 사랑으로 타오르는 사람이라고 대답하겠다." "우리가 부분적으로 알고 부분적으로 예언하니 온전한 것이 올 때에는 부분적으로 하던 것이 폐하리라."(고전 13:10) 우리의 최고 영광은 그분과 함께 있는 것, 그것이다. 당신에게도 그 소원이 있는가?

35 토마스 아 켐피스, '그리스도를 본받아'

예수님을 위해 모든 사람을 사랑하고, 당신 자신을 위해 예수님을 사랑하라

라인 강은 독일을 거쳐 네덜란드로 흐른다. 멀리 북해가 보이는 네덜란드의 끝자락에서 또 한 사람의 영성가가 나왔다. 토마스 아 켐피스(1380~1471)이다. 그가 쓴 『그리스도를 본받아』는 아우구스티누스의 『참회록』 존 버니언의 『천로역정』과 더불어 기독교 서적 가운데 단연 최고봉이다. 하지만 이 책을 끝까지 읽은 사람이 얼마나 될까. 몇 주 전 무더위가 기승을 부리던 날, 더위를 피하여 모처럼 기도원에 올랐다. 그때 손에 들린 책이 『그리스도를 본받아』였다. 평소 다독과 속독을 즐기는 편이지만 이 책만은 정독하리라 다짐하고 책상 앞에 앉았다.

켐피스 초상

일기 형식의 영성고전

우선 이 책이 일기 형식으로 되어 있다는 점이 흥미로웠다. 일기 형태로 된 영성의 고전이 얼마나 많은가. 존 웨슬리, 조나단 에드워드, 조지 휫필드, 존 울만 그리고 토머스 머튼 등이 이 범주의 책을 남긴 인물들이다. 일기는 매일매일의 삶을 진솔하게 토해내는 영혼의 독백이다. 미뤘다가 한꺼번에 쓰지 않기 때문에 신선하고, 매일 쓰기 때문에 진솔하다. 모톤 켈시가 『내면세계로의 여행』에서 강조한 대로 '일기(특히 영적 일기)는 우리 내면의 영적 여행에 대한 외적, 가시적 표지판'이다.

갈급한 마음으로 책장을 열자 살아 있는 언어가 펄떡거리며 가슴에 들어왔다. "예수님을 위하여 모든 사람을 사랑하고, 당신 자신을 위하여 예수님을 사랑하도록 하십시오." 예수님에 대하여 이토록 간명하게 말할 수 있는가. 쉽다는 것은 그만큼 어려운 과정을 거쳤다는 것이다. 이 한마디를 위해 켐피스는 얼마나 많은 시간을 묵상했을까. 그렇다, 예수님은 나와 모든 사람의 중심이다. 또 하나의 문장이 나를 잠시 머물게 했다. "길이 없으면 진보가 없으며, 진리가 없으면 지식이 있을 수 없고, 생명이 없이는 삶이 있을 수 없느니라." 켐피스의 평생 기도가 이 한마디에 녹아 있는 것 같다.

회개, 영적 묵상의 시작

켐피스는 이어 회개로써 자신의 영적 묵상을 시작한다. "나는 삼위일체의 정의에 관하여 아는 것보다는 차라리 우리의 죄에 대하여 회개하는 마음을 갖고 싶습니다." 켐피스는 회개의 정의를 아는 것보다는 죄에 대하여 회개하는 편이 훨씬 낫다고 믿고 있는 것 같다. 아마도 이것은 사변적인 중세 스콜라신학이 가져다준 폐해 때문이리라. 그렇다, 회개에 대하여 아는 것보다 회개하는 것이 중요하다. 그리고 회개 없이는 어떤 성장도 변화도 기대할 수 없다. 회개는 곧 자기 부정과 겸손으로 이어진다. "너희 자신이 경건하다는 생각에 너무 열렬히 집착하지 말라. 그러한 경건함이 바로 다음 순간에는 정반대의 것으로 쉽사리 변해버릴지도 모르기 때문이다. 너희가 은혜 가운데 있을 때는 이러한 은혜가 없었더라면 얼마나 비참하고 곤궁한 처지에 놓이게 될 것인가를 생각해보도록 하라."

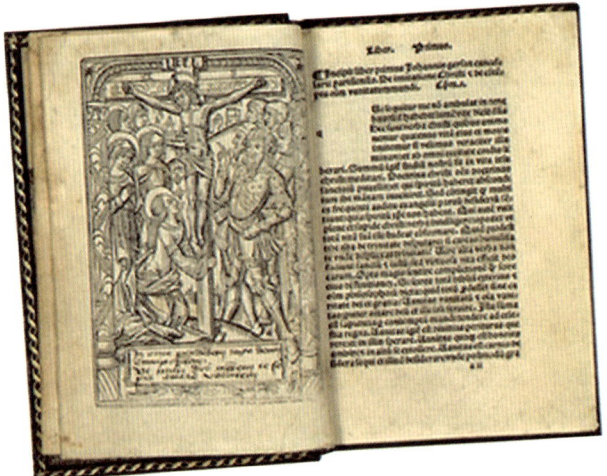

『그리스도를 본받아』

왜 이렇게 말할 수 있는가. 주님 없이는 우리가 아무것도 아니기 때문이다. "오, 주님! 그러므로 당신께서 만일 당신의 손을 우리에게서 거두신다면 우리에게는 진실로 거룩함이 없나이다. 당신께서 만일 우리를 인도해주시지 않는다면 인간의 지혜는 아무 쓸모가 없습니다. 또한 당신께서 보호해주시지 않는다면 우리가 가진 용기는 도움이 되지 못하며, 당신께서 돌보아주시지 않는다면 우리의 순결성은 지켜지지 못하나이다. 당신의 거룩하신 돌보심이 우리와 함께 있지 아니한다면 우리 자신을 돌보고자 하는 조심성이란 아무 소용이 없나이다." 이것을 진부한 기도라고 말할 수 있는가. 아니다. 문장이 길지만 사실이다. 경험으로도 알 수 있는 사실이다.

자신의 죄성을 발견한 사람은 자신과 목숨 걸고 싸워야 한다. "우리는 다른 사람이 완전하기를 요구하면서도 자신의 결점은 사실상 고치려 들지 않습니다. 다른 사람의 잘못이나 결점은 고쳐지기를 바라며 엄하게 다루면서도, 우리 자신은 고치려 하지 않고 남에게 간섭받기조차 싫어합니다. 다른 사람들이 마구 자유를 누리는 것을 불쾌하게 여기면서도 자기 자신이 원하는 것은 무엇이든 하고 싶어 합니다." 이것이 우리의 문제이다. 자신의 죄를 알면서도 남의 죄만 보이는 것. 그때 우리는 먼저 침묵해야 한다. "기꺼이 침묵을 지킬 줄 아는 사람만이 외부로 나가 대중들 앞에서도 안전하고 자신감 있게 되는 것입니다."(전 3:7) 침묵은 우리 속에서 말씀하시는 하나님의 음성을 듣는 것이다. 그리고 영적 싸움을 시작해야 한다.

"우리의 생활을 고치기 위하여 매우 좋은 방법이 두 가지 있습니다. 하나는 우리 자신 속에 있는 악에 빠지기 쉬운 성향과 더불어 싸워서 그것에 지지 않는 것이요, 또 하나는 은혜와 미덕이 필요할 때에 그것들을 얻기 위하여 열심히 노력하는 것입니다." 영적 생활은 곧 자기와의 싸움이다. 이 싸움에 진지해야 영적으로 승리한다.

자기 의를 드러내지 않는 법

영적 생활에 있어서 항상 조심할 것은 자기 의를 드러내지 않는 것이다. 자기 의를 드러내는 사람이 보이는 현상은 다른 사람으로부터 나의 행동을 인정받거나 칭찬받으려는 것이다. 그러나 그것은 쓸데없는 일이고 무익한 일이다. "사람들의 칭찬이나 책망에 관심을 두지 아니하는 사람은 마음의 평안을 누릴 수 있습니다. 또한 순수하고 맑은 양심을 가진 사람은 어디서나 쉽게 만족과 평화를 찾을 수 있습니다. 사람들로부터 칭찬을 받는다고 해서 당신이 거룩한 사람은 아니며, 또한 사람들의 책망을 받는다고 해서 당신이 사악한 사람은 아닙니다. 당신은 있는 그대로의 당신일 뿐이며, 하나님 앞에서 말에 의하여 더 위대해지는 것도 아닙니다." 예수님도 사람들에게 몸을 의탁하지 않았다. 그리고 그들에게 어떤 증거도 요구하지 않았다.(요 2:24~25) 하나님의 사람이 늘 조심해야 할 것은 자기 행동이 삶의 표준이 되거나 판단의 근거가 되는 것이다. 사람의 판단은 중요하지 않다. 사람은 의탁의 대상이 아니라 사랑의 대상일 뿐이다.

영적 생활은 고통 없는 삶이 아니다

그렇다고 영적 생활이 고통 없는 삶은 아니다. 고통 없는 삶이 행복한 것도 아니다. "그러므로 네가 지금 아무런 고통도 받지 않는다고 해서 그것이 참 평화인 줄 생각하지 말라. 또한 아무도 나를 반대하거나 괴롭히는 사람이 없다고 해서 모든 것이 원만하다고 생각하지 말며, 모든 일이 네가 원하는 대로 되어간다고 해서 만사가 완전하다고는 생각하지 말라."

영적인 생활이란, 잔잔한 바다가 아니라 풍랑 치는 바다에서 베드로가 한 것 같이 살아계신 하나님을 만나는 것이다. 켐피스가 이 책에서 마지막으로 하고 싶어 하는 말이 있다. 그것은 주님 안에 영원히 거하고 싶은 열망이다. "내가 간구하옵나니 저로 하여금 온전히 당신과 연합하게 하사, 모든 피조물로부터 제 마음이 멀어지게 하시고, 거룩한 성찬식에 자주 참여함으로써 하늘에 속한 영원한 신비를 점점 더 많이 맛볼 수 있게 하소서. 오! 주 하나님이시여, 제가 언제 당신과 더불어 온전히 하나가 될 수 있사오며, 제가 언제 당신 안에서 저 자신에 대한 것을 모두 잊을 수 있사오리까? 당신께서 제 안에 거하시고 제가 당신 안에 거하게 하사 당신과 제가 영원토록 하나가 되게 하소서."(요 15:4)

켐피스는 어떤 상황에서 이 책을 남겼는가. 아마도 평생에 걸친 기도와 자기 부정의 삶, 공동체적 삶(Devotio Moderna: 오늘의 헌신운동) 속에서 책을 썼을 것이다. 당신이 신학보다 경건을, 사색보다 예배를, 형식보다 내적 체험을, 의식보다 예수님을 좇아간다면 켐피스가 갔던 길에서 그리 멀지 않은 곳에 있게 될 것이다.

36 성 베르나르 I. 하나님을 향한 갈망

'신랑으로서의 하나님'을 갈망하다

 라인 강을 거쳐 영국으로 가는 길목에서 평소에 생각했던 사람 한 명이 떠올랐다. 성 베르나르St. Bernard(1090~1153)이다. 클레르보Clairvaux에 세운 수도원 때문에 '클레르보의 베르나르'로 더 많이 알려진 그는 내가 오래전부터 사모해왔던 사람이다.

 어느 날 찬송가 85장 '구주를 생각만 해도'를 부르다가 왼쪽 작사자 이름에 '클레르보의 베르나르'라고 쓰여 있어서 베르나르가 누굴까 늘 궁금했다. '구주를 생각만 해도 이렇게 좋거든 주 얼굴 뵈올 때에야 얼마나 좋으랴.' 가장 좋은 것은 4절이다. '예수의 넓은 사랑을 어찌 다 말하랴. 주 사랑받은 사람만 그 사랑 알도다.' 이렇게 간명하면서도 가슴을 적시는 글을 쓴 사람이라면 분명 훌륭한 사람일 거라는 생각이 들었다. 그 후로 그는 이루어지지 않은 사랑처럼 가슴 한 구석에 남아 있었는데 이번 여름, 목회자들과 함께 떠난 유럽영성투어에서 어쩌면 만날 수도 있을 것 같아 기대가 컸다.

성 베르나르가 설립하고 원장을 지낸 클레르보 수도원

아가서, 베르나르 영성의 진수

그러나 역시 베르나르까지 가는 길은 멀었다. 떼제에 도착해서 프랑스 지도를 살펴보니 떼제에서 그가 몸담았던 수도원이 있는 시토(디종)까지 100㎞밖에 되지 않았지만 자동차가 없이는 도저히 갈 수가 없었다. 어쩔 수 없이 베르나르를 두고 오면서 대신 책을 통해 그를 만나기로 했다.

베르나르는 우리에게 왜 중요한가. 우선 루터에게 영향을 주었기 때문에 중요하다. 루터는 로마서 강해에서 자신의 개혁이 세 가지로부터 영향 받았다고 말한다. 첫째는 성경, 둘째는 아우구스티누스, 그리고 셋째가 베르나르와 타울러이다. 베르나르의 무엇이 루터에게 영향을 주었을까? 아마도 베르나르가 수도원에 속해 있었지만 수도원주의자가 아니었으며, 스콜라 시대에 살았지만 신학보다는 성경을 붙잡았기 때문일 것이다. 한 사람은 수도원에 남아 있고 한 사람은 수도원에서 나왔지만 두 사람 모두 성경으로 교회를 개혁하고자 했다는 것에 공통점이 있다.

베르나르의 영성을 가장 잘 보여주는 것이 '아가서'이다. 그는 아가서 1장과 2장을 설교하는 데만 18년이 걸렸으며 평생 아가서를 88편이나 설교했다. 그는 '아가서'를 전형적인 알레고리적 방법으로 하나님과 인간의 관계, 신랑과 신부, 그리스도와 교회의 관계로 해석했다. "내가 밤에 침상에서 마음으로 사랑하는 자를 찾았노라."(아 3:1) 베르나르는 하나님과 인간 간 최고의 사랑을 신랑과 신부의 유비로 본다. 주인으로서 하나님은 우리의 경외의 대상이요, 아버지로서 하나님은 우리의 공경의 대상이지만, 신랑으로서 하나님은 우리 사랑의 대상이다.

주인에 대해 종은 죄 때문에 두려워하고, 아버지에 대하여 아들은 유산 때문에 사랑할 수 있다. 두려워하는 사랑은 온전한 사랑이 아니며, 이익을 얻고자 하는 사랑도 순수한 사랑이 아니다. 오로지 사랑 때문에 사랑해야 진정한 사랑이다. 그래서 이렇게 말할 수 있다. "나는 사랑하기 때문에 사랑하며, 사랑하기 위해서 사랑한다." "사랑은 사랑 외에 어떤 다른 원인으로도 열매 맺지 않는다. 사랑은 사랑 자체가 목적이다." 그러니 가장 순수한 사랑은 신랑과 신부의 사랑이다. 그리고 그 사랑을 가장 잘 나타낸 것이 '아가서'이다.

사랑은 찾는 것

사랑의 특징은 무엇인가? 찾는 것이다. 사랑은 찾을 때까지 찾는 것이다. 찾아야 사랑이며 찾아져야 사랑이다. "내가 밤에 침상에서 마음으로 사랑하는 자를 찾았노라."(아 3:1) 신부는 '사랑하는 자'를 찾지 않고 '마음으로 사랑하는 자'를 찾는다. 신부는 '밤에' 찾지 않고 '밤마다All night' 찾는다. 사람들은 밤에 육체의 목마름을 찾지만 신부는 밤에 마음(영혼)의 목마름을 찾는다. "내가 일어나서 성 안을 돌아다니며 마음에 사랑하는 자를 거리에서나 큰 길에서나 찾으리라."(아 3:2) 신부는 더 이상 앉아 있을 수 없다. 그래서 벌떡 일어난다. 그리고 미친 사람처럼 성안을 돌아다닌다. "거리에서나 큰 길에서나 찾으리라 하고 찾으나 만나지 못하였노라."(아 3:2) 찾아도 만나지 못하는 사랑은 얼마나 비참한 사랑인가.

순찰자

　신부는 피곤에 지쳐 그 자리에 주저앉는다. 바로 그때, 신부 앞에 한 사람이 나타난다. "성 안을 순찰하는 자들을 만나서"(아 3:3)라 할 때의 그 순찰자이다. 어두운 밤거리를 지키며 이리저리 다니는 순찰자란 신부에게 누구인가? 베르나르는 그 순찰자가, 성경에 "주인이 와서 깨어 있는 것을 보면 그 종들은 복이 있으리로다."(눅 12:37)라고 언급되는 바로 그 사람이라고 말한다. 어두운 밤, 하나님이 보내서 영혼을 지키는 영혼의 지킴이들이다. 이들이 곧 사도요, 사도 같은 사람들이다. 교회가 공격을 받아 위험할 때 교회를 지키는 사람들, 어두운 밤에 길을 잃은 영혼들을 돌보는 목자들이 그들이다. 중세를 살았던 베르나르는 그것이 바로 교회요, 교회적 사명이라고 말하고 싶었는지 모른다. 사도든, 교회든, 목양자든, 시대적 사명자든 하나님은 오늘도 하나님을 찾는 자들을 위해 순찰자를 예비하신다.

　그런데 신부가 순찰자를 만난 장면을 자세히 보아야 한다. 언뜻 보면 신부가 순찰자를 찾았고 순찰자가 신부를 발견했지만 자세히 보면 신부가 발견되었다. 순찰자는 스스로 성을 지키는 사람이 아니라 주인(신랑)의 명에 따라 일하고 있었던 것이다. 즉, 순찰자는 보내진 자였던 것이다. 그래서 베르나르는 이렇게 말했다. "순찰자가 그녀를 찾아냈다고 말하는 것은 옳지 못하며, 그분이 그녀를 찾아내도록 예비하셨다."

　성경을 보자. 가이사랴에서 베드로가 고넬료에게 전도할 때 베드로가 고넬료를 찾았는가?(행 10:1) 다메섹에서 아나니아가 바울을 위해 기도할 때 아나니아가 바울을 발견했는가?(행 9:10) 아니다. 하나님이 사람을 통해 예비하셨다. 빌립이 나다나엘을 발견했지만(요 1:45~48), 주님은 이미 무화과나무 아래에 있는 그를 보셨다. 안드레가 시몬을 찾아갔지만, 주님은 이미 시몬에게서 게바를 보셨다.(벧전 5:9) 순찰자를 만난 신부는 곧 신랑을 만났다.

붙들려서 붙잡히는 은혜

아가서 3장 4절이 중요하다. '그들을 지나치자마자 마음에 사랑하는 자를 만났다.' 왜 '지나치자마자'일까? 순찰자의 역할이 거의 필요 없었다는 뜻이다. 신부가 순찰자를 만나 도움 받은 것은 사실이지만 순찰자 때문에 신랑을 만난 것이 아니라 신랑 때문에 신랑을 만났다. 그래서 '지나치자마자'이다. 우리도 신부처럼 밤마다 하나님을 갈망해야 한다. "하나님을 찾는 것은 큰 선이요 영혼이 알고 있는 가장 큰 복이다. 그것은 영혼이 받은 으뜸가는 선물이며 영혼의 발달의 마지막 단계이다."

누구든지 '찾는 이는 찾아낼 것이요'(마 7:8) '여호와를 만날 만한 때에 찾고 가까이 계실 때 그를 불러야'(사 55:6) 한다. 그러나 그때마다 알아야 할 것이 있다. "신부가 신랑을 찾은 것이 아니라 신부가 찾아졌고, 신부가 신랑을 발견한 것이 아니라 신부가 발견되었다." 이 은혜를 깨닫지 못하면 우리의 영적 갈망은 우리의 인간적 노력이 되고 우리의 기도는 종교적 염원이 된다.

그런 점에서 신부의 마지막 장면이 중요하다. "그를 붙잡고 내 어머니 집으로, 나를 잉태한 이의 방으로 가기까지 놓지 아니하였노

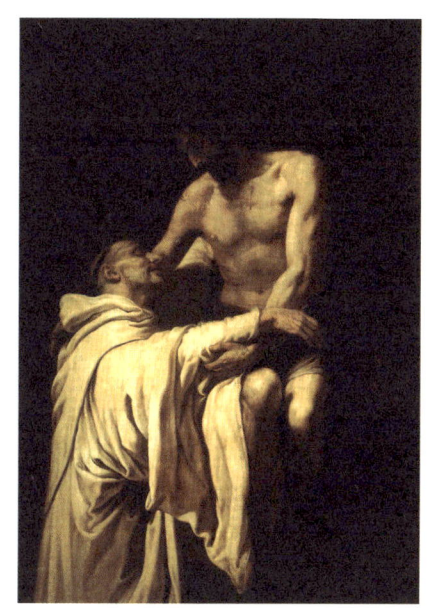

프란치스코 리발타의 작품(1625~1627)
〈성 베르나르를 껴안은 못 박힌 예수〉

라."(아 3:4) 하나님을 향한 갈망의 모습은 언제나 우리가 그를 붙잡는 모습으로 나타난다. 그러나 그가 우리를 붙잡지 않았다면 우리가 그를 붙잡을 수 있을까? 붙들리지 않으면서 붙잡는 수가 있을까? 중세를 살았던 베르나르는 이렇게 우리를 은혜 안에서 하나님 앞으로 나아가게 한다.

37 성 베르나르 II. 사랑의 상승
은혜의 정점은 하나님과 입 맞추는 것이다

　베르나르가 작사한 찬송가「구주를 생각만 해도」는 언제 불러도 좋다. 5절의 가사는 이렇다. "사랑의 구주 예수여, 내 기쁨 되시고 이제로부터 영원히 영광이 되소서." 베르나르의 평생 모토는 '예수와 십자가에 못 박힌 예수를 아는 것'이었다. 그의 철저한 예수님 사랑과 십자가 중심의 신앙 때문에 리처드 포스터는 그를 '아우구스티누스와 토마스 아퀴나스 사이의 위대한 기독교 성인'이라고 불렀다. 그의 힘의 근원은 무엇이었을까? 무엇이 그로 하여금 사람들이 만든 가톨릭, 개신교, 동방정교의 경계를 넘어 모든 그리스도인이 좋아하는 사랑의 사람이 되게 했을까? 그 비결은 아무래도 '하나님의 사랑'이다.

성 베르나르의 그리스도 사랑을 형상화한 16세기 그림

힘의 근원, 하나님의 사랑

베르나르가 끝까지 의지하고 붙잡았던 것은 하나님의 사랑이었다. 하나님 사랑에 대한 그의 고백은 그가 쓴 『하나님의 사랑』에 담겨 있다. 이 책에서 베르나르는 우리가 왜 하나님을 사랑해야 하는지 묻는다. "우리는 왜 하나님을 사랑해야 하는가? 하나님 자신 때문이다. 우리는 하나님 자신을 위하여 하나님을 사랑해야 한다. 우리가 하나님을 사랑하는 이유는 하나님이 사랑이시기 때문이다."

우리가 하나님을 사랑하는 또 다른 이유가 있는가? 그것은 하나님이 우리를 사랑하셨기 때문이다. "하나님이 우리의 사랑을 필요로 하셨기 때문에 우리가 하나님을 사랑하는 것이 아니라 우리가 하나님의 사랑 없이는 존재할 수 없기 때문에 하나님을 사랑한다." 그래서 베르나르는 이렇게 기도한다. "주님, 내가 당신과 다른 것을 아울러 사랑하지 않고 오직 당신만을 사랑하는 일에 실패하지 않도록, 내게서 다른 모든 경쟁적인 것들이 떠나가게 하옵소서. 당신만이 진실로 나의 주님이시며 나의 사랑이십니다. 내가 무엇인가를 사랑할 때, 그것을 위해 사랑하는 것이 아니라 당신을 위해 그것을 사랑하게 하소서."

네 가지 사랑

베르나르가 이야기하는 '사랑'의 특징은 사랑이 끊임없이 상승한다는 것이다. 육신적이며 타락한 죄인의 사랑으로부터 천국의 열매로 맺히는 사랑까지 사랑은 끊임없이 상승한다. 그 사랑은 마치 계단과 같다. 즉각적이고 신속히 올라가는 계단이 아니라 하나님의 은혜의 정점을 향하여 점진적으로 올라가는 계단이다.

사랑에는 크게 네 단계가 있다. 첫째, 자신을 위하여 자신을 사랑하는 사랑이다. 이 사랑은 인간의 본래적 성향에서 나오는 사랑이다. 베르나르에 의하면 이기적 죄성에서 나오는 육신적 사랑으로서, 인간은 자기 자신을 위하여 자신을 사랑한다. 이런 사랑은 인간의 죄악된 본성에서 나오는 사랑이기 때문에 시간이 갈수록 변질되고 부패한다. 둘째는 자신을 위해 하나님을 사랑하는 사랑이다. 이것은 자신의 유익을 위하여 하나님을 사랑하는 것이다. 이 사랑도 아직 하나님을 사랑하는 사랑이 아니다. 이 사랑이 궁극적으로 지향하는 것은 여전히 자기 자신이기 때문이다. 그래도 이 사랑이 필요한 것은 이 사랑을 통하여 온전하신 하나님께 점점 나아가기 때문이다.

셋째는 하나님을 위하여 하나님을 사랑하는 사랑이다. 이 사랑은 무조건적인 사랑이다. 그리스도께서 대가를 요구하지 않으신 것처럼 그도 이 사랑을 위하여 어떠한 대가나 조건을 요구하지 않는다. 이 사랑은 하나님이 잘해주시기 때문에 하나님을 사랑한다고 고백하는 사랑이 아니라, 하나님은 본래 좋으신 분이기 때문에 사랑한다고 고백하는 사랑이다.

하나님을 위하여 자신을 사랑하라

넷째는 하나님을 위하여 자신을 사랑하는 사랑이다. 이 사랑은 더 이상 자신을 사랑하지 않고, 하나님만을 사랑하여 그 사랑으로 자신을 사랑하기 때문에 최고의 사랑이다. 이 사랑에 대해 베르나르는 이렇게 말한다. "이 사랑은 마치 자신이 더 이상 존재하지 않는 것처럼 자신을 잃어버리고, 자신이 경험하는 것을 완전히 중단하며, 자신을 아무것도 아닌 것으로 여기는 것으로 순진무구한 사랑이다."

베르나르는 위의 네 가지 사랑을 이렇게 요약했다. "인간은 육신적이며 육신의 죄악을 가지고 태어났기 때문에 우리의 사랑은 육신으로부터 시작할 수밖에 없다. 이것이 첫째 단계다. 그러다가 자신 스스로만으로 살 수 없다는 결론에 도달하여 믿음으로 하나님을 찾게 되며, 자신의 필요에 의하여 하나님을 사랑하게 되는데, 이것이 두 번째 단계이다. 하나님이 달콤하다는 것을 느낄 때 하나님은 우리를 세 번째 단계로 인도하신다. 세 번째 단계는 하나님을 사랑하되 자신 때문에 하나님을 사랑하는 것이 아니고 하나님 때문에 하나님을 사랑하는 것이다. 사람은 이 세 번째 단계에 오랫동안 머무른다.

네 번째 단계는 하나님을 위해서만 사랑하는 것인데 인간의 힘으로는 불가능하다. 이것은 선하고 충성스러운 종이 주님의 즐거움 안으로 들어가고 하나님이 함께하심으로 말미암은 풍성함으로 채워질 때만 가능하다. 네 번째 단계에 들어가면 놀랍게도 그는 자신을 망각하며 자기를 더 이상 자신에게 귀속시키지 않고 하나님 안으로 완전히 들어가서 그분과 하나가 된다. 즉 그는 영적으로 하나님과 하나가 되는 것이다."

최고의 사랑, 하나님과 입맞춤

베르나르는 '아가서'에서 하나님의 사랑을 신랑과 신부의 키스로도 비유한다. 사랑은 여기서도 상승적 구조로 나타난다. 사랑의 최고봉은 하나님과 입맞춤하는 것이다. 신랑과 신부가 입 맞추듯 하나님과 입 맞추는 것은 하나님과의 연합의 정점이다. 하나님과 합일된다는 것은 인간의 본래적 존재가 하나님과 같이 된다는 것이 아니라 인간의 의지가 하나님과 하나 되는 것이다.

이를 위해 두 가지 준비단계가 있다. 발에 하는 키스와 손에 하는 키스이다. "자신의 죄를 참회하려는 마음은 하나님 앞에 자신을 굽히며 하나님의 발에 키스할 것이고, 하나님 안에서 갱신과 새 힘을 얻으려는 예배자의 정성어린 헌신은 하나님의 손에 키스하려 할 것이며, 명상의 즐거움은 황홀경에 이르는 안식으로 인도되는데 그것은 하나님의 입술에 키스하는 것이다." 발에 입맞춤하는 것도 감사하고, 손에 입맞춤하는 것도 감사하지만 입으로 하나님께 입맞춤을 하지 않는다면 아무 소용이 없다. 하나님과의 입맞춤, 이것이 그가 말한 최고의 사랑이다. 이 단계에서 우리는 그분과 깊은 사랑에 빠진다. 이 세 가지 키스를 베르나르는 고백Confession, 헌신Devotion, 명상Contemplation의 단계로 표현한다.

베르나르의 평생 관심은 기도를 통해서 하나님과 이와 같은 사랑의 합일에 이르는 것이었으며, 그 합일은 오직 하나님의 사랑을 통하여 이루어진다. 따라서 하나님의 사랑은 인간의 영이 하나님에게 부착될 수 있는 유일한 방법이다. 우리의 존재가 달라지는 것이 아니라 우리의 의지가 달라짐으로써 하나님과 연합된 상태에 이르는 것, 이것이 베르나르가 하나님을 향해 가졌던 기도의 극치였다.

베르나르는 그러한 신앙의 고백을 다음과 같은 기도로 요약한다. "주님, 나는 주님을 사랑하기 때문에 두려워하지 않습니다. 내가 주님의 사랑을 받지 않았다면 어찌 주님을 사랑할 수 있겠습니까? 주님이 나를 사랑함으로써 나도 주님을 사랑할 수 있었습니다. 주님을 향한 사랑은 내가 가진 모든 것입니다." 이렇게 기도하는 베르나르였기에 그에게서 찬송가「구주를 생각만 해도」가 탄생한 것이다. "예수의 넓은 사랑을 어찌 다 말하랴. 주 사랑 받은 사람만 그 사랑 알도다." 우리도 그 사랑 안에서 하나님의 온전한 사랑을 향해 매일 자랄 수 있을까? 주님이 우리를 먼저 사랑했기 때문에 우리도 사랑한다. 우리가 가진 최고의 축복은 하나님의 사랑이다.

38 옥스퍼드와 토마스 크랜머

영국교회의 영성 기초 쌓고 화형장에서 장엄하게 순교하다

긴 유럽대륙 여행을 마치고 영국에 도착해서 가장 먼저 찾은 곳은 옥스퍼드였다. 내가 옥스퍼드를 찾은 것은 우선 대학 때문이었다. 13세기에 시작된 세계적인 대학의 도시. 도시 전체가 캠퍼스였다. 다시 젊은 날로 돌아갈 수 있다면 한 번쯤 머물며 공부하고 싶은 곳, 옥스퍼드는 그 고색창연한 건물만큼이나 인물을 많이 배출한 곳이다. 자료에 의하면 영국 수상만 26명, 영국 국왕 2명, 19개국의 국가원수 35명, 9개국의 왕, 대통령 12명, 성인 12명, 캔터베리 대주교 20명, 노벨상 수상자 47명을 배출했다고 한다.

옥스퍼드의 순교탑

옥스퍼드에 들어서서 가장 먼저 눈에 띈 것은 우뚝 솟은 고딕형 탑

옥스퍼드 대학 순교탑

이었다. 안내자의 설명을 들으니, 16세기 종교개혁자들이 화형에 처해졌던 순교를 기리는 탑이었다. 토마스 크랜머Thomas Cranmer, 휴 라티머Hugh Latimer, 그리고 니콜라스 리들리Nicholas Ridley가 로마교회에 저항하다가 여왕 메리에 의해 화형을 당한 곳이다. 기록에 의하면 이 탑은 1841년 대중들의 기부를 받아 조지 길버트 스콧George Gilbert Scott이 만든 작품이다.

대못같이 뾰족한 탑을 한참 올려다보았다. 문득, 유럽에서 같은 뜻을 위해 살고 죽었던 수많은 사람들의 외침이 들려왔다. 루터, 멜란히톤, 칼뱅, 부처, 츠빙글리, 불링거, 그들보다 앞서 살았던 요한 후스와 사보나롤라, 그리고 그 이전에 내면의 불꽃을 태우며 교회개혁을 위해 일한 수많은 성직자들, 학자, 신비주의자들, 그들의 외침이 바다 건너 이곳까지 메아리치다니……. 하나님의 진리를 막는 절대 권력은 이 세상에 없었다. 옥스퍼드의 개혁자들은 모두 1500년대 초, 독일에서 일어난 종교개혁에 공감하여 자신의 삶을 산 제물로 드림으로써 영국교회를 위한 순교의 씨앗이 되었다. 그중에 대표적인 사람이 토마스 크랜머이다.

크랜머, 영국교회 개혁자

크랜머는 1489년 영국의 노팅햄 주에서 태어나 평생 영국교회의 초석을 놓는 데 헌신했다. 그가 했던 가장 중요한 일은 헨리 8세와 그의 아들 에드워드 6세를 도와 영국교회의 기초를 놓는 일이었다.

그는 헨리 8세의 결혼 문제와 개혁 활동에 관여하여 왕을 보좌했다. 개혁의회(1529~1536)를 소집해 반 교황 입장을 표명했고, 1531년에는 감독들로 하여금 헨리 8세가 그들의 유일한 보호자이며 유일한 최고 통치자이자 교회와 성직자들의 수장임을 인정하도록 했으며, 1534년에는 마침내 수장령Act of Supremacy을 의회에서 통과시켜 영국교회를 로마교회와 영구 분리, 영국에서의 개신교회 출발을 가능하게 했다. 특히 그가 단행한 교리적 개혁은 영국교회사에서 중요하다. 1547년, 헨리 8세가 사망한 후 에드워드 6세가 아홉 살의 어린 나이로 즉위하자 그를 도와 개신교적 개혁 정책을 수행했다. 그는 먼저 예배 의식을 개혁했다. 가톨릭적인 전통적 육조문Six Articles(1539)을 철회하고 성상을 제거했으며 미사를 성찬으로 바꿨다. 그리고 예배 의식들을 단순화하고 라틴어 대신 영어를 쓰도록 했다.

'공동기도서' 영국교회 영성의 기초

1549년에는 『제1기도서The First Prayer Book』를 제정하여 교회로 하여금 이 기도서에 따라 영어로 예배드리도록 했고 위반자는 처벌하게 했다. 1552년에는 '제2기도서'를 제정하여 죽은 사람을 위한 기도를 금지하고 제단Altar을 상Table으로, 승려Priest를 목사Minister로 바꾸었으며 화체설을 폐기했다. 또한 교리적 개혁을 단행하여 1552년에 '42조문Forty Two Articles'을 제정했는데 42조문은 루터와 칼뱅 등 개혁가들의 입장을 전적으로 수용한 것으로서 주요 내용은 이렇다.

"믿음으로 의롭게 된다. 신앙과 교회의 최고 권위는 성경이다. 7성례 중 세례와 성찬 두 성례만 인정한다. 성찬에 있어서 화체설은 폐

토마스 크랜머 초상

지한다. 사제의 결혼은 인정하며, 고해성사는 폐지한다. 그리고 성찬에서 잔과 떡을 동시에 제공한다."

특히 그가 제정한 『공동기도서』(1552)는 여러 가지 면에서 영국 개신교 영성의 기초를 형성했다. 우선 그것은 전례적이었다. 예배를 예배자의 감정에 의해서 결정하는 것이 아니라 교회의 질서에 따라 결정하도록 함으로써 예배가 일치의 방편이 되게 했다. 본문은 어디서나 같았고 구약은 매년 한 번, 신약은 세 번 낭독하도록 했다. 『공동기도서』는 또한 교회예배뿐 아니라 가정에서도 사용하도록 했다. 매주

교회의 선반에서 꺼내어 읽는 책이 아니라, 매일 가정에서 사용되는 일상적 신앙의 동반자였다. 크랜머가 독창적으로 만들어낸 이 기도서는 기도를 아침기도와 저녁기도로 나누어 지속적으로 드리게 했다.

그러나 에드워드 6세 이후의 영국 개신교회는 에드워드의 이복누이인 메리가 여왕으로 즉위하면서 탄압을 받게 되었다. 메리는 헨리 8세와 이혼한 캐서린의 딸이었으므로, 영국교회가 가톨릭으로 회복되어야만 자신의 어머니와 메리 자신이 왕으로서 권위를 찾을 수 있다고 믿었기 때문에 그는 개신교를 탄압하고 가톨릭으로 복귀시키고자 하였다. 1556년, 크랜머는 여왕 메리에 의해 주교직과 사제직을 박탈당했다. 여왕 메리는 개신교운동의 대표자 크랜머를 공개처형함으로써 반가톨릭 운동의 물결을 저지하고자 했다. 그러나 처형 직전에 사면을 미끼로 크랜머에게 여왕 메리의 종교 정책을 지지하는 문서를 작성하게 하는 한편 크랜머 자신의 과거 주장을 철회하도록 강요했다. 크랜머는 메리의 강요에 못 이겨 철회서에 서명하고 말았다. 그러나 곧 철회 서명을 부인하고 다시 개신교운동의 신앙으로 돌아왔다.

개혁자들의 순교

이로 인해 크랜머는 1555년 9월, 교황이 세운 법정에 소환되어 이단 혐의로 고발되었고 1556년 3월 21일 드디어 동료 라티머와 리들리와 함께 수많은 사람들 앞에서 화형당하게 되었다. 불이 치솟았고 고통이 시작되었다. 이때 크랜머가 크게 소리쳤다. "나는 이제 나의 전 생애에서 내가 행하고 말했던 그 무엇보다도 가장 나의 양심을 괴롭힌 큰 실수를 알게 되었습니다. 그것은 이상한 환경 아래에서 진리가 아닌 것에 내가 작성한 성명서입니다. 이제 나는 내가 마음속 깊이 생각했던 진리와는 다른 것을 내 손으로 쓴 것과, 죽음의 두려움 때문에 쓴 철회 성명서 작성을 부인하며 거부합니다. 그것은 내가 하지 말았어야 할 일로, 생명을 부지하기 위해 타락한 내가 내 손으로 '그동안 주장해온 많은 것이 진리가 아니'라고 작성하고 서명한 모든 문서를 말합니다. 나의 진심과는 다르게 나의 손이 범죄하였으므로 나의 손이 먼저 벌을 받아야 할 것이며 그래서 나는 내가 화형에 처해질 때 그 손을 먼저 태울 것입니다. 교황은 그리스도의 적이며 반그리스도적이기 때문에 그의 잘못된 모든 교리를 나는 부인합니다."

크랜머는 불이 붙을 때 자신의 오른손을 먼저 내밀었다. 그리고 그 손이 다 탈 때까지 눈을 감고 기도하다가 타오르는 화염 속에 자기 몸을 맡겼다. 운명의 순간, 그는 스데반처럼 크게 외쳤다. "주 예수시여, 내 영혼을 받으시옵소서." 크랜머는 그렇게 이 땅을 떠나갔다. 그 역사적 순교의 현장이 영국 '영성의 발자취'를 더듬어가는 출발점이 된 것에 감사하며 순교탑을 떠났다.

권력과 영국교회

교회는 권력이 되어선 안 되지만 권력에 종속되어서도 안 된다

권력(정치)과 무관한 교회의 시대가 있었을까? 아마 없었을 것이다. 초대교회는 교회가 권력에 의해 핍박받던 시대요, 중세교회는 교회가 스스로 권력이 된 시대였다. 근세교회는 교회가 새로운 권력을 낳은 시대요, 현대교회는 교회가 권력과 갈등을 빚은 시대였다. 교회가 이 땅에 존재하는 한 교회는 권력과 무관하게 존재할 수 없다. 교회와 권력의 관계는 메디치 가, 루터, 츠빙글리의 종교개혁, 뮌처, 히틀러, 중국 공산당, 해방신학, 민중신학의 역사에서도 예외 없이 나타난다.

영국교회 개혁의 역사

그것이 가장 치열하게 나타난 것은 영국교회였다. 영국교회는 현재의 모습을 갖추기까지 권력과의 변화무쌍한 관계를 거쳐왔다. 그 과정을 간단히 요약하면 이렇다.

> 헨리 8세: 수장령 선포 및 가톨릭으로부터 분리
> 에드워드 6세: 개신교 개혁
> 메리 여왕: 가톨릭으로 후퇴
> 엘리자베스 여왕: 영국 국교 정착
> 제임스 1세: 가톨릭 옹호, 왕권신수설
> 찰스 1세: 청교도 박해
> 찰스 1세: 처형 후 크롬웰 공화정
> 찰스 2세: 영국 국교 복귀, 비 국교 박해
> 제임스 2세의 딸 메리와 윌리엄: 명예혁명, 통일령으로 개신교 종교자유화

이렇게 변화무쌍한 역사가 또 있을까? 1509년 헨리 8세가 즉위하면서 시작된 권력과 교회의 긴장은 1689년 통일령에 의해 모든 개신교가 자유를 얻을 때까지 그야말로 한치 앞을 볼 수 없이 치열하게 전개됐다. 가장 중요한 특징은 왕의 종교적 성향에 따라 교회가 좌지우지되었다는 점이다. 권력은 교회를 가톨릭으로부터 분리시킨 개혁의 힘이었지만 동시에 교회를 핍박하는 힘이기도 했다. 도대체 청교도는 언제, 왜 일어났는가? 메이플라워호는 언제 미국을 향해 떠났는가? 영국교회의 이 복잡한 상황을 이해하기 위해 우리는 먼저 영국의 정치권력과 교회의 관계를 이해해야 한다.

영국교회의 개혁을 촉발한 헨리8세(재위1509~1547)

헨리 8세, 개혁운동의 시작

영국의 종교개혁은 교리나 신조의 문제로 인해 발생하지 않았다. 영국교회 개혁은 헨리 8세의 이혼 문제로부터 발생했다. 그러나 헨리의 이혼 문제 때문에 영국교회 개혁이 일어난 것은 아니다. 그의 이혼이 개혁의 계기가 되었지만 원인이 되지는 않았다. 개혁이 가능했던 것은 개혁에 대한 시대적 정신이 있었고 국민적 열망이 있었기 때문이다. 헨리 8세는 18세 때 왕이 되면서 아버지 유언에 따라 형의 아내 캐서린과 결혼했다. 훗날 헨리는 그의 결혼이 무효임을 선언해

달라고 교황에게 요청했으나 받아들여지지 않았고 오히려 재판정에 서야 했다. 분노한 헨리는 토머스 크랜머의 도움으로 1534년 수장령 Act of Supremacy을 선포하고 반가톨릭의 길로 나아갔다. 그는 수도원을 해산하고(1536, 1538) 교리적 개혁을 단행했다.

그의 반가톨릭 정책은 그의 아들 에드워드 6세(1547~1553)로 이어졌다. 크랜머의 보좌를 받은 에드워드는 가톨릭적인 예배 의식을 개혁하고 공동기도서를 통해 예전적인 영국교회 영성의 기초를 놓았다. 그 시대에 만들어진 '42개 조문'은 훗날 엘리자베스 여왕 때 '39개 조문'으로 개조되어 오늘까지 영국교회의 중요한 신앙고백이 되고 있다. 에드워드가 갑자기 사망하자 헨리와 캐서린의 딸 메리가 즉위했다. 메리는 반개신교적이었는데 자신의 어머니를 위해서라도 가톨릭으로 복귀해야만 했다. 즉위한 지 몇 달 만에 그는 에드워드 때 쫓겨난 주교들을 복직시키고 개혁파 지도자들을 투옥했다. 크랜머, 래티머, 리들리가 순교한 것이 이때였다. 그래서 역사는 그녀를 '피의 메리'라고 부른다.

청교도의 탄생

그러나 메리의 급진 정책은 영국 국민의 반감을 샀고 결과적으로 영국을 개신교 국가로 만든 원인을 제공했다. 메리를 이은 엘리자베스(1558~1603)는 종교 문제에 전념하지 않았으나 결과적으로 그의 통치 하에 영국은 강력한 개신교 국가로 등장했다. 그는 스페인의 무적함대를 격파했으며 여세를 몰아 의회에서 수장령을 재선포(1559)하여 자신이 영국교회의 최고 통치자임을 선언했고 통일령을 발표, 가톨릭적 규칙들을 폐지했다. 그러나 겉으로 개혁적으로 보이는 엘리자베스 여왕의 조치들이 오히려 미온적이라고 생각한 사람들이 생겨났다. 엘리자베스 여왕의 정책은 겉으로는 개신교적이었지만 가톨릭과 루터, 칼뱅주의를 절충한 혼합적인 것이었다. 그녀에게 교회는 국가적 통일을 위한 수단이었다. 그리스도가 아닌 왕이 교회의 수장이라고 선언한 점도 반대 진영은 수용할 수 없었다. 그래서 발생한 것이 청교도운동Puritanism이다.

청교도운동은 1563년 엘리자베스 여왕의 혼합적 종교 정책에 반대하여 교회 안에서 가톨릭교회의 미신적 찌꺼기를 더 많이 걷어내야 한다고 믿은 개신교 서클의 운동이었다. 그것은 하나의 교파운동이 아니라 다양한 교파들(장로교, 회중교, 분파적 회중교, 침례교 등)의 연합운동이었다. 이러한 개혁적 청교도운동도 또 다른 왕이 나타나자 핍박받기 시작했다. 스코틀랜드 왕이었다가 영국 전체의 왕이 된 제임스 1세(1603~1625)였다. 제임스는 즉위하자마자(1603) 청교도들이 탄원한 성찬 시 무릎 꿇기, 세례 시 십자가 긋기 등의 의식 폐지 요청을 거부하고 영국 국교 의식에 따르지 않는 자를 영국에서 추방하도록 명령했다. 그는 '감독이 없으면 왕도 없다'는 왕권신수설을 주장하며 청교도를 핍박하기 시작했다. 당시 수만 명의 '언약도'가 스코틀랜드에서 순교했으며 그때부터 분리파 청교도들이 영국을 떠나기 시작했다. 메이플라워호는 이때(1620) 신대륙으로 향했고 그 후에도 20여 년간 약 2만여 명의 청교도들이 조국을 등지고 대서양을 건넜다.

영국 국교회의 공식행사가 열리는 웨스트민스터 사원. 13세기에 착공하여 1503년에 완성되었다.

'통일령', 개신교의 승리

제임스 1세 서거 후 아들 찰스 1세 때 영국의 사태는 더 악화되어 비국교도에 대한 박해 정책이 더욱 강화되었다. 왕의 탄압이 부당하다고 생각한 국민과 의회는 왕과의 싸움을 선언했고 그 열매가 '웨스트민스터 신앙고백서'로 나타났다. 웨스트민스터 신앙고백은 1647년 의회에서 최종 통과되었는데 루터 종교개혁 이후 125년간의 개혁적 신앙고백과 청교도적 칼뱅주의 사상을 포괄했다. 결국 찰스 1세는 1649년 처형되었고, 1649년부터 1658년까지 올리버 크롬웰이 호민관으로 영국을 다스렸다. 그러나 찰스 1세의 아들 찰스 2세가 즉위함으로써 왕정이 복고되고 영국 국교가 회복되었다.

리처드 박스터(1615~1691), 존 버니언(1628~1688), 존 밀턴(1608~1674) 등의 기독교 문학가들이 활발하게 활동한 시기가 바로 이 즈음이다. 찰스 2세 사후(1685년) 그의 아들 제임스 2세가 잠시 계승했으나 곧 국외로 추방되고 제임스 2세의 딸 메리와 윌리엄William of Orange이 명예혁명으로(1688) 즉위하자 청교도운동은 소기의 목적을 달성하고 결국 종교의 자유를 얻게 되었다. 1689년 '통일령'에 의해 드디어 모든 개신교 교파에게 최종적인 자유가 선포되었다.

교회는 권력(정치)과 어떤 관계가 있는가? 교회는 성육신한 예수 그리스도를 따르는 공동체다. 따라서 교회는 세상의 어떤 권력과도 타협하거나 그에 종속되지 말아야 하고 또한 권력을 지배해서도 안 된다. 니버가 말한 대로 교회는 세상을 새롭게 하는(Transform) 역사 변혁의 능력이다. 영국교회 역사가 이를 증언한다.

40 노리치의 줄리안

열여섯 가지 '사랑의 계시' 받고 교회에 은둔한 기도의 삶을 만나다

　지난 추석 연휴, 가까운 산에 올랐다. 골짜기를 타고 힘겹게 정상에 올라가니 청명한 가을 하늘이 손에 잡힐 듯 펼쳐졌다. 역시 높은 산은 깊은 골짜기가 만든 것이었다. 영성의 산도 그러한가? 그렇다. 무대처럼 드러난 영광의 역사 배후에는 반드시 기도의 깊은 골짜기가 있었다. 영국교회도 예외는 아니다. 헨리 8세로 촉발된 교회개혁이 오랜 고난과 핍박의 산고 끝에 청교도를 낳고 그 뿌리에서 미국이 태어났으며 장로교, 감리교, 침례교, 퀘이커, 구세군, 스펄전, 웨일스 부흥운동이 일어나고 이 땅에 토마스와 존 로스의 선교의 발자취가 남겨진 것은 결코 우연한 일이 아니다. 골짜기에서 말없이 교회를 세운 사람들을 만나고 싶었다. 그 첫 번째가 노리치의 줄리안이다.

노리치 대성당에 있는 줄리안의 조각상.
『하나님 사랑의 계시』책을 끼고 있다.

줄리안, 기도의 사람

줄리안은 1342년 12월, 영국 노리치 지방에서 태어났다. 노리치는 영국의 동부, 멀리 프랑스의 노르망디를 바라보는 항구도시다. 18세기 후반까지 영국 지방도시 중 가장 번성한 곳이었다고 한다. 지금도 남아 있는 30여개의 교회는 당시의 번영을 말해준다. 줄리안의 본명은 알려져 있지 않다. 그가 은둔하며 기도했던 교회가 줄리안 교회였기 때문에 사람들이 그녀를 그렇게 불렀다. 줄리안이 평생 기도했던 줄리안 교회는 지금 어디 있을까? 줄리안 교회는 현재 성공회 수녀회에서 기도처로 사용하고 있다. 1942년, 폭격으로 폐허가 된 교회를 성공회가 재건한 것이다. 낡은 교회의 담을 손으로 만졌다. 아직도 전쟁의 상흔이 남아 있는 이 작은 교회에서 한 여성이 평생 기도하며 살았다니…….

줄리안이 살았던 시대는 고통과 절망의 시대였다. 십자군 전쟁으로 민생이 파탄되고 흑사병으로 유럽인 3분의 1이 죽었다. 영국과 프랑스 간의 백년전쟁(1337~1453), 농민혁명(1381) 등으로 유럽 전체가 혼란에 빠졌고 교황은 '아비뇽 유수'(1309~1377)를 끝내고 막 로마로 돌아갔다. 그러나 죄가 많은 곳에 은혜도 넘치는가?(롬 5:20) 어두운 시대에 하나님이 일으킨 사람은 기도의 사람이었다. 같은 시대 독일 라인 강에서 에크하르트, 요한 타울러, 헨리 수소, 토마스 아 켐피스 등이 활동했던 것을 우리는 안다. 그리고 똑같은 시대 영국에서도 하나님은 기도의 사람들을 일으키셨다. 그들이 리처드 롤, 월터 힐톤, 무명의 『무지의 구름』 작가, 그리고 줄리안이다.

주님은 나의 기쁨, 나의 행복

평범했던 중세의 여성 줄리안이 은혜의 사람이 된 것은 어느 날 임한 하나님의 계시 때문이었다. 1373년 5월 13일, 서른한 살의 줄리안은 심하게 앓다가 하나님으로부터 열여섯 가지 계시를 받았다. 이것을 그는 『하나님 사랑의 계시』에 기록했다. 줄리안에게 임한 하나님의 계시의 중심은 십자가에 달린 예수님이었다. 그가 본 열여섯 가지 계시 중 열 가지는 십자가에 달린 예수님이었고 나머지는 예수님의 말씀, 그 주변의 모습, 그리고 줄리안과의 대화였다. 우리도 어느 날

기도하다가 환상 가운데 십자가에 달린 예수님을 본다면 어떻게 될까? 무엇보다 말할 수 없는 환희와 감격을 느낄 것이다. 줄리안이 그랬다. 그는 놀라움과 감탄으로 십자가에 달린 예수님 앞에 눈물로 고백했다. "주님은 '내가 너를 위해 고난을 당한 것에 만족하느냐?'고 물으셨습니다. 나는 '그렇습니다. 선하신 주님, 당신께 감사드립니다.'라고 대답했습니다. 주님은 '네가 만족한다면 나도 만족한다. 너를 위해 고난을 당한 것은 나에게는 기쁨이며 무한한 즐거움이다. 만일 더 많은 고통을 당할 수 있다면 그렇게 할 것이다.'라고 말씀하셨습니다."

십자가는 모든 영성생활의 중심이다. 성 프란치스코가 그랬다. 그는 매일 십자가 앞에서 무릎 꿇고 소리 높여 찬미했다. 그리고 제자들에게 이렇게 가르쳤다. "십자가 앞에서 이렇게 기도하시오. 주 예수 그리스도여, 주의 거룩한 십자가로 세상을 구속하셨으니 우리가 주를 사모하고 찬양하나이다." 십자가 앞에서 엎드리고 찬양하고 그 앞에서 슬퍼하며 통곡하는 것이 그의 일상이었다. 누구나 십자가 앞에 설 수 있고 그 앞에 서면 누구나 십자가의 은혜를 받는다. 장애인 아들을 둔 한 아버지가 어느 날 아들과 함께 십자가 앞에 섰다. 얼마 후 아들이 갑자기 흐느끼며 울기 시작했다. 아버지가 물었다. "왜 우니? 십자가에 달린 예수님이 보이니?" 아들이 말했다. "예, 예수님의 눈에 눈물이 고여 있었어요." "왜?" 아들이 한참 있다 말했다. "슬프셔서요." 아버지가 물었다. "왜 예수님이 슬플까?" 아들이 말했다. "제가 두려워하니까요." 십자가에 달린 주님은 그날 그 앞에 선 작은 장애인 소년의 두려움을 보셨다.

11세기의 성자 제롬도 어느 날 베들레헴에서 성경을 번역하다가 십자가 앞에 섰다. 기도하는 중 주님이 그에게 나타났다. 제롬이 물었다. "주님, 제가 주님께 무엇을 선물하리이까?" 주님이 말했다. "하늘과 땅이 다 내 것인데 네가 무슨 선물을 내게 주겠느냐?" 제롬이 말했다. "이 성경을 다 번역하여 그것을 선물로 드리겠습니다." 그때 주님이 말씀했다. "네가 정말 나에게 선물을 주겠느냐? 그러면 한 가지만 다오. 네 죄와 고통을 다 나에게 다오. 그것이 나에게 최고의 선물이니라."

줄리안도 십자가의 은혜를 입었다. 십자가에서 당한 주님의 고난이 그에게 즐거움이요 기쁨이요 무한한 행복이라고 한 말 속에서 천국을 보았다. 천국은 '기쁨' 곧 하나님 아버지가 기뻐하시는 곳이요, '행복' 곧 예수님이 영광 받는 곳이며, '무한한 즐거움' 곧 성령님이 주시는 즐거움으로 충만한 곳이다. 아버지가 기뻐하시고, 아들이 영광을 받으시고, 성령이 즐거워하시는 곳. 그런데 그 천국은 예수님의 십자가의 고난을 통해 이루어진다. 그래서 십자가를 보는 순간 이런 은혜가 임했다. "나는 당시 고통 속에 계신 예수님을 보았지만 고통 속에 계신 예수님을 나의 천국으로 선택했습니다. 예수님 외에 어떤 천국도 나를 만족하게 하지 못했습니다. 장차 내가 그곳에 있을 때에 예수님은 나의 기쁨이 되실 것입니다."

세 가지 상처를 주옵소서

십자가의 예수님은 줄리안에게 예수님을 유일한 기쁨이요 만족으로 여기게 했다. 줄리안에게는 더 이상 다른 기쁨, 다른 만족은 없었다. 기쁨은 동시에 통회와 영혼의 갈망을 불러일으켰다. 그래서 그는 하나님께 세 가지 선물을 달라고 기도했다. 하나는 예수님이 받으신 고난을 깨닫는 것이요, 둘째는 서른 살에 육신의 병에 걸리게 해달라는 것이요, 셋째는 그가 세 가지 상처를 체험하게 해달라는 것이었다. 그렇다. 레너드 스위트가 말한 대로 '하나님의 사랑은 갚을 수 있는 것이 아니라 다만 반응할 뿐이다.' 작은 사랑은 갚을 수 있다. 그러나 너무 큰 사랑은 갚을 수 없다. 예수님의 십자가 사랑은 너무 커서 우리는 다만 그것을 바라볼 뿐이다.

줄리안도 십자가를 너무 사랑한 나머지 예수님의 십자가 고난을 조금이라도 닮고 싶었는지 모른다. 그래서 그는 세 가지 상처를 달라고 기도한다. "주여, 나에게 세 가지 상처를 주옵소서. 나의 죄를 회개하는 통회의 상처를 주옵소서. 주님의 긍휼을 깨닫는 깨달음의 상처를 주옵소서. 그리고 하나님을 향한 갈망의 상처를 주옵소서." 그는 그분을 향한 갈망의 상처를 하나님을 향한 불치의 향수병이라고 불렀다. 주님을 얼마나 사랑했으면 그것을 '상처'라고 불렀을까? 십자가에서 입은 예수님의 상처의 작은 부분이라도 그는 자기 몸에 직접 체험하고 싶었다. 결국 그는 이 모든 기도를 생전에 응답받았다.

모든 것이 잘될 것이다

줄리안에게 가장 중요한 것은, 그가 마지막까지 하나님의 선하심을 붙잡았다는 점이다. 하나님에게 죄는 치명적인 것이다. 죄가 있어서는 결코 하나님께 나아갈 수 없다. "만일 죄가 없었다면 우리 모두

베이덴의 그림 〈젊은 여인의 초상화〉(1432~1435). 이 그림의 주인공을 줄리안으로 본다.

는 깨끗했을 것이며, 우리를 처음 지으셨을 때의 하나님 모습을 닮았을 것이다." 그러나 은혜로우신 하나님은 그 죄에 대한 역설적인 은혜를 베푸신다. 즉 "죄는 필요하다. 그러나 모든 것이 잘될 것이며, 모든 종류의 일들이 잘될 것이다." 죄는 분명 나쁜 것이지만 "하나님은 죄가 인간에게 부끄러운 것이 되지 않고 하나님의 영광이 된다는 것을 보여주셨다." 인간의 죄에도 불구하고 그 죄를 선으로 바꾸시는 하나님은 온전하신 분이다. "선하신 주님은 내가 제기할 수 있는 모든 질문과 의심에 대답하시면서, '나는 모든 것을 온전하게 만들 가능성이 있으며, 모든 것을 온전하게 만들 것이다. 너는 친히 모든 종류의 것들이 온전하게 되는 것을 볼 것이다'라는 위로의 말씀을 하셨습니다."

그렇다. 고난의 시대에 세상을 보는 하나님의 긍정적인 눈을 보는가? 당시 줄리안의 시대는 고난과 실패와 아픔의 시대였다. 바로 그때에 하나님이 줄리안에게 주신 위로의 말씀이 들렸다. "모든 것은 잘 될 것이다. 모든 것은 잘 될 것이다. 모든 종류의 것은 다 잘 될 것이다All shall be well amd all shall be well amd all manner of things shall be well." 혼란의 시대에 무엇을 보는가? 보좌에 앉으신(계 4:2), 일찍이 죽임당한 그리스도를(계 5:6) 바라보아야 한다. 절망의 시대, 하나님의 음성을 들어야 한다. "모든 것이 잘 될 것이다." 절망의 시대에 기도하는 줄리안에게 십자가에서 들려온 하나님의 음성이다. 그 음성이 같은 시대를 살아가는 우리에게 유일한 힘이요 희망이다.

21 무지無知의 구름

기도는 하늘을 담은 소망상자이다

    14세기 영국, 줄리안의 시대에 또 한 명 기도의 사람이 있었다. 그는 자신의 이름을 도무지 나타내려 하지 않았다. 그래서 자신의 작품을 익명으로 냈다. 그에게 있어 자신의 이름을 드러내는 것은 중요하지 않았다. 그의 생애에서 의미 있는 일은 하나뿐이었다. 하나님을 묵상하는 것. 그가 사제였을 것이라고도 하고 수사였을 것이라고도 한다. 그가 누구였는지는 분명하지 않지만 그가 『무지의 구름The Cloud of Unknowing』을 통해 우리에게 제기하는 질문은 분명하다. "우리는 어떻게 하나님을 사랑할 수 있는가?" 이 질문은 "하나님은 어떻게 우리를 사랑하셨는가?"에 대한 대응적 질문이다. "하나님이 우리를 어떻게 사랑하셨는가?"는 우리가 알아야 할 질문인 데 비해 "우리가 하나님을 어떻게 사랑할 수 있는가?"는 우리의 실천을 요구하는 질문이기 때문에 중요하다.

무지, 하나님께 나아가는 길

우리는 어떻게 하나님을 사랑할 수 있는가. 저자는 이 질문에 대하여 부정적인 방식으로 접근한다. 하나님이 없다는 의미에서 부정적이 아니라 하나님께 나아가는 인간적 노력에 대한 부정적인 인식 때문이다. 그에 의하면 사람이 이성적 존재라는 것은 두 가지 능력이 있다는 뜻이다. 그것은 지식의 능력과 사랑의 능력이다. 창조주 하나님에 대해서는 오직 사랑의 능력을 통해서만 나아갈 수 있다. 그는 이것을 '무지의 구름'이라고 부른다. 여기서 '구름'이란 대기를 떠도는 물방울이 아니라 인간 지식의 근원적 결핍이다. 즉 하나님과 인간 사이에 건널 수 없는 지적 한계가 '무지의 구름'이다.

이 책의 저자가 스승으로 삼는 디오니시우스에 따르면, 인간이 하나님께 나아갈 수 있는 길은 두 가지다. 이성을 통한 길과 신비적인 묵상의 길. 이성을 통한 길은 한계가 있다. 왜냐하면 디오니시우스의 말대로 "하나님에 대한 가장 경건한 지식은 무지를 통해서만 드러나기" 때문이다. "만일 어떤 사람이 나에게 '우리가 하나님만 생각하려고 하면 어떻게 해야 하며 또 그분은 어떤 분입니까?' 하고 묻는다면 나는 이렇게 대답하겠다. '나 역시 모릅니다.' 하나님은 사랑받아야 마땅한 분이지 우리의 생각의 대상이 아니기 때문이다. 사랑으로는 그분을 붙잡고 소유할 수 있지만 생각으로는 불가능하기 때문이다. 그래서 그렇게 묻는 사람에게 이렇게 대답하고 싶다. '하나님만 생각하려면 당신이 생각할 수 있는 것을 내려놓고 생각할 수 없는 것을 사랑의 대상으로 선택해야 합니다.'라고 말이다."

갈망, 하나님께 나아가는 힘

그렇다고 하나님께 나아가는 것이 불가능한 것은 아니다. "구름 너머에 도달하여 그와 함께 살기를 원한다면 무지의 구름이 당신 위에서 당신과 하나님 사이를 가로막듯이 당신 아래, 즉 당신과 온갖 피조물 사이에 망각의 구름을 놓아야 한다." "내가 갖고 싶은 것은 그분이고, 내가 찾는 것도 그분이고, 그분 이외에 소유하고 싶은 것이 없다고 믿어야 한다." "하나님 사이에 막힌 구름을 뚫으려면 자신의 지식은 망각의 구름에 파묻어놓고 짧은 기도로 그 하늘나라에 침투해야 한다." 그리고 하나님께 도달하는 데 소요되는 시간적 지연을 잘 받아들여야 한다. 그레고리우스가 말한 바와 같다. "지연될 때 거룩한 갈망은 예외 없이 성장한다. 그리고 지연되었다고 해서 느낌이 줄어들면 그것은 결코 거룩한 갈망이 될 수 없다." 아우구스티누스는 이것을 '거룩한 갈망'이라고 불렀다. "선한 그리스도인의 삶 전체가 거룩한 갈망이다."

마르다와 마리아

하나님께 나아가는 삶을 보여주는 성경적 이야기가 마르다와 마리아 이야기다. 이 이야기에 의하면 하나님께 나아가는 삶은 두 가지 방식이 있다. 하나는 활동적인 방식이고, 또 하나는 기도하는 방식이다. 이 두 가지 삶은 몇 가지 다른 측면이 있지만 서로 긴밀하게 결합되어 있어 상대의 도움을 받지 않으면 어느 쪽도 목적을 이루지 못한

벨라즈케즈의 〈마르다와 마리아〉(1620). 마리아는 방에서 예수님 말씀을 듣고 있고 마르다는 부엌에서 일하고 있다. 마르다 얼굴에 근심이 가득하다.

다. 기도하는 삶을 살지 않으면 온전하게 활동적인 삶을 살 수 없고, 활동적 삶을 살지 않으면 올바르게 기도하는 삶을 살 수 없다. 그러나 그 중에서도 기도의 삶이 우선이다. "주여, 그를 명하사 나를 도와주라 하소서."(눅 10:40) 마르다가 마리아에게 불평했듯이 오늘날도 바쁘게 일하는 사람들은 기도하는 사람들을 비난한다. 그러나 기도의 길에 들어선 사람은 오직 기도하는 일에만 영적인 힘을 쏟아야 한다. "한 가지만이라도 족하니라."(눅 10:42) '한 가지'란 하나님을 사랑하고 찬양하는 일이다.

마리아가 중요한 또 한 가지는, 그가 예수님께 나아갈 때 지식으로 가지 않고 사랑으로 갔다는 점이다. "마리아는 사랑을 얻으려고 죄를 의식하는 것보다 더 크게 슬퍼했고, 간절히 갈망했으며, 깊은 한숨을 쉬는 등 고통스럽게 번민했다. 거의 숨이 끊어질 정도였다. 사랑하면 할수록 더욱 갈망하는 게 사랑하는 사람의 진정한 모습이다." "마리아는 자신의 한계를 무지의 구름에 매달고 오직 사랑으로 하나님께 나아갔다." "마리아는 이 세상에서 하나님께 도달하는 것은 지식이 아닌 오직 사랑으로만 가능하다는 것을 보여주었다." 그리하여 마리아는 "활동적인 삶은 이 땅에서 시작해서 이 땅에서 끝나지만 기도하는 삶은 이 땅에서 시작되어 영원까지 이어진다는 것을 알게 했다."

기도, 하늘을 품은 소망 상자

결국 『무지의 구름』의 저자가 말하려고 한 것은 평생 하나님께 사랑으로 나아가는 기도의 삶이다. 아프리카 신화에 이런 이야기가 있다.

어떤 부족 사람들이 암소들이 예전만큼 우유를 많이 내지 않는다는 걸 알게 되었다. 왜 그럴까 생각하던 어느 날 밤, 아름다운 젊은 여인이 하늘에서 큰 통을 들고 내려와 우유를 짜서 하늘로 올라가는 것을 보았다. 다음 날 밤, 사람들이 여인을 잡았는데 알고 보니 선녀였다. 선녀를 잡은 청년은 자신과 결혼해주겠다고 약속만 하면 놓아주겠다고 했고 선녀는 사흘만 말미를 달라고 했다. 사흘 후 선녀는 큰 상자를 가지고 와, 그 상자를 열어보지 않겠다고 약속하면 결혼하겠다고 했다. 결혼 후 어느 날, 선녀가 외출한 뒤 호기심이 발동하여 상자를 열고 들여다본 남자는 깜짝 놀랐다. 그 상자에는 아무것도 없었기 때문이다.

신랑이 상자를 열어보았다는 걸 알게 된 선녀는 더 이상 결혼생활을 계속할 수 없다고 말했다. 남편은 왜 빈 상자처럼 사소한 것 때문에 자신을 떠나려는지 물었다. 이때 선녀가 대답했다. "내가 당신을 떠나려는 것은 당신이 그 상자를 열어보았기 때문이 아닙니다. 저도 당신이 열어볼 것이라고 생각했습니다. 내가 당신을 떠나려는 것은 당신이 그 상자가 비어 있다고 생각하고 있기 때문입니다. 사실 그 상자는 비어 있는 것이 아닙니다. 그 상자는 제 고향 하늘의 빛과 공기와 냄새로 가득 차 있습니다. 내가 당신과 이 땅에 살면서 날마다 상자를 보고 사는 것은 언젠가 저 상자에 담긴 하늘의 빛과 공기를 영원토록 마시리라는 소망 때문입니다. 그런데 당신은 그 상자가 비어 있는 것이라 생각하고 있으니 내 어찌 당신의 아내로 이 땅에 살 수 있겠습니까?" 선녀는 떠났고 남자만 홀로 남았다. 『무지의 구름』에서 저자가 꿈꾼 것은, 선녀와 상자의 관계 같은 삶이 아닐까? 기도는 하늘을 담은 소망 상자가 아닌가?

42 리처드 백스터의 '개혁된 목자'

설교자는 타인에 앞서 자신에게 먼저 설교해야 한다

역사상 가장 치열하게 하나님의 말씀을 붙들고 살았던 사람들 중에는 아마도 청교도가 있을 것이다. 청교도의 발자취를 더듬는 것은 그래서 우리에게 중요한 일이다. 그것은 영국 개혁교회의 정신을 찾는 일이요, 개신교 목회의 뿌리를 찾는 일이기 때문이다.

키더민스터, 청교도 목회의 요람

셰익스피어의 고향 스트라트포드Stratford-upon-Avon를 지나 키더민스터에 도착했다. 키더민스터는 1641년부터 1660년까지 청교도 목회자 리처드 백스터가 목회했던 곳이다. 백스터의 시대에 이곳은 성인만 약 2000명 살았다. 그런데 그 마을에 기적이 일어났다. 대부분 무지하고 교양 없고 술이나 마시며 떠들던 사람들의 마을이 백스터의

리처드 백스터가 목회했던 키더민스터 교회. 17세기 청교도 목회의 요람이었다.

목회로 완전히 새로운 마을이 된 것이다. 리처드 백스터의 말을 빌리면 이렇다. "내가 이곳에 처음 왔을 때 하나님을 예배하고 하나님의 이름을 부르는 가정은 거의 없었다. 그러나 내가 이곳을 떠날 때 하나님을 예배하지 않고 하나님의 이름을 부르지 않는 가정은 거의 없었다." 어떻게 이런 일이 일어났을까?

백스터가 활동했던 시기는 국교와 청교도의 싸움이 종말로 치닫던 때, 곧 핍박과 싸움이 마무리되어가는 때였다. 찰스 1세의 처형(1649)으로 1658년까지 올리버 크롬웰이 영국을 공화정으로 다스렸으며, 크롬웰의 사후(1658년) 찰스 2세의 즉위(1660)로 왕정이 복고되고 국교가 복귀되었으나 곧이어 일어난 명예혁명(1688)으로 청교도에게 완전한 종교자유가 주어졌다. 이 변화무쌍한 역사의 순간에 하나님이 세우신 청교도의 사람들이 존 버니언(1628~1688), 존 밀턴(1608~1674), 그리고 리처드 백스터(1615~1691) 등이다. 백스터는 그의 개인적 신실성에 청교도적 정신을 담은 저작과 목회로 당대뿐 아니라 후대에도 큰 영향을 미쳤다. 그의 설교와 삶은 철저히 회심과 중생에 초점을 둔 청교도 신앙 위에 세워진 것이었다.

은혜는 행동의 핑계가 아니다

그는 '회심'에서 은혜를 핑계로 아무것도 하지 않으려는 자들에게 이렇게 말한다. "여러분은 은혜 없이 하나님께로 돌아갈 수 없지만, 여러분의 고의적인 범죄와 무시로 인해서 하나님의 은혜와 도우심을 상실할 수 있다는 것을 반드시 알아야 한다. 여러분은 자신을 치료할 수 없지만, 자신에게 상처를 입히거나 독을 마시게 할 수는 있다. 여러분의 마음을 부패시키는 자는 누구인가? 여러분은 스스로를 치료할 수 없다는 이유 때문에 고의로 독을 마시겠는가?" "그러므로 불경건한 자들이 내세우는 잘못된 궤변처럼 '우리는 하나님 없이는 아무것도 할 수 없다. 하나님께서 우리에게 은혜를 주시지 않는다면 우리는 은혜를 받을 수 없다'고 말하지 말아야 한다. 하나님의 특별한 은혜 없이는 회심할 수 없지만, 하나님께서 자신이 정하신 거룩한 수단을 통하여 우리에게 은혜 주신다는 것을 알아야 한다."

백스터는 은혜를 핑계로 거룩에 이르지 못한 신자의 행동하지 않는 삶을 꾸짖는다. 그것은 구원이 단지 마음의 회심이 아니라, 하나님과의 교제 가운데 거룩에 이르는 성장이라는 전형적인 청교도의 믿음을 대변하는 것이다. 청교도에게 칭의는 시작에 불과하며 칭의는 반드시 성화로 이어져야 한다. "신앙과 선택의 확실성은 모든 일이 하나님의 통치하에서 그분의 영광을 위하여 나타난 신자의 변화된 삶을 통해 드러난다." "신자가 삶 가운데에서 성화를 위해 활동하지 않음은 그가 선택되지 않았음을 나타내는 확실한 표시다Inactivity was a sure sign of the lost."

목사는 개혁되어야 한다

백스터의 날카로운 설교는 교회 안에서 지도자로 부름받은 목자들에게 더 빛을 발했다. 그의 대표작 『개혁된 목자Reformed Pastor(한국어판 제목: 참목자 상)』가 바로 그것이다. 양을 맡은 목사는, 하나님이 구원하시는 은혜의 역사가 자기 자신의 영혼에 새겨져 있는지 늘 살펴야 한다. 특히 설교자는 깨어 있어야 한다. "하나님께서 구원하시는 것은 그가 의롭고 성화되어 주님의 일에 신실한 사람이기 때문이지, 단지 설교자가 되었기 때문이거나 유능한 설교자이기 때문이 아니다." 그래서 "은혜받지 못하고 하나님을 체험하지 못한 설교자야말로, 이 세상에서 가장 불행한 피조물이다." 따라서 설교자는 다른 사람에게 설교하기 전에 먼저 자신에게 설교해야 한다.

설교자 영혼의 상태는 그대로 성도들에게 전해진다. 설교자의 마음이 차가우면 그 설교도 차가워진다. 설교자의 마음이 혼란스러우면 설교 역시 혼란스러워진다. "정확하게 설교하기 위해 열심히 연구하는 것보다 설교한 대로 정확하게 사는 것이 더 중요하다. 두 시간 동안 어떻게 설교할 것인가를 연구하느라 한 주를 보내도 충분하지 않다고 생각하면서, 한 주 동안 어떻게 살 것인가를 생각하느라 단 1시간도 사용하지 않는 것은 잘못이다. 설교에서 한마디라도 잘못된 단어를 사용하는 것은 싫어하면서 자신의 생활 가운데 나타나는 잘못된 감정이나 말, 행동은 아무렇지 않게 생각하는 것은 잘못이다." "만일 자신이 강대상에 있을 때만 목회하고 있다고 생각한다면, 강대상에 있는 시간 이외에는 자신이 목사가 아니라고 생각하는 것과 같다."

백스터의 경고는 계속된다. "당신이 목

리처드 백스터의 초상

사라서 구원받을 수 있다고 생각하는가? 믿음을 가지고 그리스도인으로 살았다고 하기에는 부족함에도 불구하고 목사이기 때문에 통과할 수 있으리라고 생각하는가? 그런 일은 절대 일어나지 않을 것이다. 당신도 그것을 알고 있지 않은가?" 따라서 설교자는 "자기 자신도 극복하지 못한 죄를 비난하지 말며, 또한 다른 사람의 죄는 굴복시키려 하면서도 자신은 죄에 머리 숙여 자발적으로 죄의 종이 되지 않도록 평생 주의해야 한다." 백스터의 경고의 메시지는 오늘날 모든 설교자를 향한다. 나도 가끔 사명감이 식을 때 백스터의『개혁된 목자』를 꺼낸다. 그것은 나태한 내 영혼에게 가하는 엄한 회초리이다.

거룩에 이르는 삶의 실천이 필요하다

백스터는 목자를 향하여 개혁되어야 한다고 말할 뿐 아니라 그가 돌보는 신자를 개혁시켜야 한다고 말한다. 양육은 그의 목회의 중요한 관심사였다. 백스터가 이를 위해 한 것은 한 주에 이틀을 할애하여 매일 7~8가정을 만나 교제하면서 말씀으로 권면하는 것이었다. 그러한 방법으로 그는 매년 800가정과 만났다. 만남의 순서는 먼저 그들이 교리문답(웨스트민스터 소요리문답)의 내용을 암송하도록 하고, 그 의미를 묻는 구두시험을 본 후, 열심을 다해 책임 있는 사랑과 실천의 삶을 살 것을 권면하는 것이었다. 이를 위해 그는 교육적이며 실제적인 책을 많이 썼다.『성도의 영원한 안식』으로 시작하여『기독교 훈련집』,『빈자의 가정서』,『가정교리 문답』등이 그것이다.

이러한 저술활동을 통해 그는, 청교도적 신앙의 목표 곧 하나님의 통치 속에서 신자의 모든 삶이 거룩에 이를 수 있도록 행동하고 실천하는 삶을 살게 하는 데 집중했다. 하나님의 절대주권과 예정은 신자의 삶의 체험을 통해서만 이해되고 고백된다. 신자의 삶은, 성경에 기초를 둔 모든 생활 속에서의 거룩한 체험적 삶이어야 한다. 오늘날 한국교회는 이러한 청교도적 삶의 초점을 잃고 있는 것이 아닌가? 우리가 시급하게 회복할 것은 말이 아니라 행동이며, 값싼 회심이 아니라 거룩에 이르는 삶의 실천과 행동이다.

43 존 버니언의 '천로역정'을 따라

네 가지 성城에 붙잡힌 우리가 탈출할 열쇠는 오직 '소망'이다

전 세계 성도들에게 성경 다음으로 사랑받는 책을 든다면 그것은 단연코 『천로역정Pilgrim's Progress』일 것이다. 이 책이 교육의 혜택을 받지 못한 평신도에 의해, 더욱이 감옥에서 쓰였다는 점에서 놀라움은 더 크다. 저자인 존 버니언은 어떤 인물이고 그가 쓴 『천로역정』은 어떤 책인가. 버니언의 발자취를 그가 태어나고 자란 현장에서 찾는 것은 그가 쓴 『천로역정』의 과정만큼이나 흥분되는 일이었다.

땜장이 버니언

케임브리지에서 북동쪽으로 1시간쯤 올라가니 고즈넉한 구릉지역이 나타났다. 1628년 11월, 버니언이 태어난 베드퍼드셔다. 먼저 존 버니언의 박물관을 찾았다. 버니언이 1671년에서 1688년까지 목회

존 버니언이 땜장이로 일할 때 무거운 짐을 내려놓고 쉬었던 베드퍼드셔 시내의 기둥 탑

했던 기념교회와 함께 버니언의 생전 모습을 기억하게 하는 곳이다. 박물관에는 버니언이 짊어졌던 땜장이 도구, 옷, 의자, 사진, 가족들의 모습이 가지런히 정리되어 있었다. 그곳은 버니언이 전설 속 인물이 아니라 우리와 똑같이 숨 쉬고 고민하며 살았던 시대의 아들임을 일깨워주었다. 그렇다. 『천로역정』에 나오는 주인공 크리스천은 버니언 자신의 다른 이름이었다. 그는 아버지로부터 가난보다 더 무거운 땜장이 일을 물려받아 무거운 짐을 지고 이곳저곳을 떠돌던 땜장이였다. 크리스천이 그 무거운 짐을 어깨에 메고 "어떻게 구원받을 수 있단 말인가?" 하고 울부짖었을 때 그것은 버니언 자신의 인생고, 우리들의 탄식이다.

베드퍼드셔를 걷다가 시내 한복판에 있는 언덕에 이르렀다. 그 언덕에는 돌기둥이 있었는데, 한참동안 허리를 구부린 채 걸어온 여행객들이 짐을 내려놓고 쉬기에 알맞은 곳이었다. 이 언덕이 버니언에게, 크리스천이 무거운 짐을 내려놓고 쉬었던 십자가 언덕의 영감을 주었을까. 『천로역정』은 이렇게 쓰고 있다. "야트막한 언덕이 나타날 때까지 크리스천은 줄곧 앞만 보고 달렸다. 꼭대기에는 십자가가 서 있고 그 아래쪽에는 무덤이 자리 잡고 있었다. 그런데 언덕을 기어올라 십자가에 이르자 짐 보따리가 등에서 툭 떨어져 나가더니 떼굴떼굴 굴러서 무덤 속으로 사라져버리고 말았다." 정확히 그 장소였다. 버니언이 무거운 땜 기구를 등에 지고 언덕을 오를 때마다 휴식과 평안을 주었던 곳, 십자가 언덕은 버니언에게 2000년 전 사건이 아니라 매일 만나는 친근한 고향의 언덕이었다.

십자가의 은혜로

버니언이 어릴 때 다녔던 베드퍼드셔 교회로 향했다. 그의 위대한 신앙은 곧 많은 사람에게 진 사랑의 빚이었다. 그로 하여금 경건한 삶에 눈뜨게 한 아내가 아마 첫 번째일 것이다. 베드퍼드셔 교회 담임목사로서 버니언에게 청교도 신앙을 가르친 기포드 목사 또한 중요 인물이었을 것이다. 교회로 들어가는 문이 의외로 좁았다. 사람 한 명이 겨우 들어갈까. 그 문을 지나면서 크리스천이 들어갔던 좁은 문을 떠올렸다. 크리스천이 문을 두드리자 '선의Goodwill'가 재빨리 뛰어나와 크리스천을 데리고 들어갔던 문. 문 앞 교회 건물 꼭대기에서는 화살형의 십자가가 바람에 움직이고 있었다. 이것이 버니언에게 의심의 성에 불화살을 쏜 사단의 이미지를 주었을까. 좁은 문으로 가는 길은 평탄치 않았다. 세속현자가 나타나 공교한 말로 크리스천을 유혹했다. 세속현자는 '세상이치'시에 살고 있었고 그 옆에 있는 '도덕'골에는 '율법'이 아들 '예의'와 함께 살고 있었다. 세속현자와 율법 이야기는 버니언 자신이 경험한 영적 삶의 실패에 대한 고백인지도 모른다.

아내의 도움으로 경건의 길에 들어선 버니언은 자신 속에 뿌리박은 죄악의 심각성을 절실히 느끼면서 더욱 양심과 의를 따라 살려고 노력했다. 그러던 어느 날, 갈라디아서와 요한복음 6장 37절에 대한 루터의 해석을 읽고 구원의 확신을 갖게 되었다. 오직 십자가에서 이루신 의로 말미암아 구원을 얻을 수 있다는 확신, 그 확신이 그의 첫 저서 『죄인 괴수에게 넘치는 은혜』에 나타난다. 그렇다. 누구나 십자가(구원)로부터 좁은 문(성화)에 이를 때까지, 세속현자와 율법의 유혹을 받을 수 있다. 그러나 그 유혹은 신자가 통과해야 할 많은 시험의 지극히 작은 출발에 지나지 않는다.

고난을 넘어

크리스천은 허영의 도시를 지나 '환락'성을 통과한 후 의심의 성에 갇힌다. 그 성을 지배하는 성주는 아볼리온이다. 그때부터 '소망'이 동행하며 그의 도움을 받아 약속이란 열쇠로 성을 탈출한다. 크리스천을 가두고 죽음 직전까지 몰고 간 아볼리온은 분명 마귀로 상징된 이 세상 임금이다(요 8:44, 요 10:10). 크리스천이 갇힌 성채와 비슷한 성을 베드퍼드셔 근처에서 볼 수 있었다. 아마도 그 을씨년스러운 성이 버니언에게 의심의 성에 대한 영감을 주었을 것이다.

『천로역정』에서 크리스천이 자주 경험하는 감옥 이야기는 버니언 자신의 감옥 경험과 무관하지 않다. 버니언은 일생동안 두 번 투옥되었다. 첫 번째는 찰스 2세 때 설교자 면허도 없이 설교했다는 이유로(1660년, 이후 12년간 감금되었다), 두 번째는 '심사령'에 의해 자격 없는 자가 설교를 중단하지 않았다는 이유로 갇혔는데(1672년) 천로역정은 두 번째 감옥에서 1676년에 쓴 것이다. 버니언이 그 긴 감옥생활을 이길 수 있었던 것은 하나님의 약속에 대한 믿음 때문이었을까. 그에게 아볼리온은 교황이 지배하는 로마교회와 신앙의 자유를 탄압하는 국교회였는지 모른다.

존 버니언이 어릴 때 다녔던 베드퍼드셔 교회의 좁은 문

마침내 시온성에

가는 길에 놓인 수많은 유혹과 시험에도 불구하고 크리스천으로 하여금 끝까지 완주하게 한 것은 뷰티풀 저택과 목자들 그리고 소망이다. 뷰티풀 저택은 아름다운 교회의 표상이다. 그곳에서 크리스천은 좋은 음식과 사랑으로 대접받고 영적 교훈을 받는다. 그가 거기에서 본 것은 교회가 세상을 향해 외치는 복음의 메시지들이다. 저택 입구에는 무서운 사자가 쇠사슬에 매여 있다. 교회는 역사 속에서 많은 고난을 당하지만 고난을 무서워해서는 안 된다. 사자는 묶여 있고

고난은 영원히 계속되지 않기 때문이다.

저택 벽에는 엄숙하고 진지한 인물의 초상화가 있다. 교회는 곧 목회자다. 참다운 복음을 전하는 목회자가 곧 교회의 얼굴이다. 먼지로 가득한 응접실은 율법과 복음의 차이를 설명한다. 율법은 먼지를 일으키고 그리스도의 피는 우리를 정결케 한다. '정욕'과 '인내'의 두 어린이는 종말의 시대에 교회가 한 가지(정욕)는 버리고 한 가지(인내)는 붙잡아야 함을 상징한다. 벽난로, 곧 마귀는 우리 영혼의 불을 끄고, 그리스도는 끊임없이 우리 안에 성령의 불을 지핀다. 철창 속에 갇힌 남자는, 한때 하나님을 잘 믿었으나 세상 욕망에 묶여 지금은 영적 감옥에 사는 불행을 겪는 그리스도인의 슬픈 자화상이다. 덜덜 떨고 있는 남자는 마지막 심판대 앞에 선 인간의 최후 모습이라고 할 수 있다. 크리스천은 초원에서 네 목자를 만난다. 그들의 이름은 '지식', '경험', '경계' 그리고 '성실'이다. 목자들의 이름은 곧 오늘날 교회지도자, 목자들이 갖춰야 할 영적 덕목이다. 크리스천을 도와 끝까지 완주한 친구는 '소망'이다. 이 세상 끝까지 우리와 함께 가는 것이 소망인 것이다.

지금 우리는 어디만큼 왔는가. 혹시 '낙심'의 구덩이에, '환락'성의 덫에, '사망의 음침한 골짜기'에, '허영'의 시장에 붙잡혀 있는가. 우리와 끝까지 동행하는 '소망'의 음성을 듣고 다시 일어나지 않겠는가. "자, 형제여! 힘을 내세요. 성문이 보입니다. 사람들이 우리를 맞으러 나와서 기다립니다."

24 존 오웬의 '죄 죽이기'

회심하고 영으로 죄를 죽일 때 우리가 산다

　그리스도인으로서 죄 문제에 대해 자신 있는 사람이 있을까. 죄는 영적 생활을 위한 가장 소중한 문제이면서도 누구도 이 문제에 대해 자신만만해 할 사람이 없다는 특징이 있다. 성경이 말한 죄 문제는 두 가지다. 하나는 죄에 대하여 우리가 죽었다는 것이고(갈 2:20, 롬 6:2, 골 3:3), 다른 하나는 우리도 죄에 대하여 죽어야 한다는 것이다(갈 5:24, 골 3:5). '죽었다'와 '죽이라'는 어떤 관계가 있는가.

죄 죽이기보다 회심이 먼저다

　존 오웬(1616~1683)을 통해 받는 은혜가 이것이다. 물론 오웬이 이것만 말한 것은 아니다. 오웬은 1660년 찰스 2세의 왕정복고 시대에 목회자들이 설교할 권리를 박탈당하고, 거주의 한계를 5마일 이

내로 제한받으며, 반국교 운동에 반대하면 체포되거나 감옥에 투옥되는 상황에서 성경에 입각, 올바른 교회를 사수한 사람이었다. 그는 본래 성공회 사제였다. 그러나 성공회 예배의 의식주의와 신학적 자유주의 때문에 그는 칼뱅주의로 돌아섰다. 그의 대표작인 『죄 죽이기 Mortification of Sin』에서 오웬은 죄 죽임에 대한 성경적 원론과 구체적인 방법들을 소개한다.

죄 죽이기를 위한 가장 대표적인 성경 구절은 로마서 8장 13절이다. "너희가 육신대로 살면 반드시 죽을 것이로되 영으로써 몸의 행실을 죽이면 살리니." 그러나 이 말씀이 위치한 자리를 먼저 보아야 한다. 이 말씀은 구원받은 성도 안에 역사하는 성령의 사역을 다루는 부분에서 나타난다. 이미 바울은 로마서 3~4장에서 그리스도를 믿는 믿음으로 말미암아 일어난 일(칭의)에 대하여 언급했다. 믿음으로 의롭게 되는 사건은 이 말씀 이전에 이미 전제되어 있는 것이다. 따라서 이 말씀은 회심하지 않는 자에게는 해당되지 않는다. "거듭나지 않은 자의 당면 과제는 죄 죽이기가 아니다. 그는 아직까지는 그 일로 부름받지 않았다." 오웬의 말이다. "회심하지 않고 죄를 죽이려는 것은 마치 기초는 생각지 않고 건물만 세우려는 사람과 같다."

죄를 죽여야 한다는 것은 마땅한 일이지만 적절한 순서가 있다. "죄 죽이기에 앞서 회심이 선행되어야 한다." 오웬이 말한 회심의 기초는 분명 "우리가 그리스도와 함께 십자가에 죽었다."(갈 2:20)는 선언일 것이다. 그때의 죽음은 우리의 육체적 죽음이나 도덕적 죽음은 아니다. 그리스도가 죽을 때의 그 은혜로 우리가 함께 죽는 은혜의 죽음, 곧 법적, 신분적 죽음이다. 그 죽음은 선제적이고 선언적이고 그리고 고백적이다. 그 죽음은 우리를 예수님 안에 새로 태어나게 하는 위치적

(신분적) 죽음이다. 이 죽음은 이미 로마서 3~4장(특히 3:21~26)에서 일어 났고 그 결과 우리는 로마서 5장(하나님과 평화), 6장(그리스도와 연합), 7장 (율법으로부터의 자유), 8장(성령의 내주와 최후 승리)의 연속적 축복을 받았다. 로마서 8장 13절의 죄 죽이기를 말할 사람은 먼저 이 사실을 확인해야 한다. 이것이 '회심'이다. '죄 죽이기'는 '회심' 이후에 일어난 신자의 과제다.

내 약점이 무엇인가 보라

로마서 8장 13절은 죄 죽이기에 대하여 우리에게 무엇을 말하는가. '몸'은 육신에 속한 본성의 타락과 부패를 말한다. '몸의 행실'은 밖으로 나타난 '육체의 일'(갈 5:19), 곧 부패한 우리의 행동이다. 우리 속에는 우리가 회심했음에도 불구하고 지속적으로 거하는 죄가 있다. 죄는 우리 속에 거할 뿐만 아니라(롬 7:20) 우리를 사로잡는다(롬 7:23). 만일 우리가 그 죄를 가만히 내버려둔다면 우리는 비참한 죄의 패잔병들이 될 것이다.(롬 7:24) 따라서 죄 죽이기는 우리의 신성한 의무다. 죄를 죽여야 할 당사자는 다른 사람이 아닌 '너희'(우리)다. 그러나 우리 힘으로만 되지 않는다. '영으로써' 죽여야 한다. '우리가' '영으로써' 몸의 행실인 죄를 죽이면 그때 우리는 '산다'.

그러면 어떻게 죄를 죽이는가. 먼저 내가 무엇에 약한지 알아야 한다. '내 속에 있는 죄'라고 추상적으로 말해서는 죄를 죽일 수 없다. 평소에 나를 지속적으로 괴롭히는 약점이 무엇인지 살펴야 한다. 죄의 본성은 같지만 마귀의 공격은 사람마다 다를 수 있다. 삼손은 이

성 문제로, 가룟 유다는 물질 문제, 데마는 세속적 욕심으로 유혹받았다. 나를 주로 넘어지게 하는 죄의 실체를 알아야 방어도, 공격도 할 수 있다. 조용히 눈을 감고 1시간만 묵상하면 누구나 자신의 약점을 알 수 있다. 수도자 에바그리우스(399년 사망)가 말한 인간의 여덟 가지 본성이 좋은 참고가 될 것이다. 탐식, 음욕, 물질욕, 불만감, 분노, 절망감, 허영심 그리고 교만이다. 언젠가 내가 이 문제로 기도할 때 내 안에 뜻밖의 죄악이 있음을 알았다. 사람에게 인정받으려는 욕구와 자기 의로움의 교만이다. 내 안에는 남보다 의롭다는 성자형 교만이 크게 자리 잡고 있었던 것이다.

한 번의 승리가 또 한 번의 승리를 낳는다

죄를 죽이는 두 번째 방식은 반드시 한 번에 하나씩 상대해야 한다는 것이다. 오웬이 보여주는 지혜가 이것이다. '하나의 승리가 또 다른 승리를 낳는다.' 죄 죽이기를 시도한 사람이 자주 실패하는 이유는 의지가 없어서가 아니라 성급해서이다. 모든 죄를 한 번에 일망타진하려는 시도는 역사상 누구도 성공하지 못했다. 한 번에 하나의 죄만 상대하라. 한꺼번에 모든 죄를 상대하지 말라. 한꺼번에 모든 죄를 상대하면 한꺼번에 모든 죄가 달려든다. 이때가 죄와의 싸움에서 가장 중요한 순간이다. 한 가지 죄를 이기기도 하지만 또 다른 죄에게 지기도 한다. 그래도 실망하지 말아야 한다. 이때 기억할 것은 영적 승리에 즉효약이 없다는 것과 야곱의 사다리는 한 계단씩 오르는 것이라는 사실이다. 그러면 영성의 새벽도 천천히 밝아온다.

히에로니무스 보스(1514~1516), 〈십자가를 지고 가는 예수 그리스도〉
다양한 군상의 죄인들이 십자가 주변에 그려져 있다. 인간의 근본적인 문제인 죄의 문제다.

실패하든 성공하든 그리스도를 바라보라

그래서 세 번째가 중요하다. 혹시 죄와의 싸움에서 실패했다면 실패한 나를 바라보지 말고 그리스도를 바라보라는 것이다. 모든 영적 전투자는 로마서 7장 25절을 목숨처럼 가슴에 새겨야 한다. 사도 바울은 로마서 7장에서 자기 안에 있는 죄로 인해 비참하게 사는 자신을 실토했다. "오호라, 나는 곤고한 자로다."(롬 7:24) 이쯤 되었으면 바울은 영적 싸움을 포기했어야 한다. 그런데 바로 다음 순간 그는 "(그러나) 우리 주 예수 그리스도로 말미암아 하나님께 감사하리로다." 라고 선언했다. 중요한 것은 '그러나'이다. 이 선언 이후 바울은 로마서 8장으로 나아갔다. 로마서 8장의 최후 승리는 그냥 오는 것이 아니다. 그리고 모든 영적 싸움에 항상 승리하지 않는다. 그럴 때마다 소리 높여 선포할 말씀이 있다. 로마서 7장 25절이다. 죄 이기기에 승리하고 그리스도를 떠나는 것보다 죄 이기기에 실패하고 그리스도를 바라보는 것이 낫다.(눅 18:9~14) 진정한 승리는 내가 죄를 이기는 것이 아니라 내 안에 계신 그리스도가 승리하는 것이다. 내 승리에 대한 지나친 자기만족을 경계할 뿐 아니라 내 실패에 대한 지나친 자기연민도 경계해야 한다. 한 번의 승리가 나를 천사로 만들지 않는 것처럼 한 번의 실패가 나를 영원한 패배자로도 만들지 않는다. 성공하든 실패하든 그리스도를 바라보는 것이 중요하다.

오랫동안 자살을 연구해온 사람이 자살에 대해 이렇게 말했다. "자살이란 돌발적 충동으로 일어나는 일이 아니다. 자살은 오랜 시간의 무의식적 처벌행위를 통해 거듭 연습된 행동이다." 육적인 죽음이 그렇다면 영적인 죽음도 마찬가지다. 영적인 죽음의 일상화가 필요하다. 영적 죽음이 비장한 삶의 목표가 아니라 행복한 일상의 습관이 되게 해야 한다. 영적 죽음의 결정적 '한 방'을 찾기 전에 매일 '작은 싸움'을 즐기듯 계속해야 한다.

친척 아저씨 중 한 분이 서울 근교에 땅을 사고 집을 지었다. 한 번은 방문했더니 기계로 잔디를 깎고 있었다. 그러면서 말했다. "옛날에는 풀 뽑는 것이 힘들었는데 지금은 즐거워, 매일 뽑거든." 그는 매일 기계로 잔디 깎는 것이 즐겁다고 했다. 매일 기계로 잔디를 깎고 그래도 남은 풀은 손으로 직접 뽑아준다는 것이다. 그것이 하루의 일과라는 것이다. 그때 알았다. 죄 죽이기의 한방보다 매일 즐겁게 죄와 싸우는 것이 낫다고. 죄 죽이기의 일상, 일상의 죄 죽이기가 필요하다. 그것이 훨씬 죄 죽이는 삶에 유익하고 유리하다. 그러나 그렇게 해도 안 될 때가 있다. 되거나 안 되거나 죄 죽이기의 결론은 이것이다. 성공했든 실패했든 그리스도를 바라보라. 우리는 매일 죄 죽이기의 즐거운 일상 속에 산다.

45 윌리엄 브래드포드의 발자취를 따라

신대륙에 미국 탄생의 씨앗 심은 브래드포드를 만나다

　추수감사절을 맞아 메이플라워호를 타고 미국에 정착한 청교도들을 생각한다. 미국에 있을 때 보스턴 근교에 있는 매사추세츠 주립공원을 방문한 적이 있다. 모형 메이플라워호에 올랐을 때 생각보다 배가 작고 불편했던 기억이 있다. 어떻게 그 작은 배에 102명이나 탔을까? 그때 기억에 남은 사람이 윌리엄 브래드포드다. 그는 30세의 젊은 나이에 메이플라워호를 타고 신대륙에 도착하여 33년간이나 플리머스 주지사로서 정착, 초기의 미국을 인도했다. 추수감사절을 처음 시작한 것도 그였다. 브래드포드는 누구인가? 오랫동안 브래드포드의 발자취를 찾고 싶었다.

미국 매사추세츠 플리머스에 있는 메이플라워호 모형

청교도 신앙과의 만남

브래드포드의 신앙 역정은 영국 게인즈버러에서 시작된다. 청교도 목회자 존 스미스가 최초로 목회를 시작한 곳이다. 존 스미스는 결국 그곳에서 청교도 목회 때문에 쫓겨나 네덜란드로 간다. 다음 도착한 곳이 밥워스. 그곳에서 젊은 브래드포드를 만났다. 큰길에서 약 400m를 걸었더니 숲이 나오고 숲 속에 낡은 교회 하나가 보였다. 그 교회가 바로 올 세인트 교회다. 때마침 내린 비로 교회는 을씨년스러웠다. 그러나 안내자의 설명을 듣고 곧 옷깃을 여미었다. 그 교회는 유명한 청교도 4인방이 신앙의 자유와 올바른 교회를 꿈꾸며 기도했던 곳이다. 리처드 클립턴, 윌리엄 브루스터, 존 로빈슨, 그리고 윌리엄 브래드포드가 그 4인방이다.

당시 청교도는 두 부류로 나뉘어 있었다. 영국교회 안에 남아 개혁하자는 개혁파와 이들과 분리하여 새로운 교회를 세우자는 분리파. 분리파에게 사상적 영감을 준 사람이 리처드 클립턴이다. 그는 이곳에서 목회할 때 함께했던 청년이 윌리엄 브루스터와 윌리엄 브래드포드였다. 당시 브래드포드는 20대 청년이었다.

그는 영국 북쪽 오스터필드에서 부유한 농장주의 아들로 태어나 어릴 때 부모를 잃고 고아가 되었다. 삼촌들 밑에서 자라는 동안 잦은 병으로 많은 고생을 했다. 질병 때문에 신앙에 눈을 떴고 청교도 신앙과도 만날 수 있었다. 청교도 목회자 리처드 클립턴과 만난 것은 그의 일생에 중요한 사건이었다. 그는 친구의 초청으로 리처드 클립턴이 인도하는 청교도 예배에 참석, 설교를 듣고 믿음의 확신을 가졌다. 클립턴이 청교도 사상 때문에 올 세인트 교회에서 쫓겨나 스크루비 교회로 가자 그도 따라갔다. 밥워스에서 7㎞쯤 떨어진 스크루비로 향했다. 스크루비는 평범한 시골풍 교회로서 교회의 모습은 남아 있지만 지금은 교회로 쓰지 않는 것 같았다. 그래도 이 교회가 중요한 것은 분리파 청교도들이 신앙의 자유를 찾아 네덜란드로 출발한 곳이기 때문이다.

네덜란드, 나그네의 땅

브래드포드 일행은 어떤 길을 따라 네덜란드로 떠났는가? 안내자를 따라간 곳은 이밍햄과 보스턴이었다. 물줄기를 따라 항구로 이어지는 작은 강둑에서 청교도들은 신앙의 자유를 찾아 미지의 길을 떠났다. 보스턴에는 커다란 기념비가 받침목으로부터 끝이 뾰족하게 솟아 있는 화살모양으로 세워져 있었다. 그리고 그 기념비에는 "후에 필그림 파더스라고 불리게 된 사람들이 바다 건너에서 종교의 자유를 찾으려는 첫 시도를 1607년 9월 이 근처에서 감행했다."고 쓰여 있다.

브래드포드는 1609년 클립턴, 브루스터 등의 스크루비 교인들과 함께 이곳을 떠나 네덜란드 라이덴에 도착했다. 그는 1612년 라이덴 시민권을 획득하고 회중 내에서 높은 지위도 얻었다. 1613년에는 도로시 메이와 결혼하여 4년 후 아들 존도 낳았다. 그러나 안락한 생활의 네덜란드도, 그에게는 먼 순례지를 향한 나그네의 땅이었다. 그는 이주의 목적을 잃어버리고 '네덜란드화'해가는 사람들을 보면서 스크루비 교인들과 함께 또 한 번의 결단을 해야 했다. 그것은 신세계로의 모험에 찬 이주였다.

스피드웰과 메이플라워

1619년 봄 그는 상속받은 집과 재산을 팔아 이주 자금을 마련했다. 그리고 두 척의 배를 마련했다. 스피드웰과 메이플라워호였다. 두 배는 네덜란드를 떠나 영국 사우샘프턴을 지나 서쪽으로 120㎞ 떨어진 다트머스 항구를 향해 출항했다. 그러나 얼마 지나지 않아 문제가 발생했다. 스피드웰호가 고장 난 것이다. 돛에 바람이 새서 속도가 나지 않았고, 설상가상으로 배에 물까지 새어 들어왔다. 어쩔 수 없이 플리머스 항구로 돌아와 스피드웰호는 포기하고 102명이 메이플라워호로 옮겨 탔다. 1620년 9월 20일 드디어 메이플라워호는 플리머스 항구를 출발했다. 어둡고 축축한 좁은 선실에서 5000㎞에 이르는 긴 항해가 시작되었다. 뱃멀미가 계속되었고 폭풍이 불어닥쳤다. 메이플라워호는 버지니아를 향해 출발했으나 항해사의 실수로 버지니아보다 북쪽에 위치한 매사추세츠 주의 케이프코트에 도착하게 되었다.

플리머스에 정착하다

1620년 11월 11일 신대륙에 첫발을 디딘 브래드포드 일행은 플리머스를 정착지로 결정하고 12월 11일 플리머스록에 도착하였다. 그러나 그들을 기다린 것은 추위와 배고픔뿐으로, 먹을 만한 음식도 머물 만한 숙소도 없었다. 간혹 인디언의 괴성으로 인한 공포와 두려움만 있을 따름이었다. 브래드포드에게는 인간적인 고난도 겹쳤다. 아내가 배에서 떨어져 익사한 것이다. 그러나 슬퍼할 틈도 없었다.

메이플라워호가 떠났던 영국의 플리머스 항구

1621년 1~2월에 걸쳐 수많은 사람들이 추위와 굶주림으로 고통을 당했다. 102명 가운데 50여명 넘는 사람이 죽음을 맞았는데 대부분 비타민C 결핍으로 발생한 괴혈병 때문이었다. 3월이 되자 황량한 허허벌판에 영국에서 가져온 완두콩, 콩, 보리를 심었지만 어떤 이유에서인지 싹이 나지 않아 그해 가을까지 굶주릴 수밖에 없었다.

1621년 4월 브래드포드는 초대 정착촌장 존 카버의 후임으로 31세에 정착촌의 지도자가 되었다. 브래드포드는 어려운 시기에 정착촌 촌장이 되어 굶주림으로 허덕이는 사람들에게 식량을 공급하고 다가올 겨울을 대비해 새로운 정착촌을 건설해야 했다. 가까스로 씨앗을 심어 가을에 얼마를 거둘 수 있었지만 그 결과는 형편없는 것이었다. 그러나 브래드포드는 한 해 동안 하나님이 주신 은혜에 감사하는 추수감사 절기를 가질 것을 선언하였다. 절기의 3일간 운동경기와 무술경연 등을 벌이면서 인디언들과 친교의 시간을 가지며, 한 해 동안 박해 없이 마음껏 하나님을 예배할 수 있었던 것과 어려움 가운데도 인디언 친구를 주신 것, 적은 양이지만 수확을 주신 하나님의 은혜에 감사했다. 이것이 바로 추수감사절의 유래이다. 그 후 브래드포드는 1657년 영면할 때까지 아름다운 믿음의 지도자로 최선을 다했다. 주어진 권세를 자신의 영달이나 축재의 수단으로 사용하지 않았고 자신의 땅도 이민자들에게 모두 분배했다. 브래드포드를 찾아 떠난 여행의 마지막은 영국 플리머스였다. 인구 30만의 그 도시는 새로운 신앙공동체의 비전을 향해 출발한 청교도의 모험이 시작된 곳이다.

　메이플라워호의 출발을 기념한 작은 기념비 앞에 섰다. 그리고 생각했다. 나도 하늘을 향해 길을 떠나는 나그네가 아닌가? 나도 더 나은 신앙을 향해 매일 나를 버리고 이 항구를 떠나는가? 출렁거리는 바다를 바라보면서 성경 구절 하나를 떠올렸다. "믿음은 바라는 것들의 실상이요 보지 못하는 것들의 증거니."(히 11:1) 그렇다. 브래드포드 한 사람을 통해 오늘의 미국이 만들어졌다면 우리에게 주신 믿음의 능력은 얼마나 위대한가? 오늘 영국을 떠나면 반드시 내일 새로운 미국의 플리머스에 도착한다.

46 영성의 새 출발을 위하여
예수님과 함께 한 영성 여행의 끝에서 은혜의 선물을 받다

긴 여정이었다. 영성을 찾아 1년 가까이 걸었지만 아직도 여행은 끝나지 않았다. 영성이 말로 설명되는 것인가? 목회 문제로 어느 목사님을 찾았더니 그가 이렇게 물었다. "이 목사, 오늘 아침 QT 뭐 했어?" 그에게 영성이란 아침마다 만나는 하나님이었다. 그 앞에서 내 영성은 말장난인 것만 같았다. 영성을 말하는 것은 여전히 자신 없고 부끄러운 일이다. 그래도 확실한 것이 있다. 영성은 말해야 한다. 그리고 살아야 한다.

영성이 필요하다

우리의 교회에 그래도 영성이 필요하다는 많은 징후들이 있다. 예수님은 간음한 여인은 용서했지만 열매 맺지 않는 무화과나무는 저

스페인의 산티아고에 있는 성 야고보 교회를 향한 순례의 길. 영성의 순례는 계속되어야 한다.

주하셨다. 그것은 우리의 믿음이 다만 좋은 사람 되기 위함이 아니라 그 이상(열매)을 위한 것임을 깨닫게 한다. 그러나 열매에 대한 목마름에도 불구하고 우리의 교회는 여전히 존재의 문제로 신음하고 있다. 우리의 교회는 의식과 제도에 대한 많은 도전에 직면해 있다. 그 도전은 영적 실재에 대한 체험의 결여, 초월성에 대한 거부 등에 기인한 불만으로부터 온 것이다. 어떻게 우리의 교회가 종교적 형식은 최소화하면서 종교적 내용은 최대화할 수 있을까? 외적 형식은 줄이고 내적 생명력은 풍부하게 할 수 없을까? 어떻게 우리 교회가 종교성에서 영성으로 갈 수 있을까? 이것이 우리의 고민이다. 교회 생명의 부재가 우리를 많은 이단과 타종교 그리고 영적 침체로 내몰고 있다. 우리에게 진실로 시급한 것은 내적 생명력의 회복이다.

더 포용적인 영성이 필요하다

내적 생명력의 시급한 회복을 위해 우리가 첫 번째로 할 일은 겸손해지는 것이다. 우리가 알고 있다는 그것을 무지로 고백하고 우리가 유일하게 옳다고 여기는 그것을 상대화해야 한다. 우리 자신을 스스로 종교개혁적 전통에 한정해서는 안 된다. 우리는 개혁자만의 후예가 아니라 2000년 교회사와 성서 전통의 후예들이다. 성서의 세계에는 불연속성이 없다. 역사는 흘러가고 영성의 바다는 크고 깊다.

우리는 먼저 개신교-정통, 가톨릭-이단의 이분법적 구도를 뛰어넘어야 한다. 개신교와 가톨릭은 하나인 성경의 전통을 말씀과 성례전, 바울과 베드로, 예언자 전통과 제사장 전통, 칼과 열쇠, 들리는 말씀과 타는 불 등 둘로 분리시켰다. 500년 전 루터는 수도원에서 세상으로, 성자聖者에서 죄인으로, 율법에서 은혜로 나왔지만 지금은 오히려 세상에서 수도원으로, 죄인에서 성자로, 은혜에서 율법으로 돌아가야 할지 모른다. 루터의 '오직 믿음으로By faith alone'는 우리의 믿음을 위해 여전히 유효하지만 우리의 영적 삶을 위해서는 '믿음과 사랑으로By both faith and love'가 더 필요하다. 가톨릭의 영성이 중재Mediation 영성이요, 개신교의 영성이 즉각성Immediacy의 영성이라면 영적 생활에서는 이 두 가지가 다 필요하다.

우리는 교회사의 누구에게든 배워야 하지만 누구도 절대화해서는 안 된다. 누구나 성경 전체Tota Scriptura의 빛에서 비춰야 하며 예수 그리스도의 생명적 관점에서 조명해야 한다. 우리의 영성이 개인적이고 배타적인 방향으로 흐르지 않도록 조심해야 한다. 우리의 신앙이 도그마적이면 더 철저하게 보일 수 있지만 그 철저한 믿음이 종종 파당을 일으켜 그리스도 교회 전체의 일치를 깨뜨릴 수 있음을 알아야 한다. 우리는 우리가 금욕주의자라고 말하는 사막 교부들에게서 자기 부정의 제자도를 배울 수 있어야 한다. 우리가 신비주의자라고 부르는 사람들에게서 하나님을 향한 진솔한 사랑의 눈물을 배울 수 있어야 한다. 수도원운동을 통해서도 청빈, 순결, 순종의 수덕의 삶을 배울 수 있어야 한다. 2000년 교회사의 다양한 전승과 성경적 진리는, 모든 믿는 자에게 차별 없이 주시는 은혜의 선물이다.

예수님 생명이 영성의 핵심이다

그러나 이것저것 많이 안다고 영성을 알았다고 말할 수 없다. 예수 그리스도가 빠진 영성은 영성의 탈을 쓴 기독교적 이단이다. 영성은 곧 예수님의 생명이다. 영성은 반드시 예수님의 생명과 관련되어야 한다. 교회 안에 많은 프로그램이 있고 성장을 위한 목회적 기술도 필요하지만 프로그램과 기술이 교회를 살리는 것이 아니다. 성장은 생명에서 오고 생명은 예수님에게서 나온다. "우유공장에서 우유가 나오는 것이 아니라 젖소에서 우유가 나온다." 영성은 예수님을 아는 것이 아니라 예수님을 내 안에 모시는 것이다. 영성은 발명이 아니라 발견이다. 영성은 십자가를 아는 것이 아니라 자신을 십자가에 못 박는 것이다. 토마스 머튼이 말한 대로 "성도는 선한 사람이 아니라 하나님의 선하심을 체험하며 사는 사람이다."

하나님 안에 있는 생명이 예수님을 통해 나타났고, 그 생명을 우리가 체험했다.(요일 1:1~3) 영성이란 곧 예수님 안에 있는 생명을 우리가 듣고 보고 손으로 만지는 것이다. 불가시적인 하나님의 생명이 피조물인 우리에게서 체험된다는 점에서 영성은 곧 하나님의 크신 은혜다. 그러나 체험주의가 곧 영성은 아니다. 변화산에서 제자들이 신비한 영적 체험을 했지만 체험의 환영이 깨지자 곧 예수님만 남았다. 예수님은 우리의 체험, 지식, 생각, 성취, 자아를 넘어선 곳에 여전히 하나님의 생명으로 계신다.

생명은 예수님 안에 있으며 믿는 자에게 선물로 주어진다. 생명은 감추어져 있어서(골 3:3) 종종 없는 것처럼 느껴지지만 없는 것이 아니라 우리가 못 보는 것이다. 생명은 마치 살아 있는 씨앗과 같아 언

렘브란트의 〈엠마오의 그리스도〉(1648).
영성은 일상 속에서 끊임없이 예수님을 발견하고 그와 동행하는 것이다.

제나 거름과 물을 주면 자란다. 영적 훈련의 필요성은 여기서 제기된다. 생명은 영적으로 훈련할 수 있으며 훈련되어야 한다. 생명은 훈련을 통해 은혜의 실재가 되며 은혜는 또한 지속적인 훈련을 낳는다. 훈련은 은혜에 이르는 관문이며 은혜는 훈련을 율법으로부터 구원한다. 예수님 안에 생명이 있다. 그 생명이 나에게도 있다. 그리고 그 생명은 훈련을 통해 더 풍성한 은혜에 이른다.

영성은 교회에서 가르쳐져야 하고 실천되어야 한다

책상머리에서 논의되는 영성으로는 세상을 살리지 못한다. 영성은 삶이요 삶은 곧 실천이다. 올바른 영성은 기도와 믿음과 실천의 종합체다. 구원은 다만 죄 사함이 아니라 전인적 인격의 변화요 하나님 생명의 충만이다. 올바른 기도는 올바른 믿음을 낳고 올바른 믿음은 올바른 실천을 낳는다. 생명은 이 통로를 통해 세상으로 흘러간다. 야곱의 사다리 위에 있던 천사들은 날개를 가지고 있었지만 날지 않고 한 계단씩 오르고 내렸다. 영성의 새벽도 한순간에 임하는 것이 아니다.

목회자는 교회 안에서 유능한 설교자나 능력 있는 행정가가 되기 전에 좋은 영성 지도자가 되어야 한다. 가장 좋은 영성 지도자는 곧 아버지가 되는 것이다. 바울이 말한 대로 목회자는 교회 안에서 아버지처럼 그 자녀를 "권면하고 위로하고 경계해야 한다."(살전 2:11) 학식 있는 목회자가 되는 것보다 경험 있는 목회자가 되는 것이 더 중요하다. 경험 있는 목회자는 오랜 기도를 통해 영적 통찰력과 분별력을 소유한다. 그는 지식을 가져야 하지만 무엇보다도 하나님을 아는 지식을 가져야 한다. 이를 위해 목회자는 매일 아침 말씀을 묵상하고 매일 저녁 자신의 삶을 점검해야 한다. 하나님이 그를 통해 말씀하도록 자신을 깨끗한 통로로 드려야 한다. 물은 결코 수원지를 넘지 않기 때문이다.

  교회 안의 영성훈련은 반복을 통해 예수님을 닮은 영적 품성을 기르는 것이다. 습관이 되지 않은 훈련은 자칫 일방적 교육이 되기 때문에 조심해야 한다. 영성훈련은 아이에서 청년, 청년에서 아비의 단계로 점진적으로 성장한다. 그러나 성장은 영성훈련의 목표가 아니라 선물이다. 교회 안에서의 훈련은 세상에서 실천해야 하며 가정은 곧 실천의 중심지다. 예수님의 생명이 우리 안에 있다. 우리에게 행복이란 우리가 우리 안에 계신 예수님의 생명으로 산다는 것이고 우리의 기쁨이란 그 생명이 날마다 자란다는 것이다. 그리고 우리의 소망은 우리 안에 있는 예수님의 생명이 우리를 통해 밖으로 나아가 세상을 하나님 나라로 만들어간다는 것이다. 이것이 우리 생애 최고의 비전이다.

감사의 말

　누구나 사랑을 찾아 헤매지만 모두가 다 사랑을 찾는 것은 아닙니다. 저는 아가서를 통해 사랑을 찾는 원리를 배웠습니다. 사람들이 사랑을 찾지 못하는 첫 번째 이유는 열망이 없기 때문입니다. 아가서의 주인공처럼 "내가 침상에서 사랑하는 자를 찾았노라."(아 3:1) 하는 불타는 마음이 필요합니다. 또 하나의 이유는 찾으려 하지 않았기 때문입니다. 사랑이 가치 있는 것이라면 찾는 노력이 필요합니다. "내가 일어나서 성 안을 돌아다니며 마음에 사랑하는 자를 찾으리라."(아 3:2) 아가서의 주인공처럼 찾고 또 찾아야 합니다. 그래도 찾지 못하는 이유는 좋은 안내자, 영적 멘토가 없기 때문입니다. 2000년 교회사를 장식한 수많은 영적 교사, 멘토들은 우리에게 훌륭한 순례 안내자요 순찰자들입니다.(아 3:3) 그렇게 해서 찾았다 해도 우리는 때때로 사랑을 잃을 수 있습니다. 그렇게 되지 않기 위해 우리는 끝까지 사랑을 붙잡아야 합니다. "사랑하는 자를 만나서 그를 붙잡고 내 어머니의 집으로 가기까지 놓지 아니하였노라."(아 3:4)

사랑을 찾아 나서는 여행처럼 신나고 즐거운 것은 없습니다. 우리가 찾는 모든 것은 결국 사랑입니다. 하나님은 사랑이며 모든 진리와 은혜가 그 안에 있습니다. 하나님을 찾는 것은 곧 사랑을 찾는 것입니다. 저는 이미 사랑을 찾았다고 말하지 않습니다. 다만 지금 사랑을 향해 길을 걷고 있다고 말하고 싶습니다. 다만 이 순간, 잠시 가던 길을 멈추고 그동안 찾은 사랑을 말하고 싶습니다. 이것이 전부는 아니지만 지금까지 찾은 것만 해도 너무 좋아 나 혼자 간직할 수 없습니다. 그래서 듣고 좋으면 함께 가자고 말하고 싶었습니다.

이 아름다운 여행을 위해 수고해주신 모든 분들께 감사합니다. 안식의 기회를 주신 한신교회 교우들, 당회, 여행에 동행하고 저를 안내해준 모든 분들, 그리고 책의 밑받침이 되도록 〈영성의 발자취〉를 쓰게 해준 국민일보, 이 책이 빛을 내도록 읽어주고 교정해주고 추천해주신 많은 분들, 그리고 출판사 여러분, 모두에게 감사하고 특별히 읽어주신 독자 여러분에게 깊은 감사를 드립니다.

사랑합니다, 여러분.

우리는 모두 사랑을 찾는 순례자들입니다.

2013년 5월

이윤재

사랑은 어디에서 오는가

초판 1쇄 인쇄 2013년 5월 10일
초판 1쇄 발행 2013년 5월 20일

지은이 이윤재
펴낸이 정중모
펴낸곳 시냇가에심은나무
편집부장 강희진 | **책임편집** 조혜정 고윤희 | **디자인** 주수현 서연미
홍보 김정일 | **제작** 윤준수 | **마케팅** 남기성 이수현 | **관리** 박지희 김은성 조아라

등록 1980년 5월 19일(제406-2003-026호)
주소 서울시 마포구 잔다리로 2길 7-0
전화 02-3144-3700 | **팩스** 02-3144-0775
홈페이지 www.yolimwon.com | **이메일** editor@yolimwon.com
트위터 twitter.com/Yolimwon

ISBN 978-89-7063-769-3 03230
* 책값은 뒤표지에 있습니다.
* '시냇가에심은나무'는 도서출판 열림원의 임프린트입니다.